地域学叢書

❶

小平学・まちづくり研究のフロンティア

白梅学園大学小平学・
まちづくり研究所
［編］

論創社

叢書刊行にあたって

山路憲夫

本書は、白梅学園大学（東京都小平市）に二〇一六年末に設立した「白梅学園大学小平学・まちづくり研究所」が一年余にわたって開催した六回の研究会、二回の市民向け公開シンポジウムの取り組みの成果をまとめたものである（研究会、シンポの概要は本書末尾の「報告と資料」に掲載）。

1 「小平学」からまちづくりへ

「小平学・まちづくり研究所を作りませんか」。白梅学園大学（東京都小平市）の理事長でもある小松隆二先生から声をかけられたのは二〇一六年後期の授業が始まって間もない九月頃だった。一般には「小平学」というなじみのない言葉ではあるが、先生の思いは私にもよくわかった。

小平市は総面積二〇・四六㎢、地理的には東京都のほぼ中央にあり、都心に通う勤め人が多い。

東京都多摩地区のベッドタウンの一つではあるが、旧石器時代の遺跡が数多く発掘され、江戸時代には玉川上水の開削により急速に新田開発が進み、農業に従事する人口も増えた。戦後はベッドタウンとして人口流入が続き、人口は一九万人を超えたが高齢化も進む。家族や雇用のあり方が大きく変容し、かつて地域で果たしていた支えあいの絆が弱体化した。道路が狭く、安心して地域で住み続けられる生活基盤が立ち遅れ、既存の医療や介護のサービスでは増え続けるニーズに対応できない。老いも若きも子どもも住みやすいまちづくりが小平にもいま、求められている。

そのためには「小平」という地域の歴史、現状、課題、さらに文化、教育、環境、医療・介護・福祉・住まい、住民の意識といった多角的な観点からの分析を進め、まちづくりに資する取り組みにつなげられないか。その思いである。

小松先生は慶應義塾大学経済学部教授当時から社会、地域に資する公益学を提唱、自ら中心になって学会を設立、日本で初めて公益学を教育、研究する東北公益文科大学を二〇〇一年に創設、その学長を八年間務めた公益学の先駆者である。一九九〇年代末に白梅学園理事長に就任されてからも、公益学をさらに具体化し、地域に応じたまちづくりを進めるために地域学としての小平学の役割、必要性を訴え続けられてきた。

筆者も小松先生らが設立された現代公益学会にも参画、所属する白梅学園大学では六年余、白梅学園大学教育・福祉研究センター長として、市民向けの公開講座の開催や大学生と市民活動団体との出会いの場づくり、東村山市の子育て広場「ころころの森」の開設などに関わり、市民団体や自治体と協働して地域連携を模索してきた。

同時に、大学のある小平市でも二〇〇二年から二〇一六年三月末まで市介護保険運営協議会の会長を四年間務め、近隣の東村山市、国立市、小金井市の介護保険運営協議会、地域包括ケア推進協議会や研究会などで地域包括ケアを進める立場から、この一〇年余、実践的にも研究者としても関わってきた。研究者となるまでの一九九〇年代末から二〇〇三年にかけて、毎日新聞論説委員として医療、介護を中心とした社会保障問題を担当、以来二〇年余、厚生労働省による制度改革を検証してきた。その一人として見ると、二〇二五年に向けて厚生労働省が進めてきた地域包括ケアの構築は、人類が経験したことがない未曾有の少子高齢社会を乗り切るための方策として、避けられない方向ではあった。とはいえ、それを実現するための具体的方策、内容が未成熟のまま市町村に委ねられ、今もさまざまな課題を抱える。

具体的には医療、介護だけではなく地域の専門職による多職種連携に加え、地域住民の参画による生活支援サービス、見守りや配食、軽度者に対する訪問介護、居場所づくりといった地域支援事業を地域の実情に応じた支えあいの仕組みを作り上げていくというのが地域包括ケアの大きな柱に据えられたが、制度や法律に基づき、行政によるサービスを進めてきた自治体にとって、法律や制度の十分な裏付けのない、専門職による医療と介護の連携やインフォーマルサポートとしての住民の参画を市町村が組織するのはなかなか難しい。市町村が規範的統合（筒井孝子・兵庫県立大学教授）として、実効性のあるまちづくりとしての地域包括ケアを進めていくためには、単独の部や課ではなく、縦割りを超えた全庁的な体制を組むことが不可欠である。そのためには市町村の首長が強力なリーダーシップを持って進めること、行政自身が従来の枠を超えて、地域の特性、実情に応じて専門職や住民との連携を持って進めることが求められる。ただ、行政だけでは限界もある。その根拠づくり、具体的な方策を示すための手助けを大学（あるいは研究所やシンクタンク）が担う役割も求められている。

例えば、地域住民と一口に言ってもさまざまである。小平市で言えば、江戸時代に玉川上水や小川用水の建設に沿ってまちづくりが進められてきた歴史があり、そこに住み着いた旧住民は通勤族として近年住民となった新住民とは意識も行動様式も異なる。地域包括ケアを小平市で進めていく場合、地域の特性を明らかにすることは不可欠である。

2 地域包括ケア関連と「歴史・環境・文化」の二本立て

全国の、小平市のさまざまな動きを見据え、以下のような形で小平学・まちづくり研究所は概ね二つの柱で研究会、シンポジウム等の活動を進めてきた。

その一つはすでに述べたように、地域包括ケアに関する医療、介護、福祉である。もう一つは、環境や自然、歴史、文化など小平に関するすべての問題、すなわち「総合知としてのまちづくり」を柱に据えた。

本書はそうした柱でこの一年間開いた研究会、シンポジウムの成果をまとめたものである。

このうち「先進事例に学ぶ――生活支援と住民の力」「人生の最終段階をどう迎えますか――小平市の在宅看取り現場から考える」という二回にわたる市民公開シンポジウムは参加した市民から

も高く評価され、できるだけくわしく再録した。

研究会講師として参加していただいた方々には、研究会での講演内容をさらにくわしく、改めて寄稿していただいた。さらに研究会講師としてはまだ出席を頂いていないが、二〇二〇年度から始まる小平市第四期長期総合計画の策定に取り組みつつある小平市役所の政策課の担当者、さらにコミュニティ・ソーシャルワーカー（ＣＳＷ）として地域の課題解決に取り組む小平市社会福祉協議会の上原哲子さんにも寄稿を頂いた。

「総合知としてのまちづくり」を目指す小平学の構築は緒についたばかりではあるが、何とかまとめることができた。

これを足掛りに地域学としての小平学の充実、浄化をさらに深めていきたい。

小平学・まちづくり研究のフロンティア　目次

第二章　小平市における共生と共創

第三章　小平市の文化、教育、環境、まちづくり

第四章　小平市の支え合いの地域づくり活動

第五章　小平市は終の棲家になりうるか——二回のシンポジウムから

第一章　小平学とまちづくりの目ざすもの

1　小平学の生成とまちづくり
――まちづくり・地域学への挑戦の時代

小松隆二

1　まちづくりと地域学の出発

小平市などの市町村、それを超える都道府県、さらにはそれらをも超える東北などを広がりとする地域学が、二〇世紀の後半から今世紀にかけて、広く挑戦された。それは、中央中心や全国・全体を優先する研究視点や手法に対し、一方で地域を基礎とするあり方、他方で市民本位のあり方へと軌道修正を図ることで、学問や研究のあり方に問題提起を行おうとするものであった。

研究の視点やあり方として、まず中央や全体に先行して関心が向けられると、地域・地方研究は少数のものが取り組むことになりがちであった。そのため、各地域には伝統、生活、文化、産業、自然など個性的・特徴的なものがありながら、広く関心を集めることが少なかった。そのような点にも、地域学が必要とされた一因があった。

加えて、地域学は、伝統や文化であれ、自然や環境であれ、また経済や生活であれ、地域の実態に目を向け、深く切り込むので、市民生活の改善・向上にも資する目的意識も強く持つに至る。そのため、研究がより良いまち・より良い暮しを追求し、実践する「まちづくり」と結びつくのは、自然の流れであった。

その点で、地域学は理念レベルでの、研究のための研究にとどまるのではなく、より良いまち・より良い暮らしを目ざすまちづくりに応える役割を強く担うことになった。

そのように、地域学という学問・研究の生成・拡大の大きな理由の一つは、全国の地域におけるより良いまち・暮らしを求めるまちづくりの生成であった。近年、各地に盛り上がりつつあるまちづくり運動も、またその一環でもある地域包括ケアの構想や実践なども、地域におけるより良い暮らしづくりの挑戦・具体化であり、地域学と密接に結びつくものであった。

そのようなまちづくりの進展と共に、地域研究は、従来とは違い、科学や理論に支えられた総合的な視点と方法に基づく研究となり、地域や住民からその研究成果の提供を期待されることにもなった。まちづくりに取り組む前に、あるいは取り組みつつ、地域の歴史・伝統、文化・宗教、生活、自然・環境・風土、さらに地域の特徴、個性、良さを学び、まちづくりに活かす必要があるからである。

周知のように、まちづくりは、自分や自分たちのための持家づくりを超えるところから出発する。

まちづくりになると、自分一個の目標、好み、考えで押し通すわけにはいかない。多くの市民が関わり・参加するだけに、その多くの住民が満足し、納得しあえるものでなくてはならない。その時には、一般市民も、より良いまちや暮しの実現に向かう夢や目標を持つゆとりや可能性を認識しだしたということである。

地域に住む市民は、長い間、自らの人生において家族を持ち、ついで自分たちの持家を構えることを夢見てきた。しかも、それが近年に至り、一般市民にも手の届く実現可能な目標になってきた。すると、次には持家ならなんでも良いという当初の目標を超えて、持家でも、より良い水準で、よりレベルの高い環境・景観の下で生活したい、と願うようになる。自分の家は気に入って満足できても、一歩外に出て道路に足を踏み出したら、電柱・電線だらけで、街路樹も歩道もない、狭く危険な道路が待ち受けている。それでは、良好な居住環境とは言えない。

その段階になると、自分の家を超えて周辺のこと、まち全体のことも視野・視界に入れるようになる。その自分の持家を超えるまちづくり・暮らしづくりを視野に入れて対応する時こそ、まちづくりの始まりである。また地域学の必要が認識され、その出発・構築に挑戦するときでもある。

そこに至るまでを振り返ってみても、人々は、生活の向上・安定を目指し、まず賃金の引上げ・改善に関心を示す。そのため労働運動も展開した。その段階では、自分の家を持つ持家などは遠い夢であった。日々生きることで精一杯であり、まず必要なことは、賃金の引上げなど労働条件の改善であった。

その結果、時間はかかるが、賃金の引上げをはじめとする労働諸条件の改善がかなり実現する。

それによって、生活の維持・改善が経済的にはある程度達成される。すると、次には持家を夢み出す。そのうち、自分の家を持ちたいという夢が、ささやかな家ながら、ローンを使って実現可能になる。しかも、それが一般化する。

すると、単に持家であれば、なんでもよいということではなく、次にはより良い住居、より良いまちに住むことを夢見るようになる。そこで、自分の家・自分の庭を超えてまち・地域が視界に入ってくる。まちづくりの必要性の認識と出発である。同時に、その土台づくりや前進のために、地域・まちを総合的に研究・解明する地域学による支援の必要も認識されるようになる。

2 小平学の必要性

ところが、そのまちづくりの段階に至って、市民たちは、日本にはまちづくりに取り組むには厳しく不利な条件が待ち受けていることに気づく。日本でも、どのまちにも、まちづくりに必要な、ある程度の条件は整っている。歴史や伝統も、また特徴や個性も必ずある。ただ、その時代の平均的な暮しレベルの人たちが、欧米なら普通に住めるある程度広く、環境も良好な住宅からなる地域・まちには容易には住めない事態になっていることに気づくのである。

実際に、国の住宅政策・道路政策の欠落から、多くのまちは、より良いまち・より良い暮らしを実現するまちづくりの土台・条件が整備されていない。むしろ、破壊されている。その典型が地価の高騰による土地の狭さと道路の後れである。どの地域にも、まちづくりに最も大切な緑とある程度広く安全な道路・土地が不足している。道路の多くは、美観も安全も感じさせないまま、放置されている。また住宅も余りに狭い区画に分割されすぎている。欧米の普通の市民が住む住宅街では考えられない現実である。

また、日本の道路、特に住宅街周辺の通勤・通学路の多くは、道幅が狭く、街路樹も、歩道もない。その歩道も十分にない道路には、歩行者のみか、路線バスも、タクシーも、乗用車も、バイクも、自転車も、入り乱れて通る。歩行者は肩身の狭い気持と姿勢で安全が十分に確保されていない狭い道路の片隅を利用しなくてはならない。誰にとっても、快適さ以前に、安全・安心にも遠い道路になっている。住宅街でも、住宅・住民の安全・安心を守る歩道、街路樹、花などは無いに等しい道路が多い。

さらに、長年放置されたままの国の計画道路、毎年度くり返される予算消化の道路の補修工事などに見られるように、市民本位ではなく、むしろ市民の希望・要求に関係なく、官・行政本位の道路づくりが長く続いたが、それをしっかり改善・改革しようともしない行政の姿勢が引き続くのである。

実際に、各地のまちづくりでは、基本となる道路や公園を安全なものに拡幅・拡大するだけでも大変難しい状態になっている。膨大な資金を用意しない限り、街路樹のある広い道路、贅沢とは遠く、ある程度の広さをもつ土地の確保さえ、到底無理なことに気づく。実際に、小平や近隣のまちを見ても、他の市町村に比べて比較的大きな家が目立つのに、平均的にはそのような狭い道路に囲まれた住宅街が、欧米の住宅街では考えられない狭さに区割りされている。

そこに至って、国の住宅・道路政策の欠落・後れに啞然とするが、どうにもならない。国のみか、自治体や経済界も、経済性・効率性・営利性の視点に立つ高速度路づくりや誘致には熱心なのに、市民の生活に関わる市街地・住宅地や道路の快適化、安全化にはほとんど関心がないかのような政策や姿勢であった。

それでも、少しでもより良いまちにと、漸く前世紀末から全国にわたってまちづくりの声・運動が生起し、取り組みが見られだした。ただし、少しずつ盛り上がってきたものの、容易には良い結果は得られなかった。

地域学の成立と広がりも、そのような現実に対する不満の対処療法・はけ口の一面、あるいはより良いまちづくりの欠落を補い、不満を少しでも解消することを期待する一面もあった。ひどい状態であるが、それを抛っておいては、より良いまち・より良い暮しは永遠にやってこない。

それぞれのまちには、必ず特徴、個性、良さがあるので、せめてそういうものを調査、発掘、検証し、活用や発信をしよう、そのような研究面からのアプローチも、地域、そこでのまちづくり・暮らしづくりに貢献できるのではないかという意識が地域学の成立を歓迎することになったのである。

容易に欧米のような住宅・住宅街の夢が達成されなかったのは、日本に長い間市民本位の住宅政策、道路政策が欠落していたことが大きい。また市民にも、住まい・住宅街をより良くより安全安心な暮らしレベルにする強い自覚や執着、また権利意識が欠如していたことも大きい。さらに、より良い暮しを追求するまちづくり運動も、それらを支え、カバーする小平学のような地域学も、存在しないか、弱小であったことも関わっている。

小平市とその周辺にも、ようやく市民によるまちづくり、そして地域学として小平学が動き出した。特に白梅学園大学の「小平学・まちづくり研究所」が大学・学園関係者のみでなく、市民の協力・参加を得て、協働・共創のあり方を基本に動きだしたことが留意されてよい。大学関係者のみの研究所は、全国的にみれば、数かぎりないが、そのように特に大学と学外の市民の連携・協力で出発し、維持される研究所の例は少ないので、その出発と活動を歓迎したい。

3　まちづくりと小平学の誕生――研究のあり方・方法の革新

小平市に花開いた小平学と研究所

都下の小平市は無名に近いまちであるが、予想以上に興味をそそるまちである。人口一九万人弱、面積は二〇・四六平方キロメートル。そのまち全体が若干の高低はあるが東西に長く伸びた平野である。その東西の広がりを貫くように、東京に向かって玉川上水が流れ、あちこちで水路を枝別れさせている。それらの水路に沿う林道・雑木林・公園、それに橋・水門がまず住民や訪ねる人たちの心を和ませてくれる。

加えて、広大な平野を縦横に走る鎌倉街道、東京街道、青梅街道、府中街道、五日市街道、鈴木街道、小金井街道などの街道は、数百年あるいは千年を超える歳月に渡って、これらの街道を往き来した人たちのことにも思いを馳せたくなる歴史を実感させる。

大学・学校・研究所の多さも小平の特徴である。津田塾大学、白梅学園、創価学園、武蔵野美術大学、嘉悦大学などがある。その多くは玉川上水やゴルフ場の緑に隣接し、木々や緑や花々に囲まれているのも小平らしい。

さらに、小平駅から東村山市に拡がり、多摩済生園に続く広大な都立小平霊園は、日々の憩いの場として市民に親しまれている。そこには小川未明、野口雨情、壺井栄、伊藤整、有吉佐和子、河合酔茗、佐分利信ら多くの著名人が眠っている。ケヤキなどの大木も多く、都民に好まれる散策・学習の場にもなっている。その他、玉川上水のほとりにある平櫛田中彫刻美術館、小平駅から花小金井駅を結ぶ彫刻の森、古民家の小平ふるさと村、多くの公園、小金井カウントリークラブ、グリーンロード、赤く丸い巨大な郵便ポスト、ブルーベリーの里、至る所に点在するケヤキや梅の並木や林なども小平らしさを伝えてくれる。

私がこのような小平市を拠点にまちづくり、あるいは大学まちづくりを思い描き、訴えだしたのは、白梅学園に勤務しだした時からである。その時すぐに、私は白梅学園に欠落していた全学にわたる法人機関誌の発行を提案・実行する。その際、その誌名に地域重視を鮮明にする意味でも、「地域」、サブタイトルに「小平」を入れるよう提案した。その結果が、『地域と教育―小平から教育を考える―』の出発であった。

その機関誌を通じて、創刊号（二〇〇〇年一一月）から、私はくり返し大学・学校にとって地域とまちづくりが重要であり、必要であることを訴えた。学園全体でその課題の特集もくり返し組んだ。同時に、自らもまちづくりや大学まちづくりが、大学や学校に与える意味や役割について筆を執った。その結果、『地域と教育』は、学校法人の機関誌としては全国でも例がないくらい、まちづくりや地域について最も熱心な一つと評価されたりもした。

ただし、小平学については、私もしばらくは声を大にし、大上段に構えることはしなかった。声を押さえつつ、訴え続けた。それは小平学に関しては、白梅学園内にも賛成者ばかりでなく、理解を示してくれない反対者もいたからである。地域学の必要性・意義が簡単には理解されなかったのである。

それでも、まちづくりについてだけは、訴え続けた。大学・大学院のまちづくり関連の講義には、僅かながら担当も引き受けるなど、協力もした。しかし、小平学の方は宣言も、その研究所の立ち上げも、先延ばしにして、機の熟するのをじっくり待った。

かくして、小平学のみか、まちづくりの研究・実践の方も、明快な形にするのに、予想以上に時間の経過を要した。それでも、一昨年（二〇一六年一二月）に至り、漸く小平学とその研究所が正式に呱々の声をあげた（理事会等の手続きを経て、正式に出発するのは二〇一七年四月となった）。その中心になったのは、定年退職直前の山路憲夫教授と細江卓朗理事であった。山路教授には、専任退職後も、引き続き非常勤で研究所の所長をお願いして今日に至っている。

その研究所の成立に至る過程で、驚き、注意をひいたのは、市民の関心の高さと応援の強さであった。創立大会でも、参加者には大学教職員よりも、学外の市民の方が多かった。小平のまち・暮らしをより良くするまちづくり、そしてそれを支える小平の総合的研究をめざす研究所の成立であれば、当然とはいえ、うれしいことであった。

小規模大学・学園にあっては、足下のまちの研究・実践とはいえ、専門家・関心を示す教職員には限りがある。実際に、まちづくりや地域学で名の通った大学の関係者に聞いても、内情は大学教員の協力者が少なく、僅かの専任教員のみで動かしているのが実情と聞かされる。その上、市民の参加・協力が弱いようだと、研究所の可能性や将来性にも限りがあり、先が知れていることになりかねない。

ところが、白梅学園の場合、何とか専任教員の参加者も確保でき、かつ創立大会、その後の研究会、講演会、シンポジウムを見ても、市民の協力、動き・活動は予想以上のものがあった。お蔭で、創立一年目の研究所の活動は、他のどの研究所にも見劣りしないほどの研究会、講演会、シンポジウムの開催を実現でき、参加者も大きな数を記録することになった。

さらに、それらの活動を支える資金助成も複数の財団等から寄せられたことも感謝にたえないことであった。小平市に、また市民の間に、意外にまちづくりや地域学への関心、つまりは小平における自らの生活や老後の生き方に対する関心が強いことが分かった。その関心の強さが、研究所への支援、また小平学への興味の強さとなって伝わってきたのである。

地域学の新しさと貢献

小平学はじめ、それぞれの地域や市町村名をタイトルの冠にする地域学は、当該地方・地域のまち、そして人々の暮しをより良くすることを目的・課題の一つにする。そのために、当該地域を市民本位に集中的・総合的に、かつ深く研究する学問となる。

ただし、地域学はたんに学問として科学的・理論的に成果を上げればよいというものではない。あわせて、その地域のまちと暮らしをより良くするという課題も背負った学問である。自然・環境・景観を保護し、歴史・伝統・信仰を引き継ぎ、産業・経済を活性化し、文化・学術・芸術を盛り上げ、同時に住民のより良い生活づくりを支援することなどが課題になる。

それだけに、理念的・観念的追求・展開のみではなく、過去および現在とその地域に生き続けてきた人々、その暮らし、行政・政治、産業、信仰、文化・芸術・学術、自然・環境など多様な側面・課題に渡って実証的に研究を深めることとなる。

小平学もその例外ではない。小平学への挑戦、推進は、理論的・科学的成果に加え、市民の生活、健康、福祉等の向上にも寄与する。その背後にあるまちとその歴史・伝統・文化、自然・環境・景観の保護・改善にも寄与する。それだけに、小平学は、市民が理解でき、共感・共鳴する学問でなくてはならない。

要するに、小平学は、小平の総合的研究を通して、小平の特徴、個性、良さ、あるいは逆に課題、欠陥、問題点等を明らかにし、検証する。その上で、小平らしさを良い方向に生かし、学としての構築を目指す。それらが、より良いまち・より良い暮らしを追求・実現するまちづくりに寄与することにもなる。もっとも、地域学でもそのあり方は一つではない。特定の地域・市町村の総合的研究をめざすのが主流であるが、その地域の特定の領域や課題の研究に集中する例も見られる。

そのような地域学の方法は、研究手法としては新しいものである。従来のように研究の出発点をまず全国的な動向、中央中心の動向ではなく、それだけに一般化や理論化をはかるあり方よりも、まず足下の特定の地域・まちの研究と解明を優先し、特にその実証研究とその蓄積を心がける。そこでは、市民本位・地域本位の視点が表面に位置することになる。その上で、全国や中央へと研究の視界を拡げ、総合的な理解や理論化を図るのである。

従来は、例えば近代史でも、経済、労働、福祉などの個別領域の歴史では、何よりも全体像や中央の動向の解明・研究が先行する。実際に、日本経済史、日本労働運動史、日本社会福祉史など中央や全体像の解明が重視され、地方や地域の研究は後回しにされた。それに応じて、評価も、全体や中央の研究の方が高くなりがちであった。

それに対し、地域学は足下の地域と住民、その歴史・伝統、文化、自然はじめ、経済、生活、福祉、労働、さらに行政・政治等の解明に集注する。理念的・観念的追求、また概要的解明よりも、基礎となる地域の実態・実像を実証的に明らかにすることが基本になる。研究の名称も範囲も、例えば歴史ならば小平経済史、小平労働運動史。小平社会福祉史などと、足下の地域の研究に集中される。その点では、地域学は従来の研究の方法・あり方にとらわれない挑戦なのである。

その手法によると、従来にない広がりで研究者を開拓・育成し、研究の裾野を拡げつつ、結果・成果も予想を超える興味深いものが期待できる。実際に、研究者の課題も成果も、足下の地域中心に従来にない多様な形で提示され、深く掘り下げられる可能性も高い。

いずれにしろ、地域学は挑戦の学である。過去の学問・研究のあり方にとらわれず、どんどん新しいあり方・新しい成果を提示・挑戦することができる。むしろ過去の未開拓、未発掘、未完成な姿が、新しい地域学の可能性、将来性を楽しみなものにしてくれよう。

実際に、発足したばかりの「小平学・まちづくり研究所」の数回にわたる研究会、また二度にわたる公開シンポジウムをみても、小平学の将来性・可能性が高いものであることを教えられる。二度のシンポジウムには多くの市民が参加した。これほど多くの市民が、小平におけるまちと暮らしの改善・向上に関心があることに、むしろ小平学や研究所の関係者も驚かされたくらいであった。

シンポジウムの第一回が「先進事例に学ぶ―生活支援と住民の力」（二〇一七年九月）、それを引き継ぐ第二回が「人生の最終段階をどう迎えますか　―小平市の在宅看取り現場から考える―」（二〇一八年二月）のテーマであった。いずれも高齢社会に関する課題を主題にするものであった。どちらも市民には重要で関心の高いテーマだったので、予想を超える市民の参加が見られた。特に最新の第二回では、三七〇名の定員の小平市福祉会館の大ホールが満員になるほどであった。

一つのシンポジウムにこれだけの市民が集まることに驚かされたが、その熱気の中で、地域・まちとそこにおける生活の改善・向上に、またこの地域でどのような人生を終えられるのかに対する市民の関心の強さに、多くの学びを得ることができた。特に小平のより良い暮らしに対する市民の関心とそれに寄与する地域学の役割や責任も痛感させられた。それと共に、小平学の必要性と可能性、そして楽しみを改めて教えられることになった。

4　小平というまち・住民・個性――小平学の研究対象

小平市のまちの概要や特徴については、先に紹介した。小平学は、そのような小平をより暮らしやすいまち、より楽しいまち、より安心・安全のまちにする「まちづくり」と一体の学問である。小平とその周辺を、ただ科学や理論の視点で解明し深める手法で研究すればよいというものではない。怜悧に、さして血の通わぬ論理で解明し、理論化するだけの学問になるならば、その関係者以外のものから見たら、近づきたくもない性格のものになりかねない。

すると、地域学としてはむしろ問題である。小平の地域学ならば、小平の市民にとっても身近で、なじみやすい学問、時には楽しく自らも学びたくなる学問でなくてはならない。

そこから、小平学の課題の一つは、小平の特徴、個性、良さなど「売り」を中心に「小平らしさ」の発掘・発見・発信である。もちろん、特徴・個性・良さなどのプラス面のみか、短所・課題などのマイナス面も、適切に解明することが欠かせない。そのような努力・蓄積によって、研究成果が生れ、活かされて、もう一つの課題である、より良いまちづくり・より良い暮らしづくりへとつながり、活かされていくのである。

小平というまちは、声高らかに売り出し、顧客を引きつけたりするよりも、目立たず、穏やかな気風を特徴とするまちである。経済的活性化を無視してきたわけではないが、豊かな自然・環境・

土壌を背景に、生活、文化・学問・芸術を活かすまちづくりであった。

土地柄も平野がほとんどで、災害や事故も少なく、平穏である。また未だに畑が多く、土の香りも漂う。遠い昔からの市民を軸に、新入りの市民も増えている。一方で水と畑を土台にした古くからの伝統・システム・慣行が至る所に定着している。他方で、そのような伝統・システム・慣行にとらわれない新入りの市民、その多くは都心に勤務先を持ち、ベッドタウンとしてまちを活用する人たちであるが、彼らの新しい息吹が古い伝統・システム・慣行に少しずつ染み入りつつある。

小平は、性格的には、多様性の中にも「緑蔭と創造のまち」「緑風が爽やかに通い、生活を穏やかに享受する人々のまち」といった性格・雰囲気がうかがえる。そういった歴史や伝統や自然を背景に、文化・学術・芸術を享受する静謐の風土を好む人に似つかわしいまちになっていきた。しかし、新市民の移住はそのような性格に変化を与えつつある。

小平にあっては、まちづくりの歴史は古い。古くは堰・用水路づくり、それにともなう開墾の始まる四〇〇年ほど前に遡る。さらに近代以降では昭和初年に遡る。昭和の初めにあたる一九二〇年代の後半、西武鉄道が小平のまちまちを走り出したのにあわせ、意識されだしたのである。

昭和以降のみでも、上述のようにまちづくりは独自性・個性をもって取り組まれてきた。例えば、留意されてよいのは、当時はまだ小平が畑中心の農村地帯であったのに、独特のまちづくりが追求されだしたことである。商店街の繁盛や工場街の活況など経済的な活性化もさることながら、それよりも豊かな自然・環境を背景に文化、芸術、学術を中心に静謐化や暮らし良さを追求してきことである。

実際に、大学・学校・研究所の誘致などで特色を出した。一時は都内では大学の最も多いまちと言われたほどである。津田塾大学が一九二七年に移転してきたのを先頭に、東京高商（一橋大学）、白梅学園、創価学園、武蔵野美術大学、嘉悦大学、朝鮮大学校などが続いた。それに公立昭和病院などの病院、国公立の研究所・学校もいくつか入ってきた。

もちろん、企業・工場誘致も行って、誘致に成功することもあった。ブリジストン、日立製作所などである。しかし、それ以上に、玉川上水中心に、水路、林道・雑木林、自然・景観、それに文化・学術など、またその後も、ラズベリー発祥の地、赤く丸い郵便ポストの多い地など、そう大袈裟でなく、むしろ静かで、爽やかな性格を売りものにするのを特徴としてきた。ＪＲなどの幹線駅・巨大駅や大商店街を持たないまちの性格を受けとめた賢明な対応であった。

それだけに、都民からさえ小平というまちはあまり知られていない。その目立たなさが小平の特徴にもなっている。実際に、小平には、他市のように大規模鉄道駅、市外のものが興味を示す巨大な商店街やショッピングセンターや目立つ観光名所もほとんどない。市外の人たちが訪ねて来るのは、玉川上水の水と緑、小平霊園、小金井カウントリークラブ、美術・彫刻館、グリーンロード、ブルーベリー、赤く丸い郵便ポストなど、活気に満ちた派手なもの、輝くような光を放つものではなく、むしろ静かに構えた穏やかな性格のものである。

その結果、歴史のある水路・水門・橋・林道、街道、自然・環境・景観に加えて、新たに文化・学術的施設・設備にも恵まれるまちになってきた。いずれも他の市町村が主に目標とする経済的な活性化や繁栄とは異なるものである。むしろ、自然・環境、そして文化・学術を基本に静謐さ・静けさを大切にする市民本位の風土に沿うものである。

現在でも、小平が力を入れている一つは、市内の図書館、美術館などに見られる文化的・芸術的環境・条件の整備である。大学・学校が多いので、図書などが量的に多くなるのは当然であるが、市立図書館の整備や蔵書の多さも、人口二〇万人以下の市町村では、人口比率では日本一になるなど、しっかり目的をもち、結果を出している。美術・芸術関係では、平櫛田中彫刻美術館、鈴木遺跡史料館、斎藤素巌彫刻の小径、古民家類の小平ふるさと村などがある。

ただし、小平でも、住宅・住宅街・道路が他の多くの市町村と同様に狭く、安全・安心とは遠い後れた状態であるように、課題は残る。たしかに、他市町村に比べ、大きな住宅が目立つが、平均的には狭い土地と住宅、そして安全とは遠い狭い道路という水準を越えることはできてはいない。

もっとも、住宅街の後れも、道路の遅れも、日本全体の問題である。政府・行政機関の道路政策・住宅政策の欠落が根本的な原因なので、どの市町村にも見られる悪しき特徴となっている。

そのように、まちづくりの血管と言えるほど大切な道路・住宅街がマイナス面を象徴するように、日本全体でも惨憺たる状態なので、小平の今後のまちづくりも甘いものではない。道路の拡幅や新設は大変な難事業である。まちづくりにおいて大きなハンデキャップを抱えたことになる。とはいえ、道路などを除く条件では、小平は他の市町村に劣るものではない。そういったハンデキャップに立ち向かい、克服し、目標に向けて挑戦し、前へ前へと進まなくては、まちづくりは実らない。

それでも、小平には、この地にこだわり、終の住処として受け止める市民も少なくない。しかも彼ら高齢者を支えることになる若者が最近小平を選んで、移住する動きが見られることも興味深い。現代の都会型のまちづくりを象徴する比較的レベルの高いマンションが住居として小平の緑の中に多く建設された。水路、森林、グリーンロードなどの目立つ小平、特に花小金井など新しい東地区が若者に人気が出ているのである。

このように、小平はまちづくりでは比較的良い条件に恵まれている。歴史・伝統でも、自然・環境でも、また文化・学術・芸術でも、レベルが高く、まちづくりには有利な条件が揃っている。それだけに、まちづくりに積極的に取り組めば、他には劣らないより良いまちづくり・暮しづくりが可能ということである。

むすび

小平とその住民は、玉川上水やそこから枝分かれした多くの水路とそれに沿う橋や林道、また広大な平野と歴史のある街道の多さなど、まちの特徴・個性をよく受けとめてきた。それと共に、より良いまち・より良い暮しづくりに少なからぬ期待も抱いてきた。ただし、そのような大事業には、まちづくり運動、そして同時に小平学のような地域学の構築が必要であることには、それほど関心を向けることをしなかった。

その小平学およびまちづくりを研究する研究所が、白梅学園大学に、難産ではあったが、三年

（ないしは五年）の期間限定で発足した。確かに、成果が生み出されるのは、これからではあるが、その発足自体、小平にあっては一大ニュースであった。発足したこの一年のみを見ても、多くの市民の方が関心を示され、研究会にも、シンポジウムにも、大学関係者よりも多く参加されるくらいであった。

いうまでもなく、より良いまち・より良い暮しの実現を目ざすまちづくりには、その地域の歴史と現在に渡る多様な問題・課題に関する広く深い研究・調査が土台として不可欠である。歴史、伝統芸能、信仰、政治・行政、経済・産業、文化・学術・芸術、自然・環境など、さらにそれらの特徴・良さ・売り、逆に短所・課題などをより高いレベルで解明し、受けとめることなしには、まちづくりは稔りのある豊かなものにはならない。まちづくりは、既存のまち・地域の上により良いあり方を追求、工夫する以外にないので、まちの総合的研究・検証・理解は是非とも必要なのである。

そのためにも、小平における夢のあるまちづくりには、小平学の推進、展開、活用は不可欠である。そこでは、まちの歴史、伝統に学び、自然・環境、文化・芸能・学術、経済・産業を発展させ、さらに政治・行政を市民本位に動かすことが必要である。小平のまちと生活をより良いもの、より高いものにするには、一方で小平学、あるいは小平研究が成果をあげること、他方でまちづくり運動が発展することが欠かせない。

それらが伴えば、小平にはまちづくりの土台・基礎がある程度揃っているので、オンリーワン・ナンバーワンの追求や提示も可能である。それを目ざし、実現し、まちづくりを推進すれば、どのまちにも劣らないまちづくりが可能である。

上述のように、私がまちづくり・大学まちづくり、それに合わせて、ナンバーワン・オンリーワンづくりの必要について活字にしたのは、白梅学園大学の『地域と教育』の創刊から、そう時間が経っていないときである。まずまちづくりを、ついでそれを支え、強化するナンバーワン・オンリーワンづくりの必要性や可能性を訴えた後は、地域学である小平学の構築を訴えるのも必然の流れであった。

実際に、地域学は、まちづくり、つまりより良いまち・より良い暮らしづくりを支援する。まちづくり運動は、地域学によって有効に支えられる。まちづくりは、その道標として、また方向性や基本的あり方の支援者として、地域学を必要とする。まちづくりの前進のためには、日本一のまちづくりを目ざすほどの高い理念や目標が必要であるが、そのためには小平学のような地域学の支援が必要なのである。

まちづくりに取り組む小平のまちにも、私どもにも、まだまだ力不足が見られ、課題も山積している。しかし、ともかく小平では最初の「小平学・まちづくり研究所」が出発した。約束の三年ないしは五年で何ができるか、最大限の挑戦・努力が必要である。一つ一つ着実に処理していかなくてはならない。幸い、研究所とその活動が、まちづくりの性格から、白梅学園大学と地域・市民とのまちづくりをめぐる協働・共創の場になっているのが有意義である。大学・学園が、地域・市民の理解と協力を得て、小平学のために堅実な成果を上げることを切に願っている。

〈参考文献〉

小松隆二『公益とまちづくり文化』慶應義塾大学出版会、二〇〇三年
伊藤眞知子・小松隆二編著『大学地域論』論創社、二〇〇六年
伊藤眞知子・大歳恒彦・小松隆二編著『大学地域論のフロンティア』論創社、二〇〇七年
小松隆二・白迎玖・小林丈一『共創のまちづくり原論』論創社、二〇一〇年
小松隆二「地方創生と大学・まちづくり」『地域と教育』第三〇号、白梅学園、二〇一五年
小松隆二「小平学への挑戦とその可能性」『地域と教育』第三二号、白梅学園、二〇一六年
小松隆二「まちづくりと白梅学園の発展」『地域と教育』第三五号、白梅学園、二〇一八年
小松隆二「大学・公益法人と地域―地域は公益の基点・拠り所―」『公益法人と地域』公益叢書6、現代公益学会編、文眞堂、二〇一八年

2 『小平市史』の意義と役割——市史を編さんして

蛭田廣一

本報告は、第三九回全国歴史資料保存利用機関連絡協議会全国大会で発表した報告、及びその概要をまとめて掲載した『全国歴史資料保存利用機関連絡協議会　会報九五号』をもとに、加筆訂正して報告する。

1 小平市史編さんの位置付け

小平市で市史編さんに着手したのは平成二〇年度であった。その前提として、平成一八年三月に策定した『小平市第三次長期総合計画』に、「今後、地域に関心が高まることが予想されるなかで、現存する貴重な地域資料をもとに、小平の歴史を記録し、広く理解してもらうために、小平市史の編さんに着手していく必要があります。」と位置付けている。

【資料1】　小平市立図書館の地域資料所蔵点数

平成20年3月31日現在

	資料種別	開始年月	件数	所蔵点数
1	一般図書・行政資料	1975.04		59,233冊
2	タウン誌・地域情報誌	1986.01		5,387冊
3	特別文庫	1985.07		21,049冊
4	古文書	1975.09	27家	27,305点
5	新聞記事の切り抜き	1977.02		41,901点
6	折り込み広告	1979.04		54,000枚
7	郷土写真	1978.07		55,214枚
8	ポスター	1988.03		4,706枚
9	市内在住著作者資料	1985.07		2,481点
	合計			282,577点

また、図書館サービスの今後の課題として、「豊富な地域資料は、小平の歴史を記録し後世に伝えるためにも、市内関係機関と連携しながら、専門性の高い市史編さんをしていくための貴重な資料として活用される必要があります。」として、図書館で収集した地域資料を活用して市史編さんを支援する方針を示している。

2　小平市立図書館における地域資料サービス

このような方針を示したのは、小平市立図書館が古文書・新聞記事切り抜き・郷土写真・折り込み広告・行政資料・学校関係資料・地図等の豊富な地域資料を収集しているからであり、それらを活用して専門性の高い市史編さんが求められているからである。

小平市立図書館で平成一九年度末に実際どれくらいの地域資料が収集されていたかといえば、資料1に示した通りである。

一般図書・行政資料が五九，一三三冊、古文書が一七家で一七，三〇五点、新聞記事の切り抜きが四一，九〇一点、折り込み広告が五四，〇〇〇枚、郷土写真が五五，二一四枚で、その他の資料を含めると合計二八二，五七七点の資料が存在する。

古文書については全て整理済みで一四冊の目録があり、古文書の複写製本が整備してあり、古文書を解読して近世史料を中心に三〇冊の史料集を刊行している。また、既刊の市史類の検索手段として郷土資料索引を刊行しており、『小平町誌総索引』・『郷土こだいら総索引』・『小平事始め年表・索引（稿）』が存在する。

これらの資料を活用することによって、本来ならば市史編さん事業として必要な、資料収集や目録作成に割かなければならない時間が節約できる。そして、資料調査や計画段階で要する時間と手間を極力少なくして、効率的な編さん事業に着手できる環境が整っているといえる。

3　小平市史編さん基本方針

小平市史編さん事業は、必ずしも順調なスタートを切ったわけではない。財政状況が厳しい中で、市議会からは「今やる必要がある事業なのか」「事業経費を縮減すべき」という指摘が継続的に出されている。このような状況の中でありながら、図書館で三〇年以上に亙り地域資料を収集し、資料が整っていたことにより、小平市史編さん事業は、準備段階に要する時間を切り詰めるとともに、事業経費を最小限に縮減できたのである。

しかし、市史編さん事業の意義と目的は、経費を縮減することではない。重要なのは、いかに内容の充実した市史が発行できるかであり、その結果、多くの市民に小平の歴史や文化について興味・関心を持ってもらい、知ることによって地域への愛着が湧き、生活を豊かにできるかである。つまり、成否を分けるのは、市史編さんの基本設計ともいえる「市史編さん基本方針」の内容にかかっているといえる。

そこで、小平市史編さんでは、初めに関連組織に関する規則及び要綱を制定し、以下のような基本方針をまとめた。

(1) 事業の趣旨は、市制施行五〇周年を記念する事業とした。

(2) 事業方針としては、この事業の内容を規定する柱として七項目を掲げたが、次の二項目は特に大きな意味を持つものといえる。

⑤市史編さん事業の経過を明らかにし、情報収集と情報発信に努める。

⑥事業のために収集した資料や成果を効果的に活用し、記録資料の有効活用を図るために、完成後の調査研究の在り方について研究する。

情報化が進んでいる現在の市史編さんは、最終的に成果をまとめるだけでは不十分である。少なくとも編さん委員会の概要をまとめ、事業計画や事業報告を示す必要があり、途中経過や進捗状況の報告をこまめに行なわなければならない。また、市民参加や情報提供等の人的協力も不可欠であることから、⑤に記したように情報収集と情報発信に努め、随時市ホームページに掲載することにした。また、⑥は市史編さん事業終了後のことを研究するための項目で、計画段階から先を見越した視点と配慮が大切である。

（3）組織は、次のようにした。

・市史編さん推進本部　基本方針の決定、事業推進の調整、事業の進行管理及び事業の承認を行う組織で、部長等で構成し、市長を本部長とした。

・市史編さん委員会　刊行物の企画・編集、市史の監修及び史料収集・調査研究事項の調整を行う組織で、学識経験者九人で構成した。

・市史編さん庁内連絡会議　調査研究の支援と協力、公文書の調査、文化財・遺跡・民具・自然等の調査及び古文書・地域資料・参考調査等の協力を行う組織で、関連部署の職員で構成した。

・事務局体制　調査研究及び連絡調整・庶務・経理等の事務を行う組織で、企画政策部参事・調査専門委員六名及び調査補助員（臨時職員）で構成した。

（4）刊行物の構成及び発行時期は、次のように全一九冊の構成とし、市史本編を平成二四年度までの四年半で刊行し、残り二年で市史索引・年表・概要版を刊行することにした。

①小平市史（考古・自然・民俗編、近世編、近現代編）　三冊　〈平成二四年度〉

②小平市史別冊（図録、写真集）　二冊　〈平成二四年度〉

③小平市史付編（索引、年表）　二冊　〈平成二五年度〉

④市史研究　六冊　〈平成二〇～二五年度〉

⑤小平市史料集（近現代編）　五冊　〈平成二一～二三年度〉

⑥小平市概要版　一冊　〈平成二六年度〉

(5) ホームページの運営は、調査・研究した成果を公開し、市史編さんの進捗状況や課題を市民に情報発信することにした。このことによって、市史編さんは、市ホームページの各課の紹介の中でも有数のコンテンツを有するものとなった。内容的には、基本方針・要綱・事業計画や事業概要といった事務的な情報や、市史編さんこぼれ話と題したコラムを掲載したことにより、多方面からの反響があり、新たな情報収集にも繋がった。

4 小平市史編さん事業における調査実績

図書館の豊富な地域資料には大変助けられたが、図書館で整理してきたのは個人所有の古文書が中心だったため、新たに公文書の整理に着手し、デジタル撮影をする必要があった。また、近現代編の編さんのためには、印刷物を幅広く収集し、図書館で作成し始めた昭和五二年以前の新聞記事の調査が必要であった。そして、小平町報・市報が市民生活に関わる基礎資料となることから、これらの記事索引を作成するなど補助的作業も膨大にあった。これらの事業に伴って行った成果は、次のとおりである。

(1) 古文書・古書の整理は、個々の所蔵点数は少ないものの新たに二五家の史料が提供され、三, 三六八点の古文書と一, 〇七四点の古書の整理を行った。

(2) 公文書調査は、市役所の各課と調整して保存書庫の調査を実施し、市史編さんに必要と思われる一, 五三四件、一二三八, 七五〇枚のデジタル撮影を行った。

（3）近現代編の調査としては、公民館や創立年代の古い小中学校の調査、自治会や団体・企業等の会報やニュース等の資料を収集し、二,五四二件、一二九,七三五枚のデジタル撮影を行った。また、民俗編では、地域の古老等からの聞き取り調査や祭りの調査を二五三回行った。
（4）町報・市報については、町報が創刊された昭和二六年から市報がデジタル化される平成一三年までの記事を対象に、三八,九三七件の索引を作成した。
（5）小平に関する新聞記事調査は、三大紙の多摩版のマイクロフィルムを調査し、一,六一二件の記事を収集した。その内三一八点は近現代編の史料集に収録している。
（6）公文書や古文書を解読して作成する内容目録の作成としては、八〇件、二,四三三九点について実施している。
これらの事業は、市史本編の執筆に先立って行う必要があることから、資料2に見るように平成二三年度までの三年半で終了させている。

5　多摩地域の市町村史等発行状況

ここで、戦後における多摩地域の市町村史等の発行状況をみてみると、資料3のとおりである。二七市四町一村（現在の市町村数は二六市三町一村）で一通り市町村史の刊行が済んでいる。刊行年代順に整理すると、一九五〇年代に一、一九六〇年代に二、一九七〇年代に一〇、一九八〇年代に五、一九九〇年代に一〇、二〇〇〇年代に四である。一九七〇年代から一九九〇年代の刊行が二

【資料２】小平市史編さん事業における調査実績

	平成20年度		平成21年度	
古文書の整理	7家	2,083点	16家	919点
古書の整理	7家	631点	10家	370点
公文書のデジタル化	660件	85,525枚	874件	153,225枚
その他のデジタル化	457件	15,430枚	431件	42,871枚
民俗編の調査				126回
近世編の調査			126点	20回
近現代編の調査	1,260件	5回	431件	5回
町報・市報索引作成		2,735件		21,760件
新聞記事調査		373件		1,239件
内容目録の作成				
	平成22年度		平成23年度	
古文書の整理	1家	310点	1家	56点
古書の整理	1家	69点	1家	4点
公文書のデジタル化				
その他のデジタル化	1,219件	35,911枚	435件	35,523枚
民俗編の調査		85回		42回
近世編の調査	284点	6回		3回
近現代編の調査	91件	98回	435件	22回
町報・市報索引作成		14,442件		
新聞記事調査				
内容目録作成	9件	15,394点	71件	8,945点
	合計			
古文書の整理	25家	3,368点		
古書の整理	19家	1,074点		
公文書のデジタル化	1,534件	238,750枚		
その他のデジタル化	2,542件	129,735枚		
民俗編の調査		253回		
近世編の調査	410点	29回		
近現代編の調査	2,217件	130回		
町報・市報索引作成		38,937件		
新聞記事調査		1,612件		
内容目録作成	80件	24,339点		

【資料3】多摩地域の市町村史等発行状況

平成20年4月現在

自治体名	通　史	刊行年	史料集	刊行年
昭島市	昭島市史　2冊	1978	資料編　5冊	1976～79
清瀬市	清瀬市史	1973		
国立市	国立市史　4冊	1988～92	地域史料叢書　17冊	1985～94
小金井市	小金井市誌　6冊	1968～78	編纂資料　47冊	1958～
国分寺市	国分寺市史　3冊	1986～91	史料集　4冊	1981～84
小平市	小平町誌	1959	小平市史料集　30冊	1993～08
	小平市三〇年史	1994		
狛江市	狛江市史	1985	史料集　15冊	1973～82
立川市	立川市史　2冊	1968～69	資料集　6冊	1963～70
調布市	調布市史　4冊	1988～97	研究資料　15冊	1983～98
西東京市	田無市史　4冊	1991～94	内　史料編　2冊	
	保谷市史　4冊	1987～89	史料編　4冊	1986～87
東久留米市	東久留米市史	1979	史料　1冊	1978
東村山市	東村山市史 11冊	1995～03	内　資料編　9冊	
東大和市	東大和市史	2000	資料編　10冊	1995～99
府中市	府中市史　2冊	1968～74	史料集　15冊	1964～67
			近代編資料集　12冊	1969～73
三鷹市	三鷹市史	2001	史料集　4冊	1969～70
武蔵野市	武蔵野市史	1970	資料編・続資料編　11冊	1965～
武蔵村山市	武蔵村山市史2冊	2002～03	資料編・民俗編　10冊	1999～01
稲城市	稲城市史　2冊	1991	資料編　4冊	1994～97
多摩市	多摩市史　3冊	1997～99	資料編　4冊	1995～98
八王子市	八王子市史　3冊	1963～69	郷土資料館資料シリーズ46号	1968～
日野市	日野市史　8冊	1983～98	史料集　12冊	1976～91
町田市	町田市史　2冊	1974～76	史料集　9冊	1970～73
あきる野市	秋川市史　2冊	1983		
	五日市町史	1976		
青梅市	青梅市史　2冊	1995	史料集　53冊	1968～
奥多摩町	奥多摩町誌　3冊	1985	資料集　8冊	1979～82
羽村市	羽村町史	1974	史料集　27冊	1976～06
日の出町	日の出町史　2冊	1989～92		
檜原村	檜原村史	1981		
福生市	福生市史　2冊	1993～94	資料編　10冊	1987～93
瑞穂町	瑞穂町史	1974		

五自治体（七八％）で、高度成長期以降の安定成長期からバブル景気及びバブル崩壊以降の二〇世紀末の三〇年間に市町村史編さんのピークを迎えている。また、大半の事業が自治体の周年事業に伴って企画されている。このことから、市町村史編さん事業は景気の動向というファクターよりも、時代の節目に合わせて行われていると見ることができる。

また、市史だけでなく史料集を刊行している自治体を調べてみると、市町村史の内に含めている所が一二、市町村史とは別に出している所が一五、史料集を出していない所が六で、二七の自治体（八四％）が史料集の刊行をしている。

このような状況の中で、小平市は昭和三四年（一九五九）に『小平町誌』を刊行している。多摩地域では戦後最初の市町村史の発行で、自治体史の先駆けとなった。しかし、町史を刊行しているものの、市制施行以降に市史を刊行していない自治体は、小平市と羽村市の二市のみであった。このような事情から、小平市では市史編さん事業の必要性を認め、平成二〇年度の実施計画に事業採択したのである。

6　小平市史編さんの特色

こうして平成二〇年四月に企画政策部に市史編さん担当を置き、事業を開始することになった。ここで改めて小平市史編さんの特色について説明すると、次のようになる。

（1）全庁的な協力と行政主導体制をつくり、推進本部・連絡会議を設置した。

(2)若手研究者を中心とした調査研究組織をつくり、調査専門委員を配置した。
(3)編別の調査研究と執筆体制とし、三人の監修者を置いた。
(4)市民委員を二名配置し、豊富な人脈・情報網の活用を図った。
(5)図書館で刊行・収集した史料集・記録・資料を利用した。
(6)図書館の資料と設備を効率的に利用した。
(7)市史研究・市史編さんこぼれ話による経過報告と情報発信を行った。
(8)ホームページを開設し、随時情報提供に努めた。
(9)市民参加及び市内の学校・大学との連携を図った。
(10)歴史関係団体との懇談会を開催し、情報提供及び意見聴取に努めた。
(11)市史本編の活用と普及を図るため、市史付編の年表・索引及び概要版の刊行と記念講演会等を事業の中に含めた。

7 新しい市史編さんの課題

このような特色を持った市史編さん事業であるが、厳しい財政状況を抱える自治体にとっては、なぜ今市史を編さんする必要があるのかを明らかにし、説明することが求められる。小平市史編さん基本方針でも述べたとおり、小平市史編さんは、市議会でこの課題と予算について問われ、向き合ってきた。そのような経過からこの時代に行う新しい市史編さんの課題について考えると、次のようなことが挙げられる。
（1）既刊の市町村史の位置付けと新規事業の意味
（2）地域課題の分析と将来展望
（3）情報発信と市民参加
（4）事務事業評価と成果物の普及・活用
（5）デジタルアーカイブ時代の市史編さん

堺屋太一が『時代が変わった』で述べているように、二一世紀を迎えた現在は、戦後の時代変化の激しさを経て、価値観や環境、生活や暮らし方が大きく変わったのである。そうした変革の時代の中にあって、地域の将来を展望するためには、改めて歴史を振り返り地域の特性と変化を見つめ直す以外に、具体的な展望は開けないということである。

また、事業に取り組む視点として、内容が専門的で調査研究が必要だからこそ、専門家ではなく生活者＝市民の目線に立って市史編さんを行うことが必要で、できる限り市民参加を進め、市民感覚を反映したものにすること。デジタルアーカイブを活用した資料・情報整理を図り、情報発信と市民交流を図りながら事業を進めることが大切なのである。

これらの視点に沿って、次のような取り組みを行った。
（1）市史編さんこぼれ話のホームページと『市史研究』への掲載
『市史研究』創刊号を刊行した反響として、「市史研究を年一回でなく、もっと頻繁に出してほしい。また、市史編さんの過程で明らかになったエピソードを、コラムのような形で読みたい。」と

いう意見が寄せられた。これは、市史編さん事業に対する市民の関心の現れであり、これに応えることは市民とこの事業を近づける絶好の機会になると確信できた。そこで、予定になかったホームページの開設と、「市史編さんこぼれ話」と題したコラムの掲載を平成二一年度から開始した。このコラムは調査専門委員の執筆と市民の寄稿からなり、二号から五号までの四号で二四回のコラムを掲載した。

また、同じく二号から「市民の声」や「市民参加事業の紹介」等の欄も設けて、市民の意見等を掲載している。これらの取り組みは、市史の内容を多様で活気のあるものにするのに貢献した。

（2）地域連携・市民参加

地域連携として大きな成果を上げたのは模型作成である。これは、小平市内の職業能力開発総合大学校の先生の指導のもとで学生と市民が連携して、小川村開村当初である延宝二年頃の小川村の町並みの模型を造り、寄贈していただいたものである。この事業は、新聞にも取り上げられ、市役所や公民館・図書館で巡回展示を開催し、小平ふるさと村に移管して現在も展示されている。

また、小平アーカイブスの会には、玉川上水をはじめとして小平の古い写真の発掘とデジタル化及び「小平見どころ案内」のスライド作成に取り組んでもらった。

(3) 中学校社会科の教育研究会・市職員・市民を対象とした歴史講座の開催

市史編さんの計画及び進捗状況の説明を兼て、中学校社会科の教育研究会・市職員・市民を対象とした歴史講座を開催し、小平の歴史の概要紹介をした。

(4) 取材と広報

平成二二年一月一日号の「市報こだいら」の特集号をはじめとして、随時市報や新聞等に市史編さんの広報を行った。また、地域テレビ局「J:COM」、小平市職員及びNPO、市内大学生の地域広報活動「ジャーナリスト楽校inこだいら」、地域雑誌『多摩ら・び』、地域ラジオ局「FM西東京」等への取材・出演や記事掲載を通して広報を図った。

8　概要版の作成

近隣の市史編さん事業を見ても、市史編さん事業に市史索引・年表及び概要版の作成を含めている所はほとんど見当たらない。これは、大半の市史編さん事業は、資料収集から開始し、その整理と研究が中心となるため、市史の刊行が最終目的となる傾向が強いことに由来するものと思われる。一〇年程度の編さん期間を設けても、期限通りに市史の刊行ができれば順調な方で、期間延長を迫られる所が少なからず存在するのである。このような状況を考えると、市史索引・年表及び概要版は市史が刊行されていないと予定できないもので、市史編さん事業に計画段階から含めるのはリスクが高いといえる。

しかし、小平市史は事業の目的が「親しみと愛着が感じられるふるさと『こだいら』について理解を広める」ことである以上、専門的に調査・研究した成果である市史の刊行だけでは不充分であり、市史を活用するために必要な市史索引と年表があり、大部の市史をコンパクトにまとめた概要版が欠かせないと判断したのである。

そのために、市史編さん委員会の組織で行う市史の刊行は四年半で終了し、残り二年で事務局を中心とした庁内の組織を立ち上げ、市史索引・年表及び概要版を作成することにしたのである。この組織は、小平市史「概要版」作成研究会と名付け、企画政策部長を座長とし、企画政策部・教育委員会・公民館・図書館・中学校社会科の教諭で構成し、主に市史編さんに関わった再任用職員三名が分担執筆と実務に当った。

研究会は、概要版の内容構成と内容確認について検討することとし、原稿は市史編さん事業推進本部に図り、関係各課と本部員のチェックを受けて推敲した。本部員のチェックは形式的なものが多い中で、この概要版はかなり綿密で詳細なチェックを何度も受け、時間の許す限り推敲を重ねた。しかも、概要版にも年表と索引を付けている。

この本の編集方針の主な項目は、次のとおりである。

(1) この本は、小平の歴史を分かりやすく伝えることを目的とし、『小平市史』の概要をまとめ

た入門書とした。
（2）内容構成は、『小平市史』地理・考古・民俗編、近世編、近現代編を底本とし、ここに記載されている主要なテーマについて概ね収録した。
概要版のタイトルは「小平の歴史」とし、口絵・目次三七頁、本文四六四頁、索引・年表二〇頁、合計五二一頁の糸かがりソフトカバー製本である。

また、市長の序文に「概要版の目次構成を見てみますと、本編の骨格的な内容を押さえたうえで、小平の歴史を知るために必要な項目は盛り込まれていることが解ります。また、内容もよく精選され、簡潔で分かりやすいものに仕上がっています。さらに、本編を繰り返し読み込んで要約する作業を続けることによって、「一日の長」ともいうべき成果もあって、小平の歴史を知るうえで全体的な流れは概要版の方が分かりやすく、新しく分かったことも幾つか加わっています。」と記されているように、初期の目的は達成でき、印刷単価が一冊六〇〇円という値段設定もあって、順調に販売部数を伸ばしている。

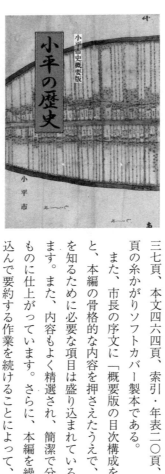

9　まとめ

二〇世紀は激動の時代であった。特に戦後の変貌ははなはだしい。都市基盤や生活環境のことを考えると、住居は木造平屋建てから高層鉄筋建築へ、照明は蠟燭やランプから電気へ、水道は用水堀や井戸から近代水道へ、下水は悪水堀から地下の下水道へ、道路は土から砂利敷そして舗装道路へ、通信は郵便から電話そしてインターネットへ、交通は蒸気機関車から電車・新幹線へ、運搬はリヤカーからトラックや飛行機へ、また宇宙に目を転じれば空想の世界であった月や宇宙へロケットを飛ばし、宇宙探検が実現するとともに宇宙基地に長期間滞在し、観察や実験を行う時代へと変化している。これらの変化をもたらした二〇世紀後半から二一世紀初頭にかけて、人類はかつて経験したことのないスピードで技術革新や価値観の変化も経験している。

このような変化の一方で、戦前・戦後を小平で生活し、時代を支えてきた人々が高齢化しており、様々な知恵や経験が語り継がれ記録されないまま世代交代が進み、記憶が失われていく。また、今まで保存されてきた資料や道具・生活用品がゴミとして処分されてしまう事例も散見される。

このように変化の激しい現代の歴史と過去の記憶を辿るためには聞き取り調査が必要であり、調査には歴史や文化財等に関心を持ち、良好な関係を構築してきた市民の協力が不可欠であり、時期を逸すると調査機能の著しい低下が避けられない。

以上のことを考えると、二一世紀の初頭に暮らす私たちにとって、今こそ地域の歴史を振り返る意義は高く、市史編さん事業を企画し実施するのは基礎自治体としての市町村が果たすべき重要な役割だといえる。そして、概要版の編集後記に「この事業に取り組めたのは、『小平市史　近現代編』に記されているように、その背景に小平市民の方々が形成されてきた歴史意識と、地道な調査研究活動によって作成された多様な刊行物の蓄積があったからであり、小平市が歴史を備えた都市に育ってきているからです。」と記したように、小平市には研究に足る歴史が備わっていたからこそ、市史編さんができたのである。

〈参考文献〉

(1) 蛭田廣一「小平市史編さんの経過と多摩地域の新しい市史編さんについて」(全国歴史資料保存利用機関連絡協議会　会報九五号) 全国歴史資料保存利用機関連絡協議会　二〇一四年
(2)『小平市第三次長期総合計画』小平市　二〇〇六年
(3)『心を豊かにする図書館をめざして　平成一九年度小平市立図書館概要』小平市立図書館　二〇〇八年
(4)『小平町誌総索引』小平市中央図書館　一九九〇年
(5)『郷土こだいら総索引』小平市中央図書館　一九八九年
(6)『小平事始め年表・索引(稿)』小平市中央図書館　一九九一年
(7)『平成二十年三月小平市議会会議録』小平市議会　二〇〇八年
(8)『小平の歴史を拓く―市史研究―創刊号』小平市企画政策部　二〇〇八年
(9) 小平町誌編纂委員会編『小平町誌』小平町　一九五九年
(10) 堺屋太一『時代が変わった』講談社　二〇〇一年
(11) 小平市史概要版作成研究会編『小平の歴史』小平市　二〇一五年

3　小平市を取り巻く現状と将来像について

小平市企画政策部政策課

小平市は、昭和三七年に市制施行し（町から市になり）、平成二四年に市制施行五〇周年を迎えた。国勢調査による人口でみると、昭和三五年には約五万三千人であった人口が、平成二七年には一九万人を超える数となっている。

市制が施行されてからこれまでの小平市の歩みを振り返ると、高度成長期には都市部のベッドタウンとして住宅開発が進み、また、工場の進出などにより人口が急増した。これに伴い、学校、下水道をはじめとした公共施設が次々と建設され、市民生活に必要な都市基盤が整備されてきた。

その後、徐々に少子・高齢化、情報化、国際化の波が訪れ、小平市においても、人口微増の安定成長期を迎えた。九〇年代のバブル崩壊後は、いわゆる成熟社会に入り、小平市政においても、安定した持続可能な社会づくりや環境への配慮が求められるようになってきた。

おおかたの都市基盤は整備されてきたが、これまで、こうした公共的な仕事の多くは、行政が担ってきた。市制施行一〇〇周年に向けた今後の期間には、さらに社会経済情勢の変化も予想されるが、近い将来に到来する人口減少期に合わせ、公共的なサービスも、画一的で全体的なものから、より多様で個別のものが求められる。

人口減少・少子高齢化は日本全国で進んでおり、国もその現状を見据えた対策を取り始めている。平成二八（二〇一六）年度には厚生労働省に、「我が事・丸ごと」地域共生社会実現本部が設置され、制度・分野ごとの「縦割り」や「支え手」「受け手」という関係を超えて、地域住民や地域の多様な主体が「我が事」として参画し、人と人、人と資源が世代や分野を超えて「丸ごと」つながることで、住民一人ひとりの暮らしと生きがい、地域をともに創っていく社会である「地域共生社会」の実現に向けた取組を進めようとしている。

小平市においても、生産年齢（一五～六四歳）人口の減少と高齢者（六五歳以上）人口の増加が既に進んでおり、なおかつ、総量としての人口が増加から減少へと変化する転換期を近い将来に迎える見込みであり、新たな行政需要への対応を図る必要があります。大きな概念として申し上げれば「量から質」への転換を図り、市民の皆様と行政が手を携えて「次なる豊かさ」を目指して取り組むことが重要です。

「量から質」「次なる豊かさ」と書くと、具体的な内容が判然としない印象もあるが、それこそが、この転換の難しさの本質でもある。

高度成長期における、人口増加に対応した都市基盤の整備においては、ある程度の画一的な施策に妥当性があった。しかし、これからの時代は、画一性が必ずしも通用せず、また仮に、画一的な方策で対処しようとした場合、財源の面で困難を生ずる可能性が高いという現実もある。「質とは何か」「次なる豊かさとは何か」という問いは、価値観に結びつく内容でもあることから、一方的な押しつけではなく、共に考え進む道を選択するというプロセスが重要となる。

小平市では、平成二一年に自治基本条例を制定し、「参加・協働・自治」を重んじた市政運営を進めてき。時代の転換期を迎える中で、これまでに形成された基盤に立脚した次のステップに進む時期が来ていると言えるだろう。

人口減少・少子高齢化の中で、限られた財源により既存の行政サービスをそのまま継続することは困難であり、持続可能な社会を形成するためには、地域性に根差した自助・共助の体制が今後重要性を増すことになる。「地域の強みや弱み」、「地域資源」についての議論や分析を進め、それらに基づいたコミュニティを形成することが必要であり、その実践には、多様な主体の参画が求められる。

地域資源の発見・発信について、「住みたい、住み続けたい」のまちづくりという観点では、「観光まちづくり振興プラン」を策定し、こだいら観光まちづくり協会も設立され、推進を図っているところであるが、持続可能な地域づくりという観点では、これから更なる取組が必要である。

市政全般の方向性を規定する「長期総合計画」については、現行計画である「第三次長期総合計画」の計画期間が平成一八年度から三二年度までとなっていることから、次期長期総合計画の策定作業を本格化する時期が到来しており、その策定にあたっても、これまでに述べた課題への対応が求められる。持続可能な地域を形成するうえで必要となる「地域性」の分析や、コミュニティ形成に資する研究と実践の積み重ねにより、目前に迫る新たな時代局面に対応する「小平」のあり方を深めることが必要となるが、それらについては、行政単独ではおのずと限界があり、大学等の専門性を有した機関との連携・協働が期待される。

小平市には多くの大学があり、現在、「ブルーベリーリーグ」として行政と市内大学の連携も展開されているところだが、今後は益々、その重要性が増すだろう。

新たな時代局面において、行政と市内大学など多様な主体が連携・協働して施策の展開を図ることが出来るよう、ますますのご協力をお願いしたい。

第二章　小平市における共生と共創

1　小平市の地域包括ケアの現状と課題
——住み慣れた小平で、いきいきと笑顔で暮らせる地域社会をめざして

星野眞由美

はじめに——「地域包括ケアシステムとは」

日本では少子高齢化が進行しているなか、最近は人材不足に関するニュースを聞くことも少なくない。また、高齢になるにつれて病気が増え、介護を必要とする人も増えていくため、医療や介護に関する負担も大きく財政的な問題ともなっている。

このままでは、団塊の世代が七五歳を超え介護を必要とする人がさらに増加する二〇二五年以降に社会が深刻な状態になると予想される。このことを二〇二五年問題というが、この問題を乗りこえるために、国が進めているのが地域包括ケアシステムの構築である。

地域包括ケアシステムは、今後予想される社会において高齢者の生活を成立させるための考え方

出典：厚生労働省ホームページ

を示したものであり、介護予防・生活支援、医療、介護、住まいの視点から、保険者である市町村や都道府県が、住民とともに地域の実情に合わせて作っていくものとされている。

1　人口等からみた今後の小平市の状況

小平市は江戸時代に開拓された土地で、戦後に都心のベッドタウンとして人口が増加してきた。日本の総人口は減少し始めているが、今後しばらくの間、小平市は微増が続くと予想されている。人口分布を見ると、小平市の平成二七年の高齢化率（二二・二％）は全国の値と比べ低くはあるが、今後上昇し続けていくことは他の地域と変わりない。

今後、小平市でもひとり暮らしの高齢者の世帯と世帯主が六五歳以上の夫婦のみ世帯が増え、平成四七年にはこの二つの形態の世帯が占める割合

人口等の将来推計

総人口に占める65歳以上および75歳以上人口の割合(小平市)

	平成12年	平成27年	平成37年	平成47年
総人口	178,623人	190,005人	190,215人	181,991人
６５歳以上	25,701人	42,139人	46,048人	51,445人
(総人口に占める割合)	14.4%	22.2%	24.2%	28.3%
75歳以上	9,255人	21,050人	26,644人	26,652人
(総人口に占める割合)	5.2%	11.1%	14.0%	14.6%

（各年 10 月 1 日、平成 37 年、平成 47 年は推計値）
小平市地域包括ケア推進計画（平成 30 年 3 月）

世帯の状況(小平市)

	平成22年	平成27年	平成47年
一般世帯総数	81,683世帯	85,470世帯	87,710世帯
世帯主が65歳以上 の一般世帯数	22,786世帯	27,271世帯	37,205世帯
世帯主が６５歳以上の 一人暮らし世帯数	7,578世帯	9,752世帯	14,166世帯
一般世帯総数に対する割合	9.3%	11.4%	16.1%
世帯主が６５歳以上の 夫婦のみの世帯数	7,865世帯	8,879世帯	11,670世帯
一般世帯総数に対する割合	9.6%	10.4%	13.3%
世帯主が６５歳以上 のその他の世帯数	7,343世帯	8,640世帯	11,369世帯

東京都世帯数の予測（平成 26 年 3 月）をもとに作成

が二九・四%になると予測されている。これは少なくとも三～四件に一件は高齢者のみ世帯になることを示している。

　生活をする上で誰かの助けを必要とするときに最初に思いつくのは一緒に住んでいる人であるが、高齢者のみの世帯では自分たちの力のみで解決することは難しくなる。そして、地域は均等ではないために高齢者のみ世帯が多い区域と少ない区域ができるので、隣近所の助け合いではなく、地域の中での助け合いを考えていかねばならない。

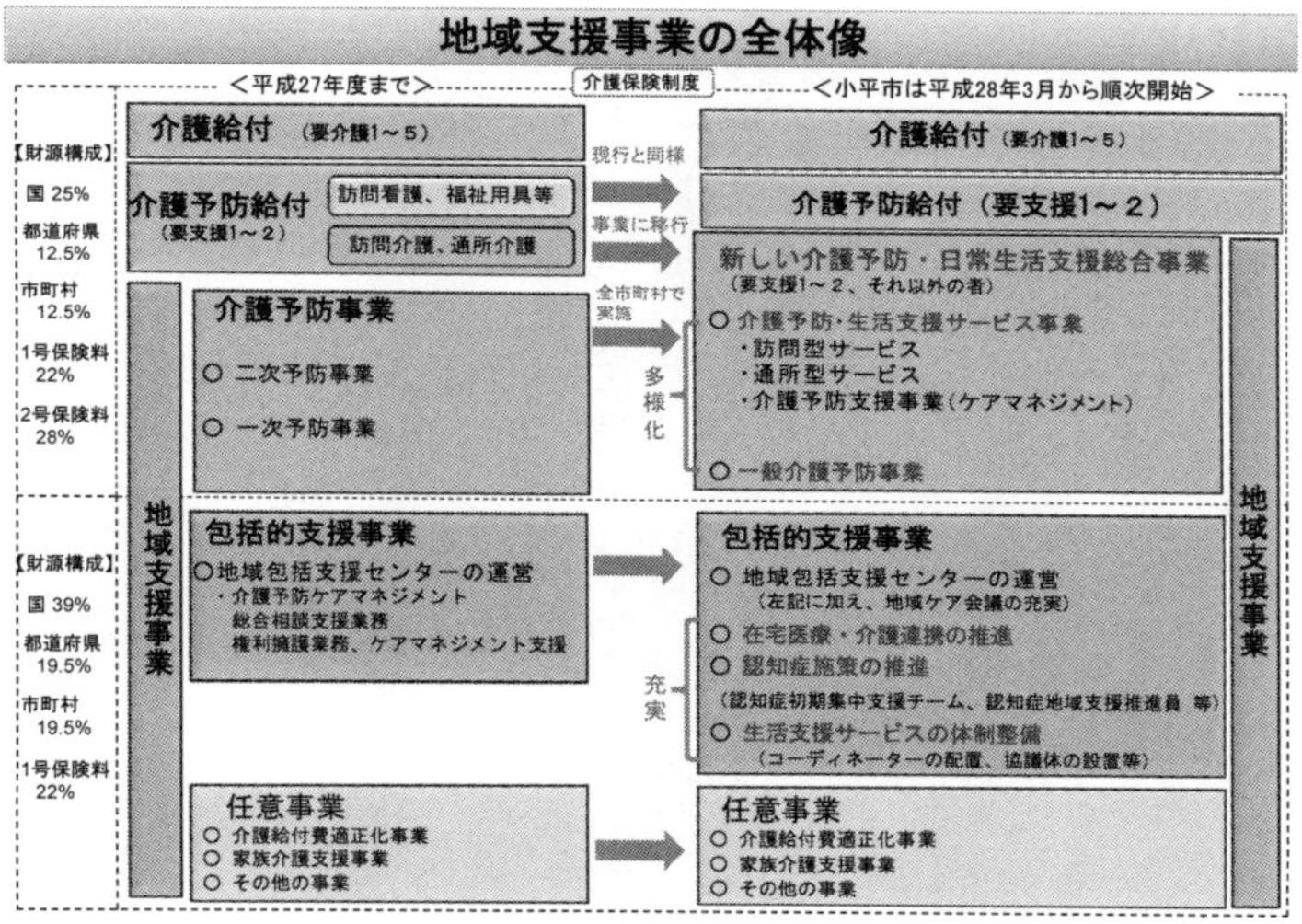

厚生労働省作成資料を一部改

2　小平市のサービス等の状況

地域包括ケアシステムの構築は、主に介護保険の地域支援事業という枠組みの中で行われる。国の地域支援事業要綱には「地域支援事業は被保険者が要介護状態または要支援状態になることを予防し、社会に参加しつつ、地域において自立した日常生活を営むことができるよう支援することを目的とし、地域における包括的な相談及び支援体制、多様な主体の参画による日常生活の支援体制、在宅医療と介護の連携体制及び認知症高齢者への支援体制の構築等を一体的に推進するものである。」とその目的が記されている。

国は全国の自治体が地域包括ケアシステムの構築を一体的に進めるために、平成二九年四月までに介護予防・日常生活支援総合事業（以下、総合事業と言う）を開始するように定め、小平市は平成二八年三月から総合事業を開始した。

以下、地域包括ケアシステム構築に向けた小平市の地域支援事業での取組のうち、生活支援と介護予防について述べる。

（1）サービスの状況「生活支援」

ひと言で生活支援と言っても様々なものがあるが、介護予防・日常生活支援総合事業で主に課題になっているのは少しの支援があれば自立した生活ができる高齢者の生活支援である。今回は、「家事支援」「居場所」「見守り」について述べる。

なお、ここでは居場所とは人（高齢者）が他人（社会）との接点を持ちながら時間を過ごすことができる場所のこととしたい。

□家事支援

生活支援のうち、介護の必要の有無に関わらずに生活する上で必要となる「買い物」「調理」「洗濯」「掃除」に対する支援を家事支援と呼ぶが、高齢期では筋力の低下やひざ痛や腰痛などの病気の影響から必要とされる場合が多い。着替えや排泄など自分の身の周りのことはできても、家事には多少の支援を必要とする人が多いのである。

少しの手助けがあれば自立できる高齢者への家事支援は近所の助け合いやボランティアなどのインフォーマルサービス＊1のほかに、総合事業の中の介護予防・生活支援サービスという公的なサービスで行われている。

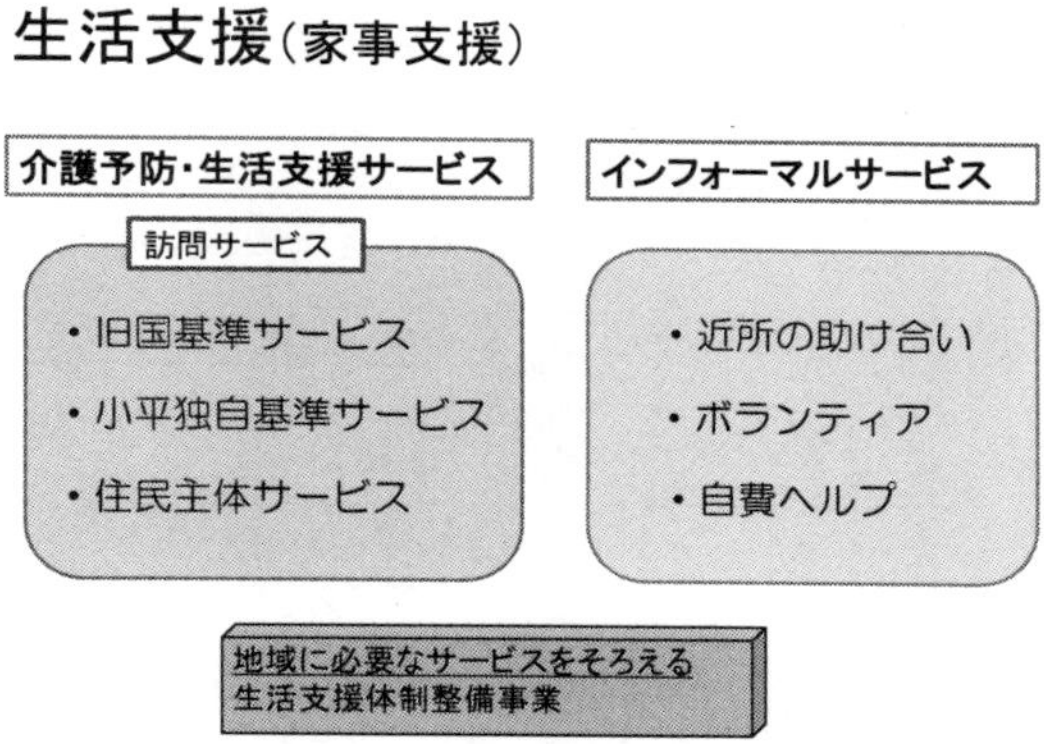
生活支援（家事支援）
介護予防・生活支援サービス
訪問サービス
・旧国基準サービス
・小平独自基準サービス
・住民主体サービス
インフォーマルサービス
・近所の助け合い
・ボランティア
・自費ヘルプ
地域に必要なサービスをそろえる
生活支援体制整備事業

なお、介護予防・日常生活支援サービスは、六五歳以上の基本チェックリスト＊２に該当する人と、要支援一・二の認定を持つ人を対象としている。

総合事業開始以前、介護保険の要支援一・二の認定を持つ人に対して有資格者であるヘルパーが生活支援のサービスの提供を行ってきた。介護予防・生活支援サービスでは、ヘルパーによる支援（旧国基準サービス）のほかにサービス提供を行うための簡易的な研修を受けた人が行う小平独自基準サービスや住民が主体となって限られた内容の支援のみ行う住民主体サービスがある。

□居場所

高齢期になると、子どもの独立や退職、病気などで日中にすることや行くところがなくなり、家に閉じこもりがちになっていくことも多い。閉じこもりは、廃用性症候群を引き起こし、高齢者が要介護状態になる原因の一つになっている。閉じこもりになりがちな高齢者にとって、居場所は用事がなくても行けて、人との交流が持てる大切な場所である。

居場所のサービスとして、介護予防・生活支援サービスの

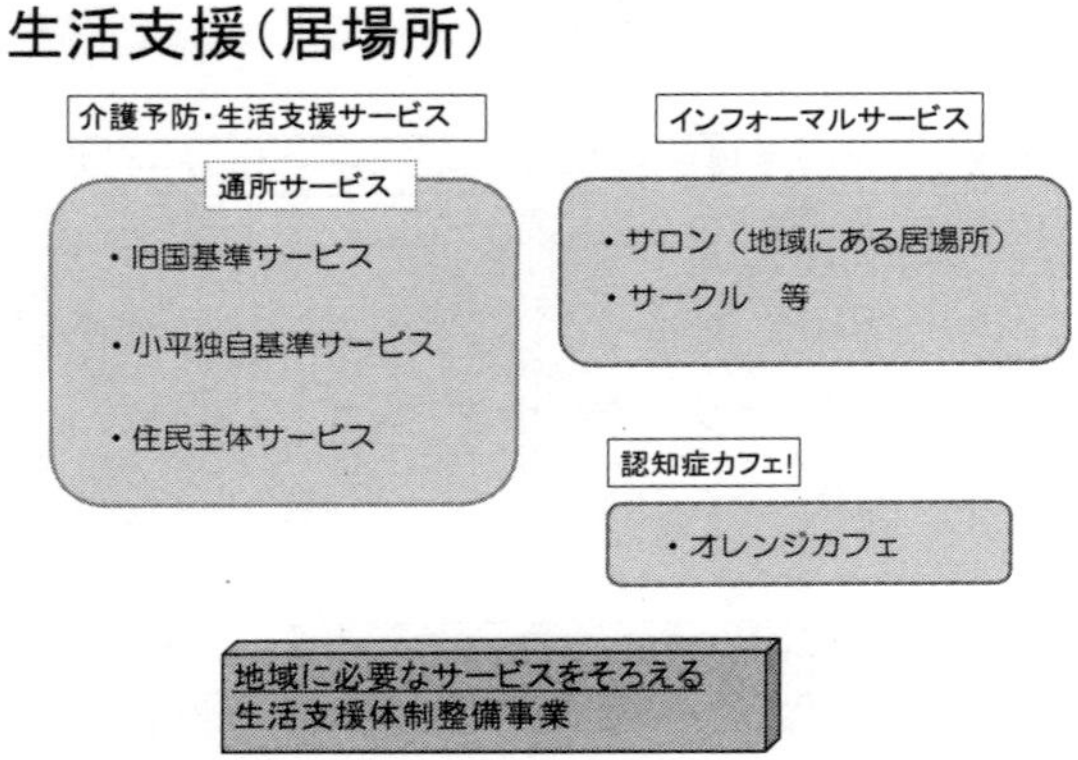
生活支援（居場所）
介護予防・生活支援サービス
通所サービス
・旧国基準サービス
・小平独自基準サービス
・住民主体サービス
インフォーマルサービス
・サロン（地域にある居場所）
・サークル　等
認知症カフェ!
・オレンジカフェ
地域に必要なサービスをそろえる
生活支援体制整備事業

通所サービス、インフォーマルサービスとしては、地域住民等が集うサロンや同じ目的を持った者が集まるサークルなどがある。介護予防・生活支援サービスの通所サービスには、介護保険制度の中で行われてきたデイサービスにあたる旧国基準サービス、従来のデイサービスに比べ施設や職員の条件を緩和した小平独自基準サービス、そして、住民が自ら運営する住民主体サービスがある。

□見守り

毎日の生活が続く中で、病気などで人の助けを必要とすることは起こりえることである。

同じ家に住む人がその異変に対応できれば問題ないが、一人暮らしや高齢者のみ世帯などでは外からの助けが必要となることも多い。しかし、ひとり暮らしや高齢者のみ世帯の場合、外に助けを求めることが難しい場合がある。高齢者世帯からＳＯＳが発信できないときは外部が高齢者世帯の異変に気付くことが必要になるが、異変を見逃さないためには見守りが必要である。

見守りには、生活の中でさりげなく行われている「緩やか

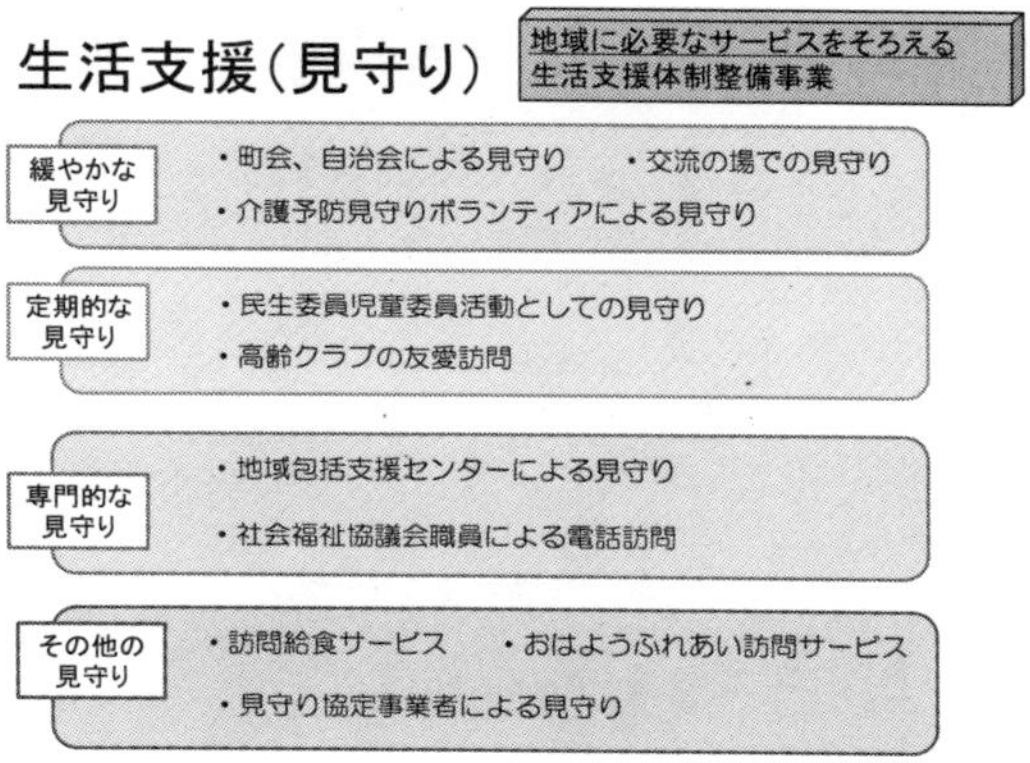
生活支援（見守り）
地域に必要なサービスをそろえる
生活支援体制整備事業
緩やかな見守り
・町会、自治会による見守り
・交流の場での見守り
・介護予防見守りポランティアによる見守り
定期的な見守り
・民生委員児童委員活動としての見守り
・高齢クラブの友愛訪問
専門的な見守り
・地域包括支援センターによる見守り
・社会福祉協議会職員による電話訪問
その他の見守り
・訪問給食サービス
・おはようふれあい訪問サービス
・見守り協定事業者による見守り

な見守り」、住民の関係者が定期的に訪問などを行う「定期的な見守り」、地域包括支援センターや社会福祉協議会が行っている「専門的な見守り」、訪問給食サービスや見守り協定事業所による見守りが分類される「その他の見守り」がある。様々な種類の見守りがあることで、個々の高齢者にあった方法で見守ることができる。

(2) サービスの状況「介護予防」

介護予防とは、「要介護状態の発生をできる限り防ぐ（遅らせる）こと、そして要介護状態にあってもその悪化をできる限り防ぐこと、さらには軽減を目指すこと」と定義されているが、そのためには、介護予防を学ぶことと継続することが必要になる。

小平市では、介護予防を学んでもらうためには、公民館等で行っている介護予防講座や認知症予防教室があり、継続するためには、要支援一・二の人や事業対象者を対象とする介護予防・生活支援サービスと会場まで自分で来られる高齢者を対象とした気軽に元気アップ介護予防講座や地域包括支援

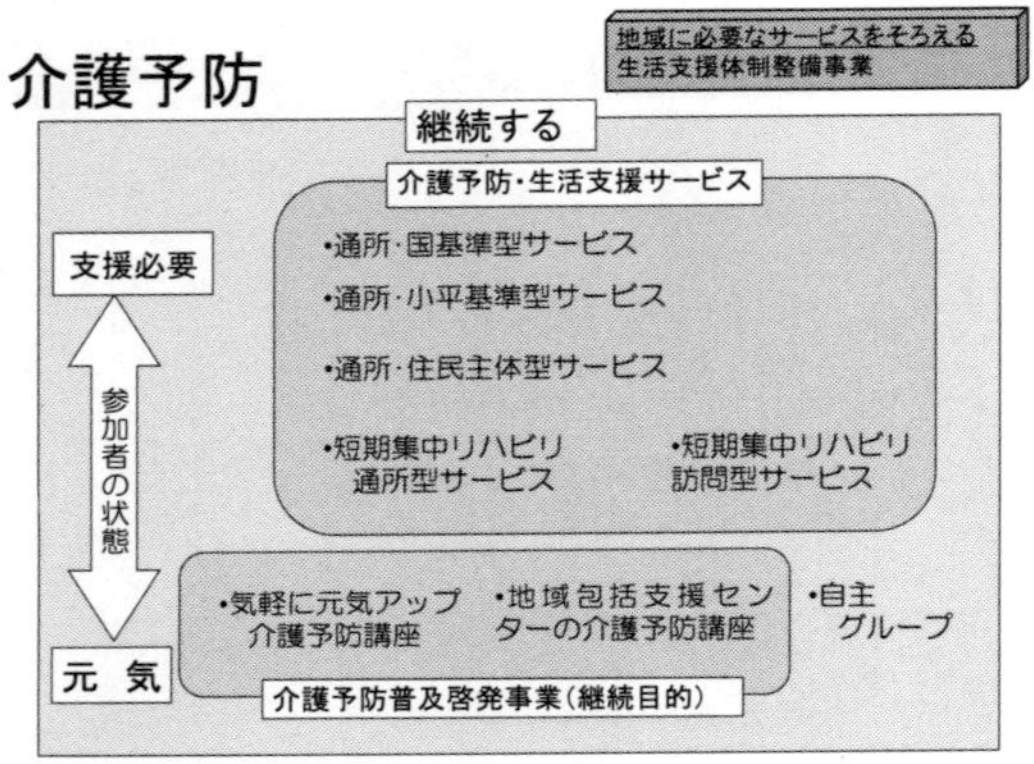

センターが行う介護予防講座がある。

また、高齢者が元気でいるためには社会参加が重要であると言われているが、地域での役割を持つとともに、地域の高齢者を支えてもらうために人材育成の事業やサロン（地域にある居場所）の支援を行っている。人材育成は、地域をさりげなく見守る「介護予防見守りボランティア」、地域で介護予防のための場の開催などする「介護予防リーダー」、地域で認知症の人と家族を支える取り組みをする「認知症支援リーダー」、介護予防・生活支援サービスの訪問サービス小平基準型サービスの担い手になる「生活サポーター」の養成を行っている。

高齢者は体力の低下を防ぐために週一回以上の頻度で運動ができるといいが、そのためには歩いて行ける距離にそのような場があることが望ましい。しかし、市や地域包括支援センターが行う講座だけではその環境をつくることは難しいため、今後の介護予防リーダーの活躍を期待している。

(3) 生活支援体制整備事業について

同じ小平市でも、駅の近くでお店がありバスの利用もできる地域があれば、駅が遠く緑が多い住宅街の地域もあり、様子は様々である。そして、体力が低下している高齢者は行動範囲が狭くなるため自分が住む地域環境の影響を受けやすく、買い物に行けないなどの問題を抱えることがある。そのため、高齢者が安心して暮らしていける地域をつくるためには、地域ごとに高齢者に必要なサービスは何かを考え、サービスを創っていく必要がある。

小平市では、地域の声を拾い地域に必要なサービスの創出につなげるために、平成二八年度から生活支援体制整備事業を開始し、生活支援コーディネーターを配置している。

3 認知症について

高齢になるほど発症する確率が高くなる認知症は、高齢化が進む今後にとって大きな課題である。認知症については、以前に比べたらサービスが整い、地域の人の理解も得られるようになってきているが、認知症の人と家族にとってはまだ十分とは言えない状況である。

ここでは、平成二八年一二月に、今後の取組の考え方に関して、認知症に関係する医療と介護の関係者で意見交換をしたときの事を紹介する。その会議では以下のような意見が出された。

・認知症が早期に発見されたとき、前向きになれるか、閉じこもってしまい認知症が重症化するか、二極化しているように思える

・認知症を発見した後、前向きになれるかどうかは認知症の本人とその周囲の人との関係が影響する。
・家族の人がとても悩んでいるときに必要なのは、診断ではなく相談なのではないか。
・認知症が進行してから介護保険サービスの利用が始まる場合は、サービスの導入がスムーズに行かない場合が多い。
・認知症かなと思われる人に対して、周囲の住民が過度に心配する傾向がある。どう接していいかわからないというのもあるが、「火事をおこすのでは」と悪いイメージがある。
これらの意見から、「地域の関係づくり」「認知症についての啓発」「家族の相談」「医療と介護の連携」が今後の取組のキーワードとして出されている。今後、このキーワードをもとに取組を行っていく予定である。

また、認知症について、医療や介護の関係者は真剣に考えているし、認知症の人の家族に意見を聞く機会もあるが、認知症の人から意見を聞く機会はほとんど持てていない。今後、認知症の人から意見を聞くこともしていきたい。

4　在宅医療と介護の連携について

医療と介護の両方を必要とする状態の高齢者が、住み慣れた地域で自分らしい暮らしを続けることができるよう、地域における医療と介護の関係機関が連携して包括的かつ継続的に介護を提供す

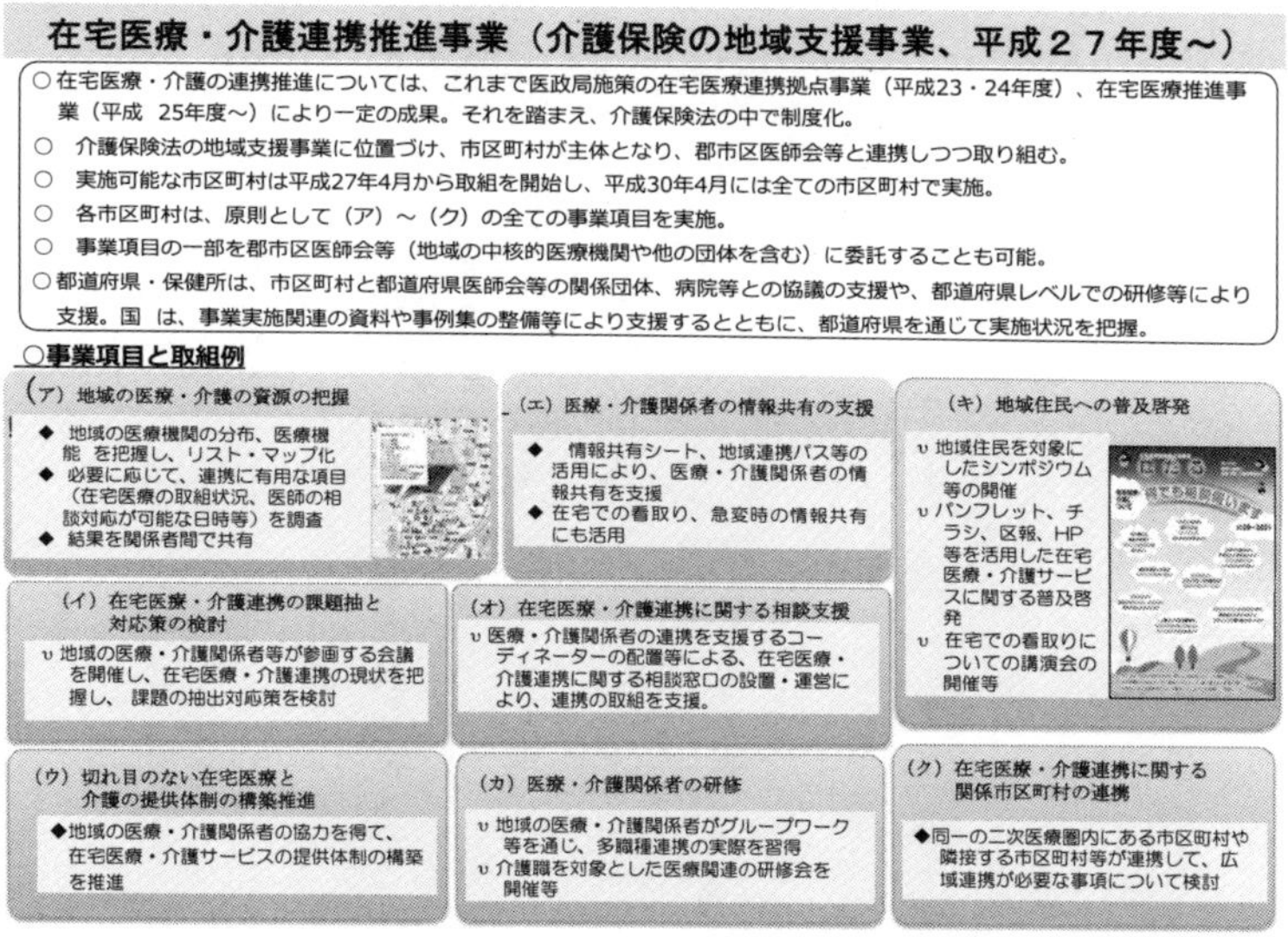
在宅医療・介護連携推進事業（介護保険の地域支援事業、平成２７年度～）
○在宅医療・介護の連携推進については、これまで医政局施策の在宅医療連携拠点事業（平成23・24年度）、在宅医療推進事業（平成 25年度～）により一定の成果。それを踏まえ、介護保険法の中で制度化。
○ 介護保険法の地域支援事業に位置づけ、市区町村が主体となり、郡市区医師会等と連携しつつ取り組む。
○ 実施可能な市区町村は平成27年4月から取組を開始し、平成30年4月には全ての市区町村で実施。
○ 各市区町村は、原則として（ア）～（ク）の全ての事業項目を実施。
○ 事業項目の一部を郡市区医師会等（地域の中核的医療機関や他の団体を含む）に委託することも可能。
○都道府県・保健所は、市区町村と都道府県医師会等の関係団体、病院等との協議の支援や、都道府県レベルでの研修等により支援。国 は、事業実施関連の資料や事例集の整備等により支援するとともに、都道府県を通じて実施状況を把握。
○事業項目と取組例
（ア）地域の医療・介護の資源の把握
◆ 地域の医療機関の分布、医療機能 を把握し、リスト・マップ化
◆ 必要に応じて、連携に有用な項目（在宅医療の取組状況、医師の相談対応が可能な日時等）を調査
◆ 結果を関係者間で共有
（エ）医療・介護関係者の情報共有の支援
◆ 情報共有シート、地域連携パス等の活用により、医療・介護関係者の情報共有を支援
◆ 在宅での看取り、急変時の情報共有にも活用
（キ）地域住民への普及啓発
υ 地域住民を対象にしたシンポジウム等の開催
υ パンフレット、チラシ、区報、HP等を活用した在宅医療・介護サービスに関する普及啓発
υ 在宅での看取りについての講演会の開催等
（イ）在宅医療・介護連携の課題抽と対応策の検討
υ 地域の医療・介護関係者等が参画する会議を開催し、在宅医療・介護連携の現状を把握し、 課題の抽出対応策を検討
（オ）在宅医療・介護連携に関する相談支援
υ 医療・介護関係者の連携を支援するコーディネーターの配置等による、在宅医療・介護連携に関する相談窓口の設置・運営により、連携の取組を支援。
（ウ）切れ目のない在宅医療と介護の提供体制の構築推進
◆地域の医療・介護関係者の協力を得て、在宅医療・介護サービスの提供体制の構築を推進
（カ）医療・介護関係者の研修
υ 地域の医療・介護関係者がグループワーク等を通じ、多職種連携の実際を習得
υ 介護職を対象とした医療関連の研修会を開催等
（ク）在宅医療・介護連携に関する関係市区町村の連携
◆同一の二次医療圏内にある市区町村や隣接する市区町村等が連携して、広域連携が必要な事項について検討

出典：厚生労働省ホームページ

ることが大事であり、在宅医療・介護連携推進事業として、下の図にある八つの項目に取り組むよう定められている。

小平市では、平成二二年度に都のモデル事業で在宅医療連携調整窓口が医師会内に設置され、平成二三年度から、在宅医療・介護連携推進協議会の前身となる「介護・医療連携推進協議会」が始まっている。

平成二七年度から地域支援事業を意識した事業の再展開が始まり、平成二八年度は一〇の関係団体が集まり、在宅医療介護連携推進協議会の元に多職種連携研修等の医療・介護関係者向けの研修、在宅医療連携調整窓口、情報共有に関する検討、市民向け講演会やパンフレットの作成などの取組を行っている。

5　おわりに

小平市の地域包括ケアシステム構築への本格的な取組は始まったばかりである。いろいろと思ったとおりに物事は進まないが、地域包括ケアシステムの構築に向けて行っている様々な事業等において、ともに考え取り組んでくれる市民や関係者の方をとても心強く感じている。しかし、高齢者の生活を支えていくためには、より多くの市民と一緒にいきいきと笑顔で暮らせる地域社会を目指して地域づくりに取り組んでいくことが必要である。それには、これからのことをなるべく多くの市民に知ってもらって考えてもらうことが必要であり、そこが一番難しいと感じている。

事業の開始年度

● 介護予防事業（参加）

介護予防事業（高齢者支援課）	平成１８年度
認知症予防事業（高齢者支援課）	平成１９年度
介護予防講座（地域包括支援センター）	平成２４年度
気軽に元気アップ介護予防講座（高齢者支援課）	平成２８年度

● 人材育成

介護予防見守りボランティア	平成２３年度
介護予防リーダー	平成２８年度
認知症支援リーダー	平成２８年度
生活サポーター	平成２８年度

● 在宅医療・介護連携

在宅医療連携調整窓口	平成２２年度
在宅医療・介護連携推進協議会	平成２３年度
医療・介護関係者の情報共有の支援（ICT）	平成２７年度
医療・介護関係者への研修（多職種研修）	平成２７年度
市民向け講演会	平成２８年度

1）インフォーマルサービス　公的機関や専門家などから制度に基づき提供される以外のサービス

2）基本チェックリスト　高齢者の生活状況等を確認するための厚生労働省が定めた25項目の質問票。生活機能低下の有無の確認に用いられる。

2　小平市在宅における医療と介護の連携について

――小平市在宅医療介護連携推進協議会と、ひまわり在宅ネットワークの活動と、そして、日々の在宅診療から見えること

鈴木道明

はじめに

私、鈴木道明は秋田県生まれで秋田大学医学部を卒業し、公立昭和病院、自治医科大学病院、そして公立昭和病院呼吸器内科勤務を経て、平成二〇年から訪問診療専門のケアタウン小平クリニックに勤務し、平成二六年に小平すずきクリニックを開業した。

現在、小平市医師会在宅医療担当理事、そして小平市在宅医療介護連携推進協議会の委員長を務めている。また後述する「ひまわり在宅ネットワーク」の世話人代表でもある。

当院は小平駅南口のマンションにあり、がん末期の方、呼吸器疾患の方を中心に訪問する在宅診療専門のクリニックである。医師一名、看護師二名（うち一名は連携・相談担当、主任ケアマネ資格

あり）で仕事をしている。在宅看取りは平成二七年七月～二八年六月の一年間二四名、在宅看取り率六〇％、さらに重症患者（要介護三以上またはがん末期や難病の方など）の率は九一％であった。

小平すずきクリニックは、「おうちの笑顔を支えたい～患者さんとご家族を地域のネットワークでお手伝いします」をモットーとして、

・在宅の場で「生活の質（QOL）」が上がるように、治せる病気は治し、苦痛を和らげ、できるだけ楽に過ごせるような医療そしてケアを目指します。

・患者さんとそのご家族が病気とうまくつきあい、生活ができるように、北多摩北部地域の医療、そして介護、福祉などのネットワークで支えていきます。

・定期的にご自宅を訪問し、さらにいつでも電話相談でき、必要なら往診も可能な体制で、ご本人とご家族を支えます。可能な限りゆっくりお話をお聞きする時間を作ります。

以上四つを目指している。

1　在宅療養における医療と介護

（1）「医療」と「介護」の連携とは？

（図1）を参照されたい。

まず医療職と介護職の違いは、①職種が違う。医療職と介護職では出身の職種がさまざま②言葉が違う。介護職には医学用語がわかりにくい③時間が違う。会議などで介護職は早い時間帯希望、

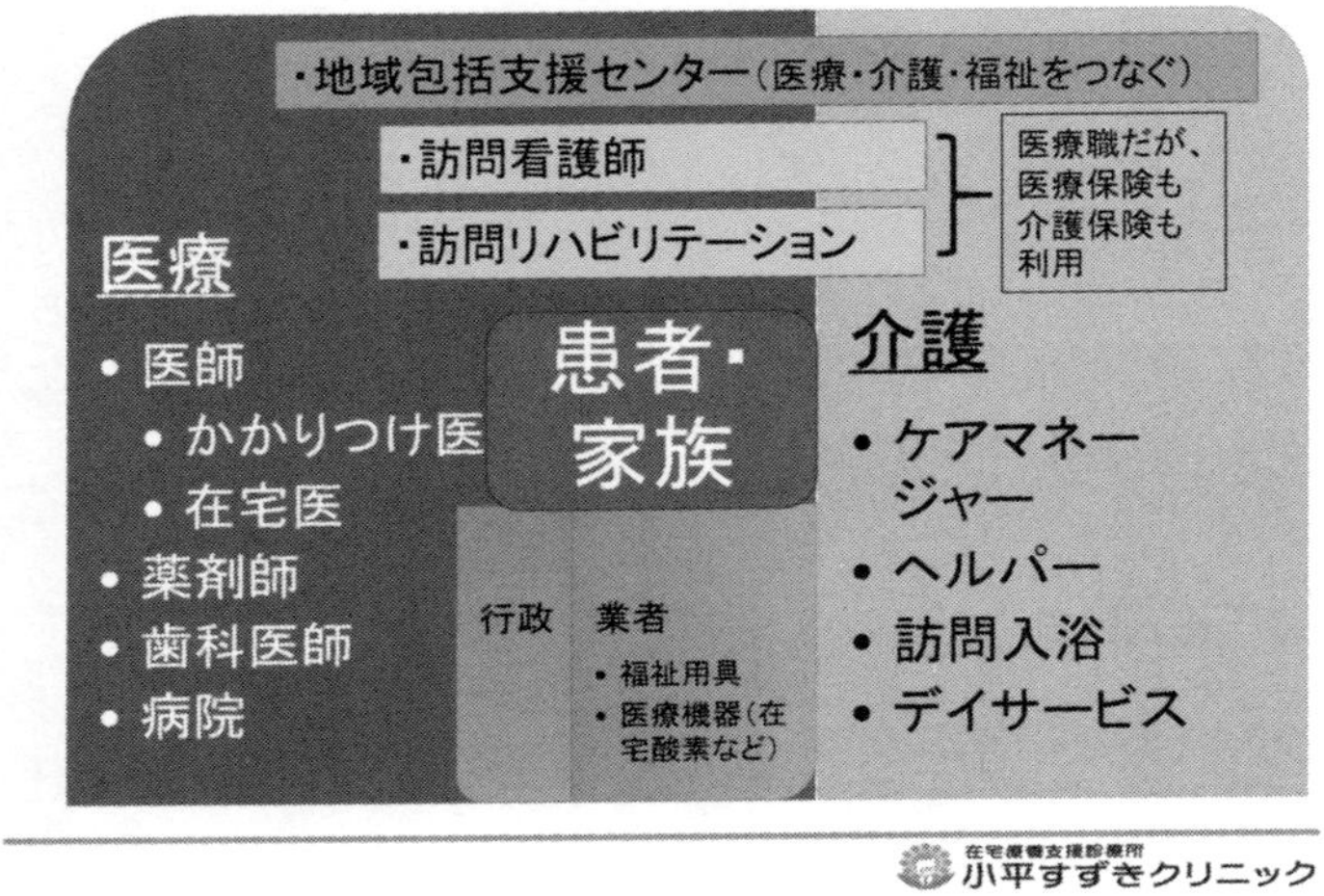

図１　在宅療養における医療と介護

医療職は遅い時間帯希望④状態悪化への対応速度の違い――の四点が挙げられよう。

顔の見える連携を築くためには①会議、研修などで顔が見える連携を作る②実際の在宅ケアの場で生かしていく――の二点が求められる。

情報の共有のためには、電話、ＦＡＸ、さらにＩＣＴネットワークの利用である。

みんなで支えるためには、職種毎のやり方、違いを理解して、患者中心のチームを作る。同じ地域といっても特にこのあたりは「地域」が難しい。患者（利用者）も事業所の活動も市を超えている。「小平市」というくくりだけでは活動できない。

（２）実際の連携

実際に患者・利用者中心にどんな連携をしているか。例えば、在宅酸素療法を導入された呼吸器疾患患者で、やっとポータブルトイレに動ける程度の人が退院するときの手続きなどを次に示す。

病院（連携室・相談室、看護師やソーシャルワーカー）は地域包括支援センターに相談、本人（家族）は介護保険申請の際、主治医意見書作成と認定調査により要介護認定され、在宅医、訪問看護ステーション、ケアマネが決められる。

病院での退院前カンファレンスの際、在宅療養に関わる多職種が集まる。ケアマネはヘルパー、訪問入浴など手配する。さらに福祉用具業者に介護用ベッド、マットレス、車いす、ポータブルトイレなどの手配する。また在宅酸素療法のため酸素の業者、機器の指導を依頼する。

退院時は病院から自宅までの介護タクシーを手配、在宅医は初診往診をし、訪問看護を（訪問リハビリも）を訪問看護ステーション（看護師、リハビリ職）に頼むよう指示する。

さらに処方し、訪問薬剤管理指導も薬局（薬剤師）に依頼する。

またサービス担当者会議も開催、在宅療養に関わる多職種が集まる。在宅医は居宅療養管理指導に加え、状況報告を患者・家族、ケアマネ、訪問看護、薬局に適宜する。

2　疾患毎の経過モデル

（図2）を参照されたい。

（1）がんプラス変化が大きい疾患と、変化がゆるやかな慢性疾患との違いは何だろうか。

在宅ケアにおける「医療」と「介護」の関与の割合は異なるが、がんvs.非がんという構図では捕らえきれない部分がある。

非がんでも変化が早い疾患あるいは状態があり、またそれぞれ移行しうる。例えば、がんでも前

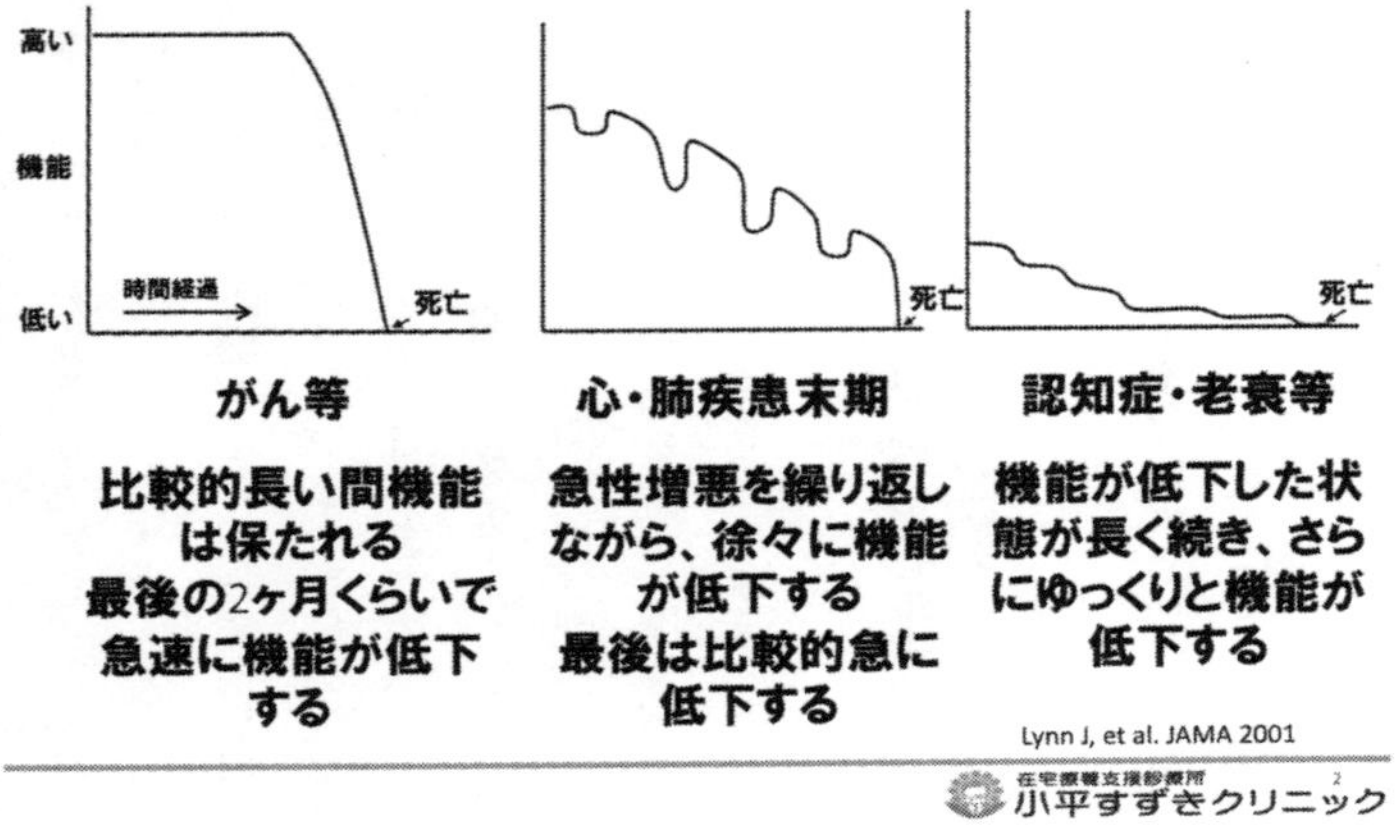

図２　疾患毎の経過モデル

立腺癌の方の進行は非常にゆっくりのことが多く、慢性疾患に近い対応が必要。反対に急激に進行や変化があり得る呼吸器疾患や、神経難病などの「非がん」ではその速さに対応する必要がある。

（２）患者さんは家でどんな経過で生きて、そして亡くなっていくのか

呼吸器系のがんの方は、食べられても、直前まで動けても、いきなり呼吸困難が悪化して亡くなる方がいる。呼吸不全の他に肝不全、腎不全や心不全の方など、単一臓器の機能不全で亡くなる方は、他の臓器機能が保たれていることが多く、体力が残っていればなおさら苦しく、いきなりの急変が起こりうる。

急変については、上記の他に出血（吐下血、喀血、露出腫瘍の大出血）、肝腫瘍破裂などが起こりうる。

今回はある八〇代男性で消化器系がんの方の訪問診療開始から看取りまでの在宅療養経過について、ほとんど実際の通りにまとめてみた。（図３）

歩いていた方が、一～二ヶ月の間に急激に動けなく

死亡日から逆算した日数	状態・できごと	ADL	排泄	食事	入浴
-約7週		つかまり歩行	独歩　便秘	少量	ほぼ自立
-約6週	腹水	つかまり歩行 坐位　イス			
-約5週	テレビ見ている				
-約4週	テレビもう見ない				奥さん介助
-約3週	腹水・浮腫	つかまり歩行 転倒	家族付き添い	1食のみ	訪問入浴
-約2週		ほぼ床上 トイレのみ歩行	支えられ歩行	アイス、 ジュース	
-約1週		床上　うとうと	Pトイレ	むせ込み　氷	
-6日	腹水・浮腫減少	床上　傾眠	おむつ　浣腸		
-5日	ゼロゼロ　在宅酸素				
-4日	呼名で開眼				
-2日	血圧低下　触診40台	傾眠　常に開眼		口を湿らせる	
-1日	血圧測定不可	体動なし	尿便失禁		
0日	死亡確認				

在宅療養支援診療所 小平すずきクリニック

図３　80代男性消化器系がんの方の在宅での経過

なって、食べられないくらい具合が悪くなって、亡くなっていく。トイレに何としても行きたかった方が、行けなくなり、最後には傾眠となり、最終段階を迎える。水分をとらなくても腹水や浮腫の水を使っていく。枯れるように逝く、そのような経過がお分かりいただけただろうか。

3　在宅ケアに関わる職種

訪問医、訪問看護師、訪問リハビリ、訪問薬剤師、訪問歯科医、ケアマネージャー、訪問介護（ヘルパー）、訪問入浴、福祉用具業者などが挙げられる。この多職種間で、①住み慣れたところで過ごせるように、各職種がチームを組んで支える〝チームでお手伝い〟②顔の見える関係を作っておく③地域の人的・社会的資源（リソース）を生かす④情報の共有⑤電話、FAX、適宜担当者会議――という関係づくりが重要だが、何といっても在宅ケアは訪問看護が中心である。

4　小平すずきクリニックではどうしているか

（1）「家に帰りたい」「家でずっと過ごしたい」から在宅は始まる

どうしたら家に帰ることができるか考えよう。最近はどうしたらいいか分からないから「在宅」という人も多い。連携（病院・他診療所など）、相談外来、在宅でできること、できないことの中で、何を優先させるか、苦痛、不安を緩和する、輸液、栄養、排泄、そして看取りなどについて、具体的にどうしているかをお話ししたい。

（2）相談外来

時間をかけてよく話し合う。

これまでの経過の確認、現在の状態の確認、病気による症状、生活の様子、病状認識、そして「本人がどうしたいか」「家族がどうしてあげたいか」「不安はどうか」「見守りできるか」などの確認、介護体制、準備の確認、介護力はあるか、介護保険の申請・認定状況、退院前に準備すること（ベッド、在宅酸素など）、療養場所の確認、どこで看取るか、緩和ケア病棟への相談をどうするか（がんの方）などを話し合う。

在宅診療でのお手伝いについて、症状コントロール、とくにできること、できないこと（在宅で可能かどうか）の説明、具体的なことの相談、訪問開始時期、家の場所や駐車場の確認、訪問看護、在宅療養では何が不安かなどについてある程度相談する。

相談外来でも、診療開始後でも可能な限りHope for the best, prepare for the worst.という考え方で、対応している。「気持ちは揺れる」、だから準備する。

（3）在宅医療の実際

①家でどうやって診療しているか
初診：診察など診療の他、制度、料金、訪問計画などの説明
定期訪問診療：二週間に一回以上、曜日・時間を決めて定期訪問
検査：バイタルサインの他、採血、エコー、心電図など
処方：処方箋をその場で書いておいてくるか、FAXで薬局に送る
注射、点滴：訪問時、または訪問看護と協力して行う
処置：褥瘡、膀胱バルーンカテ交換、その他
臨時の往診、電話再診
看取り
主には以上だが、他に、訪問看護との連絡、書類作成（訪看指示、主治医意見書、診療情報提供書、居宅療養指導管理書、など）という仕事もある。
②在宅でできること（当院の場合）
症状（疼痛）コントロール、鎮静、腹水・胸水穿刺排液、輸液管理：皮下点滴、中心静脈栄養TPN（ポンプ）管理、在宅酸素療法、在宅人工呼吸療法、気管切開管理、経管栄養管理：経鼻胃管

留置、膀胱バルーンカテーテル留置などに対応している。

③「生活を知る」、「生活を診る」

常に状態を確認し、介護・対応について相談していく。例えば以下のような点をチェックする。

・ADL、体の動き方、移動、車いす、住宅改修、福祉用具、ベッドは？
・食事、栄養、誰が作る、介助、誤嚥、点滴の希望は？
・排泄、自立、おむつ、ポータブルトイレは？
・睡眠は？
・入浴は自立、見守り、介助、訪問入浴？
・認知機能
・家族の状況、介護、住宅は？

④訪問診療と往診のちがい

訪問診療は計画的な医学管理の下に定期的に訪問して診療を行うこと、それに対し往診は患家の求めに応じて患家に赴き診療を行うこととの違いがある。通常は定期訪問診療をしながら、必要に応じて臨時の往診を行う。

5　訪問看護師の役割（週一〜三回程度訪問）

健康状態の観察、体調の相談、生活全般のアドバイス、栄養指導、皮膚トラブルのチェック、かかりつけ医との連携、家族の介護相談、食事や入浴排せつの介助、経管栄養のチューブ、尿の管、在宅酸素療法に使う機器などの管理や医療処置、リハビリや拘縮予防のストレッチなど多岐にわたる仕事をしている。

訪問看護がなくては在宅療養は成り立たない。

6　訪問薬剤師について〈薬の配達以外の自宅での支援内容〉

お薬の効果・副作用の確認、効果・副作用の有無を確認し、医師・看護師等と情報共有、薬剤の保管・管理の支援、一包化・服薬カレンダー・残薬の整理・処方日数の調整等、ご本人に合った調剤方法の検討・提案、服薬時点の変更・錠剤の粉砕・脱カプセル・とろみ付け等、ご本人に合った剤型選択・服薬方法の検討・提案、小さな錠剤・ゼリー剤・口腔内崩壊錠・服薬支援グッズ等、お薬同士・お薬と健康食品の飲み合わせの確認、相互作用の有無、同時使用の可否を確認等、お薬への不安や疑問への対応、服薬の目的、副作用の回避方法・対処方法を説明等、在宅療養上必要な衛生用品・介護用品の供給などを行っている。

訪問薬剤師さんがいなければ在宅療養が成り立たない人もいる。重要性がますます増してくると思われる。

7　小平市在宅医療介護連携推進協議会について

二〇二五年を目前にして、「生活の場」での療養を支える在宅医療・ケアには、医療・介護関連の多職種チーム作りが重要である。そのためには他の職種の仕事を知る、お互いの「顔」を知る、現状を認識し問題を共有する、さらに話し合いの場、研修の場、連携を形作る場を作ること、などが必要である。他方、国は地域包括ケアシステムを二〇一八年（平成三〇年）までに構築するよう各自治体に求めている。

（1）小平市の現状（断りのない場合は平成二八年一月一日現在のデータである）

人口一八八，六〇九人、六五歳以上は四二，五六七人で高齢化率は二二・六％である。要介護認定者数は七，九五四人で、二〇二五には一一，五五六人に増えると予測される。

また高齢者のみの世帯数は一五四四三世帯で、二〇二五年には二一九六四世帯に増える見通し。高齢者のみの世帯数の割合は一八・九％、独居高齢者数は七五七八世帯で、二〇二五年には一一八三四世帯に増加すると見込まれる。

年間死亡総数は一，五一五人、うち施設一，二二一人、施設外二九四人、自宅死亡は二七二人で、うち外因死等三二人、それ以外は二四〇人となっている。

自宅での死亡の比率は一五・八％（自宅看取りとは限らない）である。

小平市の在宅療養に関連する主な医療資源をみると、一般診療所総数一二五カ所（平成二六年）、訪問看護ステーションの数一五カ所（平成二八年）、地域包括支援センター計五カ所（うち基幹型一カ所）、二四時間対応する在宅療養支援病院は一カ所（平成二六年）、在宅療養支援診療所六カ所平成二六年）、訪問診療を実施する一般診療所一七カ所（平成二六年）ある。

（２）在宅医療介護連携推進協議会のこれまでの経緯

平成一七年、小平市医師会に「地域ケア研究会」発足、平成二二年小平市医師会が「東京都在宅医療連携モデル事業」を受託、医師会訪問看護ステーション内に「在宅医療連携調整窓口」を設置した。平成二三年からは、ケアマネージャー等に対する講演会実施、平成二四年に「小平市在宅医療連携協議会」を発足させ、多職種で集まり年四回開催してきた。平成二六年には「在宅医療連携調整窓口」を南台病院に委託、平成二七年「小平市在宅医療介護連携推進協議会」として拡大し再構成した。この下で、幹事会設置。多職種連携研修会、拡大協議会（ワークショップ）・懇親会、講演会、市民公開講座など開催、平成二八年に協議会に四部会を設置し、各事業を企画・運営している。平成二八年には小平市医師会に「在宅医療部」創設した。

小平市在宅医療介護連携推進協議会が目指すのは、小平市内で在宅療養をする市民とその家族を地域包括ケアシステムの中で支援するために①小平市内の在宅医療と介護に関係する団体・機関・事業所、各職種間の連携・情報共有を推進し、さらに関係者一人一人の顔の見える連携をはかる②在宅医療・介護に関係する職種に対して共同で研修をする③医療機関からの在宅医療の相談、さらに患者・家族からの相談を受ける体制を作っていく④小平市の在宅医療・介護に関する課題・問題点を話し合い、解決していく。

在宅医療介護連携推進事業は小平市医師会が小平市から受託している。本協議会は小平市医師会に置かれているが、委員は多職種から以下のように構成されている。

協議会会長は奥村秀（小平市医師会長）、幹事会は協議会内におかれ、事業の企画・運営などにあたる。

各部会・ワーキンググループ（ＷＧ）として①多職種連携・情報共有システム部会②研修部会（拡大協議会、多職種連携研修会、テーマ研修ＷＧ）③市民啓発・広報部会（ガイドブック作成、市民向け講演会、講座開催など）④支援センター検討部会（在宅医療介護連携支援センター（仮称）について）――四部会がある。

構成団体は、小平市医師会、小平市歯科医師会、小平市薬剤師会、市内・近隣市病院、小平ケアマネ連絡会、小平市訪問介護連絡会、小平市訪問看護ステーション連絡会、小平市リハビリテーション協議会、小平通所連絡会、地域包括支援センター（五カ所）、多摩小平保健所、小平市である。

研修事業として、拡大協議会を開き、医療・介護系団体のリーダーに参加していただき、講演会、討論、研修等を行う。また小平市内外の多職種の懇親会（一五〇人規模）を開催し、顔の見える連携を図る。さらに多職種連携研修会として、在宅医療に関係する医師・歯科医師・薬剤師・訪問看護師、ケアマネージャーなど介護系職種等の多職種による共同研修会を行う。二七年度は症例検討一回、二八年度は計二回（一〇月：摂食嚥下研修と三月：症例検討）開いた。

テーマ研修（在宅ケア・コラボ研修）として三～四職種による共同研修会、介護従事者向けの医療研修などを年四回企画している。

市民啓発広報部会は、市民向け講演会を医師会、歯科医師会、薬剤師会と共催、市民向けセミナーの企画運営（テーマ：もしもあなたが通院できなくなったら）や、在宅療養についてのパンフレット作成やマップの作成を行っている。

多職種連携・情報共有システム部会は、医療機関・介護事業所間の連携・情報共有、情報共有シート作成に取り組む。多職種間の情報共有のために、まず「顔の見える連携の構築」を図り、ICTネットワークによる情報共有システムとして、MedicalCareStation（MCS）を導入した。

病院内での在宅医療介護連携研修会も実施、病院に関係者が出向いて、平成二九年一月二五日、公立昭和病院で実施した。

北多摩北部医療圏内での連携として、多摩小平保健所とも協力し、二次医療圏五市間で在宅医療介護についての連携を図る。

支援センター検討部会

南台病院に「在宅医療連携調整窓口事業」を委託しているが、これに替えて、平成三〇年度四月予定で、在宅医療介護連携支援センター（仮称）を設置する予定で検討している。

（3）小平市の在宅医療介護連携についての課題

医師会の課題としては、訪問診療をする医師が少ない。在宅医療部を創設し、増やす活動をしていく。医師会員へは訪問診療をしなくても可能な在宅療養患者への支援、手続き、利用できる社会的資源について広報していく。

多職種連携の課題としては、顔の見える連携を基礎にしてICTを用いた連携の構築、病診連携に加えて、病院と多職種の連携、市民への広報、市民の参加を進めていく。

医療圏連携の課題として、患者(利用者)の通院範囲、そして各医療機関・介護系事業所の活動は市域を越えているため、各市内だけの連携では不十分であり、北多摩北部医療圏および近隣市の多職種での「顔の見える連携」の構築を進める。

平成二九年度は「認知症」と「独居」の人をどう支えるかをテーマとして、市民も巻き込む〈認知症フォーラム〉を企画するなど、さまざまな活動を行う予定である。

協議会事業の企画、運営、研修会などにおける多職種の活動、共同作業を通して、在宅の現場での「顔の見える連携」につながっていることを実感している。市民の在宅療養を支えていくために、訪問診療医を増やすことなどの課題に取り組み、多職種連携をさらに深めて、市内外に広げていきたい。

8 ひまわり在宅ネットワーク(ひまネット)について

ひまわり在宅ネットワーク(通称ひまネット)は、簡単に言えば、北多摩北部地域で医療、介護、福祉、行政などに当たっている多職種によるプライベートなネットワークで、茶話会、講演会などを企画運営している。

ひまネットは次のような思いから生まれた。

まず顔を合わせて語り合い、そこから何かが生まれる。アイディアや経験を共有し、ケアに生かしていく。一人や一つの事業所だけではなく、みんなでつながって、在宅療養中の方とその家族を支えていく。

この地域でも在宅ケアに関する勉強会、講演会はさまざま開かれ、参加するだけで大変になっている。また何かを決める会としてはこれから各市や各医師会で在宅関連のさまざまな会議が開かれる。そこで各地域毎に決定していくことになる。

そのような会とは別に、現場の声を大切にする会、現場でケアに関わっている人が顔を合わせて語り合う会が必要だと常々思っている。お茶を飲みながら、話し合う「茶話会」のようなかたちである。

このネットワークは北多摩北部地域で在宅ケアに関わっている全ての職種の方を対象としている。訪問診療の医師、診療所や病院の医師、訪問歯科医、訪問看護師、病院の看護師やソーシャルワーカー、事務の方、薬局あるいは病院の薬剤師、ケアマネージャー、介護サービス責任者、ヘルパー、デイサービスの職員、在宅ケア関連の会社の方、そして行政の方、などである。

多摩北部地域の「地域」としての特徴を見てみよう。

地域包括ケアの考えでは「地域で完結」と言われるが、この地域では「完結」なんかできるわけがない。もちろん地域の人的、社会的資源を生かしながら、その地域のことはできるだけ地域で解決していくという考え方は重要である。しかし、特にこの多摩地区は、多くの人口があり、多くの医療機関があり、いろいろな職種の方が市を超えて、そして二三区内やさらに埼玉県とのやりとりもしながら活動しているはずである。このオープンな地域では大小のさまざまな、開かれたネットワークを作ってやっていくしかない。閉鎖された地域の中で完結しようとするのではない。例えば隣の市の事業所のサービスを利用している方はいくらでもいる。市独自で計画を立て、市として何かを決めるのは大事だが、隣の市のことをオープンな「地域」のこととして理解していく必要があると思う。代表だけが各市から集まって話しても、それだけでは「顔の見える多職種連携」にはつながらない。

ひまネットのこれまでの茶話会は以下の通りである。（全てワールドカフェ方式で開催された）

・第一回：二〇一五年二月六日
　テーマ「在宅と病院の連携」　参加者　約八〇名
・第二回：二〇一五年七月一五日
　テーマ「医療と介護の連携について
　　～家で最期まで過ごす　と　看取る　を支えるために」
　参加者　約一〇〇名
・第三回：二〇一六年七月八日
　テーマ「在宅医と話そう～自分たちが大切にしていること」
　参加者　約二〇〇名

9　これからの在宅医療、在宅ケア、在宅療養の課題――この地域でどう看ていくか

安心して在宅での医療、ケアを受けられるためには、以下のような課題がある。

（1）医療システムの問題

まず、在宅診療を行う医師をどう増やすか。特に慢性疾患を診る医師と看取りを行う医師との診診連携、グループ診療、主治医・副主治医制などを進めていくであろう。

また、入院先の確保のためのバックアップする病院の確保は不可欠である。

退院調整・支援による在宅療養移行支援を進めるにあたって、特に外来通院から在宅診療への移行の問題をどうするかの課題がある。この他、在宅療養者の災害対策、医療費の問題もある。

（2）医療の問題（個々の疾患等の問題）

がん、難病、神経難病など重症者の在宅診療にはさまざまな困難が伴う。在宅緩和ケアの普及啓発を進める。高齢者が救急医療の対象となった場合、どこまで治療するかが常に問題となる。認知症の治療・ケア・介護をどうするか、医療、介護同意をめぐる意思決定の問題である。摂食嚥下、栄養の問題、在宅でのリハビリテーションの強化、小児・障害者の在宅診療での医療・ケアをどう統合するか、「治し、支える医療」への転換も課題である。

（3）生活の問題、住まいの問題

増え続ける独居の人たちにどう対応するか。孤独死、孤立死の問題、経済的な問題、施設での看

取りの問題、さらに本当は入院を希望しているのに入院できない、入所できない、家にいるしかない人たちをどうするか。

状態は落ち着いているが、ただ動けない人、団地の二階以上から降りられない人たちの通院あるいは訪問診療をどうするか。

（4）介護の問題

「老老介護」や「認認介護」「老認介護」「認老介護」の問題は深刻になるばかりである。

介護サービス側の問題として介護職不足、重症の方への介護の問題がある。

終末期のエンド・オブ・ライフケアの教育をどう進めるか。

家族介護の問題、介護離職、家族負担をどう減らすか。

（5）意思決定支援の問題

在宅での看取りが増えるにつれ、本人や家族の選択と本人、家族の覚悟をどう支えていくかの課題がある。どうしたらいいか分からない人たち、適切なケアにつながらない人たち、他人と関わりたくない人たちにどうアプローチするか。さらに地域住民の啓発、在宅ケアの広報活動。

（6）多職種連携の問題

多職種がどう連携して患者・家族を支えていくか。まずお互いの顔を知る、職種と仕事を知ることであり、多職種での研修、研修とその運営を通しての「顔の見える連携」作りを進める。医療に強い（看取りも支える）ケアマネを育てる。そのために医療研修や病院と診療所、多職種との連携も進める。

同時に、病院医師、職員に「在宅」を知ってもらう。時には、病院に赴いての多職種研修会も開催する。

在宅を支える地域包括支援センターを強化する。将来的には在宅療養支援センター（仮称）を設け、家族、医療職、介護職支援もしていく。

情報共有・ICTネットワーク構築、地域住民との連携、市を越えた連携作り、ネットワーク作り（多摩緩和ケアネットワークやひまネット）も積極的に進めたい。

（7）二〇二五年問題・二〇三〇年問題（人口の約一／三が六五歳以上の高齢者になる。団塊の世代が八〇歳を超えて亡くなる人が増えてくる）

「看取り難民」や「死に場所難民」が生まれる。病院に簡単には入院できない。どこで死ぬか、「在宅」は本当に受け皿になれるのか？という課題である。

看取りの教育を介護職、市民・家族、そして医師にどう進めていくか。この地域で「どう生きて、どう逝くか」それを「どう支えるか」。

地域包括ケアシステムの構築はやらなくてはいけない事業ではあるが、二〇二五年はすぐそこに来ている。上記のような課題を解決していくことは待ったなしである。

小平市で、そしてこの地域で、医療介護に関わる多職種と市民一人一人が、「我がこととして」考え、行動していくことが、今求められている。

3 「だれでもワークショップ」心理的拠点と伴走のワークショップ

杉山貴洋

はじめに

二〇〇七年に文部科学省から選定された地域プロジェクト[1]「だれでもワークショップ」が、白梅学園大学に誕生してから、一〇年が経過した。だれでもワークショップとは、大学を地域交流の拠点として障がいのある子どもたちの表現の場をつくる試みである。

だれでもワークショップには、いくつかの目的があり、それぞれが繋がっているものの大まかに以下の三つがあげられる。

まず、地域と大学の連携と協働である。地域と大学が、継続的に協働することで、相互の専門と特色を活かすことができる。次に、教育機関として実践の場を持つメリットがあげられる。保育や心理、福祉を専攻する学生にとって、子どもと触れ合うワークショップは、体験的な学習の機会を持つことになる。最後に、遊びを通じた療育の実践である。いずれ保育や福祉に携わる学生の素養を活かし、遊びや表現活動を通じて、訓練やトレーニングでは育たない子どもの発達を促すことができる。

このように、プロジェクトを構成する視点によって、目的は少しずつ異なっているものの、この三つは連動しながら現在も進行形で実施されている。

しかし、このような目的は、プロジェクト開始当初から明確に掲げられていたものではない。実践を積み重ねながら、おぼろげながら見えてきたもので、現場における試行錯誤は今でも続いている。

また、この一〇年で、だれでもワークショップは、様々な分野で発表する機会が与えられてきた。その内容は、アートを通じた療育の手法、演劇ワークショップの事例、コミュニティの形成手法である。取り上げられる分野は多岐に渡り、だれでもワークショップは、分野をまたぐ実践として評価された(2)。

しかし、だれでもワークショップは、次第に一つの分野ではなく、ソーシャルインクルージョンという包摂の事例として捉えられるようになっていく。障がいのある子どもの地域の居場所として、家庭でもない学校でもない第三の場として、縦でも横でもない斜めの関係の支援として、言い換えれば、居場所のない子どもたちを包み込むアートの形である。

だれでもワークショップは、現在、療育事業として運営されるため、療育や特別支援教育の延長として理解されることが多い。しかし、本章では、障がいのある子どもたちが表現する場を、ソーシャルインクルージョンとして、内側の視点で考えていきたい。

地域に居場所のない子どもたちを包み込むアートの形とは、一体どういうものなのだろうか。ワークショップの始まりを振り返りながら、一つの事例をもとに、その舞台裏を示していきたい。

だれでもワークショップの誕生

東京都小平市の白梅学園大学で実施される「だれでもワークショップ」は、障がいのある子どもが参加する造形活動のワークショップである。その始まりは、文部科学省現代ニーズGPの採択であった。現代ニーズGPとは、文部科学省が推進する現代的教育ニーズ取組支援プログラムの略称である。社会的要請の強い政策課題に対応したテーマ設定を行い、各大学の応募から優れたプロジェクトを選定し、高等教育を活性化する目的があった。

私たちは、保育、幼児教育、特別支援教育の養成校でもある特徴を生かし、地域活性化の貢献（広域型）から、地域における障がい理解を目標に、障がいのある子どもたちを対象としたワークショップを提案した。子どもたちと大学生が一緒に遊びながら表現活動をするワークショップである。

当時、障がい理解というと、公共施設の不備や、障がいの理解と啓発のイベントが主なものであった。しかし、障がいの理解とは、物理的な障壁だけでなく、心理的なバリアも課題である。例えば、心のバリアフリーと呼ばれるように、地域の意識を変えていく、または適切に理解していくこともテーマなのである。そのため、当初は、理解啓発を促す人形劇や、軍手をはめて折り紙をする体験講座など、NPOの支援を受けて大学生が近隣の公民館や小学校に出向いていた。

しかし、障がいの理解を地域に伝えていくだけでよいのだろうか。例えば、直接子どもたちと触れ合うことで生み出せるものはないだろうか。そこで、アートが必要とされた。アートやワークショップの新しいものを生み出す力に期待が込められた。

そして、ワークショップは「だれでもワークショップ」とネーミングされる。だれにでも、どのような子どもにも芸術的な素養があるというメッセージである。そのため、ネーミングやタイトルには「障がい」という言葉を使用しない。説明会や書類の表記では使用することはあっても前面では使用しない。「だれでも」と呼びかけることで、障がいのあるなしに関わらず、本来的には全ての子どもに芸術的な素養があることを示そうとしたのである。ノーマライゼーションの考えを実際に運用し、ワークショップが開始された。

だれでもワークショップの特徴

現在、だれでもワークショップは、二つのワークショップが実施されている。一つは、未就学の子どもを対象とする火曜ワークショップである。一年間で一三回実施され、各回、約九〇分間で、一五名ほどの子どもたちが、継続的に参加をしている。

二つ目は、小学生を対象とする土曜ワークショップである。土曜ワークショップは、一年間で一一回実施され、各回、約一〇〇分で、二〇名ほどの子どもたちが参加をしている。開始当初の二〇〇七年は、三~五歳の障がいのある子どもを対象としていたが、就学後も続けてほしいという要望が多く、土曜日にもワークショップを開始することになった。そのため、火曜ワークショップは、私のゼミ活動として、土曜ワークショップは、有志の活動として、私がファシリテーターを務めている。また、造形ワークショップ以外にも、春休みと夏休みには、障がいのある子もない子も参加できる二日間の演劇ワークショップも実施している。

これらのワークショップは、文部科学省の助成が終了する二〇一〇年から、小平市の療育事業として委託を受けて活動をしている。大学のゼミ活動とボランティアでありながら、行政の療育を担う珍しいプロジェクトである。

そして、だれでもワークショップは、様々な工夫をして実践しているが、最も大きな特徴は「ペア」と呼ばれる、継続担当のマンツーマンである。ワークショップに参加する子どもたちの一・三倍の支援者が、一緒に活動をしている。

とくに、一年間に渡る造形ワークショップでは、子ども一人に対して、一人以上の学生が継続的に関わり、発達を支援する。一緒に遊び、一緒に活動をすることで時間を共有していく。勿論、最初は、上手く関わることができないこともあるが、小さなことを積み重ね、ペアは、少しずつ一体感を持ち始める。子どもたちの心理的な拠点が形成さる。

だれでもワークショップは、一見すると、子どもと学生が、ただ遊んでいるように見えるかもしれない。しかし、継続担当のペアは、支援者と被支援者という関係ではない。学生たちは、一緒に活動をするなかで子どもの気持ちに寄り添い「伴走」を心掛けている。なぜなら、ワークショップでは、作品を制作するのではなく、制作を通じて、自我を形成することを目標にしているからである。

学生たちは、ワークショップの遊びや制作に熱中するとき、不思議な一体感を覚えると口にする。伴走が機能した時、ペアの間でなされる会話は、二人で一人のパーソナリティーに見立てることができる。

そして、小さな共感が発達を支援する大きな要因は、二人で一つの自我の揺れ動きが、結果的に子どもたちの成長を後押しするからである。その支援は、継続することで意味が出てくる。

私は、ワークショップで、イソップの寓話「北風と太陽」を引用し、子どもたちの関わりを学生に問いかける。

「旅人のコートを脱がせるのに、手っ取り早く片づけてしまう北風のような支援ではなく、ゆっくりで遠回りでも温かく関わる支援をしていこう。子どもたちの日常の生活の中に、気持ちの拠り所や、居場所がないのなら、なおさら、そうしていこう。」

太陽の日差しは、ともすると微力で見ることができない。しかし、根気強く続けることで、北風よりも大きな成果をもたらすことができるかもしれない。

土曜造形ワークショップの事例から

毎年、ワークショップの最終回では、子どもたちの保護者から、簡単なコメントを話してもらう時間が設定される。ワークショップは、子どもたちが保護者と離れて、学生と一緒に活動をする。そのため、最終回では、一年間を締めくくり、母親や父親からコメントをもらい、その言葉に私たちが感銘を受けることも少なくない。

そして、毎年、参加した子どもの数だけ、伴走したストーリーが存在する。ここでは、その中から、ある印象的なエピソードを紹介したい。それは、当時一年生の男の子と父親のことである。その年の土曜ワークショップの最終回、発表会のことだった。A君が、自分の作品について発表した後に、A君のお父様がコメントを続けた。

「日頃から、Aに愛情を注いであげたいと思う。でも、どうしたらいいかわからない。でも、ワークショップで、杉先生や学生さんが愛情を注いでくれました。Aは、発表で自信をもって喋るようになりました。家でも言葉が増えてきました。ありがとうございました。」

飾り気のない、ぼくとつとした口調で、お父様が一礼をした。会場の空気が静まり返った。そして、A君とペアを組んだ学生は、目頭をそっと手で隠した。泣きながら、笑顔がこぼれ、その横でA君が不思議そうな顔をしていた。ファシリテーターをしていた私も、その後に続ける言葉を失って、ただただ、ひたすらA君とお父様に、頭を下げるしかなかった。

何かじんわりと、一人の子どもが育っていくことを、会場にいた皆で噛みしめた最終回となった。

A君は、この時、だれでもワークショップに参加して二年目であった。参加当時A君は、五歳の年長で、一年目はリズムのワークショップ（現在は開催していない）に参加していた。しかし、当初は、ホールに入ることもできずに、ただ泣いてばかりだったらしい。お父様も、A君に対する態度が厳しく、焦りのようなものが感じられたとのことだった。そんなA君が、少しずつ変化していったのは、二年目のこと、造形ワークショップに参加してからだった。

また、A君は、診断を受けていなかったため、言葉や理解の遅れ、視線の合わない様子など、筆者たちは、推測を重ね仮説を立てながらの対応が必要とされていた。そして、多くの子どもたちが、母親が送迎するなかで、A君は、父親が送迎をしていた。私たちは、多くのことを飲み込んで、ペアとなった学生たちは、A君と一生懸命に遊ぶことを徹底した。

A君の様子に、目に見えた変化が表れたのは、中庭のじゃれつき遊びのことであった。その日は、大きなパラバルーンを使った遊びに、大量の落ち葉が追加された。

落ち葉のじゃれつき遊びが始まった時のことだった。A君が自ら、ファシリテーターの私に、落ち葉を投げつけてきたのである。ニッと笑って、そのままダッシュ。「あっ、目が合った。」私は、驚いて、嬉しくなって、ペアの学生そっちのけで、A君を追いかけ回した。

それまで、おとなしく従順にワークショップに参加していたA君からは、到底、考えられない行動であった。ペアの学生は、A君と杉先生の鬼ごっこを応援し、それ以来、パラバルーンの下で鬼ごっこをする様子は、ワークショップの定番の遊びとなっていた。

そして、A君の成長を振り返ってみると、その頃から、急激に言葉が増えていくのであった。これまでペアとして続けてきた学生たちの伴走が、花を開いたような変化であった。

また、その変化が、最も顕著に表れたのは、発表会の時だった。それまで、ファシリテーターの杉先生から、作品の名前を聞かれても、A君は、自分の名前を発表していた。さらに、ペアの支援で作品名を発表しようとしても、杉先生のオウム返しをするだけであった。

それが、今では自信をもって、自分の作品について話すようになったのである。その土台に、ペアの間で積み上げた会話が影響したことは、容易に想像できた。

目を見張るようなA君の変化に、実直で口数の少なかったお父様の態度は、次第に柔らかくなった。そして、ワークショップを終える度に、お父様は、私たちに深々と一礼をするようになった。

A君と学生は、遊びや制作を通じて、どれだけ多くの会話をしたのだろう。言葉にならないような声も、仕草も、表情も。一緒に喜んで、一緒に落ち込んで、一緒に驚いて、様々な表情のある声にA君が出会わなければ、言葉が増えなかったことは、現場から離れている父親でも想像できることだった。遊びを通じた支援の伴走が、父親にも届いたのである。

最終回の片づけの時間に
ワークショップの最終回を終えて、子どもたちとの別れを惜しみながら、私たちは、片づけに取りかかることができずにいた。私自身も、何故か呆然となったまま、しばらく動けずにいた。ずっとA君のお父様のコメントが頭から離れなかったのである。

そして、どういう訳か、自分自身の子育てについて、ずっと猛省していた。「自分は、果たして、自分の子どもに、愛情を注ぎたいと思っているだろうか。お父さんのように、真っ直ぐ子どもと向き合うことをしてきただろうか。大学の教員をしていれば、子どもの運動会や発表会に出席できることの方が珍しい。入学式や卒業式を考えても、半分も出席できればいい方である。発達を支援するワークショップを主催していながらも、自分の子育てについて聞かれれば、どうしたらいいかわかっていない。」A君の父親の心境は痛いほど理解できた。

自問自答が続き、煮え切らずにいた私は、目の前にいた学生に、そのことをそっと告げた。「A君のお父様のコメントをもらって、肝心の自分の子育ては、何にもできてなかったなって。」すると、その学生は、やるせないため息を、スッと吸い込んで、クスッと笑った。「そんなことないよ。大丈夫。」

ため息が、安堵の色に変化して、そうだったワークショップで、学生たちは、こうやって伴走をしてきたのだと知らされる。

一〇年前、障がいのある子どもたちの場の不在を訴えて、プロジェクトの申請文を書いた。しかし、当時、表現をするのは、子どもや学生であって、そこに、保護者も、自分自身も巻き込まれていくなんて思いもよらないことだった。太陽の日差しが、積もってきたのはいつの頃だろう。だれでもワークショップから見えるものは、いろいろなわだかまりが溶け出して、そこから風景が見えてくる不思議な風景であった。

〈注〉

（1）平成一九年度に選定された現代GPプロジェクト「アートでつくる障害理解社会の創成～学生参画による障害のある子どものアートワークショップと親キャラバン隊の取組」では、障がいのある子どもとその家族が暮らしやすい地域づくりを目指して、様々な取り組みがおこなわれた。

（2）だれでもワークショップは、二〇〇八年、二〇一〇年、二〇一一年、二〇一三年にキッズデザイン賞を受賞、二〇〇九年に冨田博之記念賞を受賞、二〇一二年には、こども環境学会活動賞を受賞する。また、美術教育の展覧会「美術教育イノベーション：アートの力・学校の力」「えっ？『授業』の展覧会─図工美術をまなび直す」等に出展されている。

第三章　小平市の文化、教育、環境、まちづくり

1　小平市の図書館活動

蛭田廣一

小平市の図書館活動全般に関する資料としては、「個性的な図書館活動を求めて　小平市立図書館の二〇年のあゆみ」と、『小平市立図書館三〇年のあゆみ』、『小平市立図書館四〇年のあゆみ』、及び平成一七年度以降の『心を豊かにする図書館をめざして　小平市図書館事業概要』がある。本稿ではこれらの資料を基に、小平市立図書館の四〇年余に亙る図書館活動について報告する。

章立ての構成は、市立図書館開館から一〇年までの初期の事業展開、一〇年〜二五年までの充実期の事業展開、二五年以降の改革期の事業展開の主に三つの時期に分けて記述する。

1　初期（〜一〇年）の事業展開とネットワークの形成

(1) 図書館の開館まで

小平市にはじめて市立図書館が開館したのは昭和五〇年五月である。既に多摩地域には二六市五町一村の三二の自治体の中に、一九市三町に五一館の図書館が存在していたので、小平市は三二自治体の中で二三番目に五二館目の図書館を開館したことになり、随分遅れたスタートを切った。

しかし、小平市における市立図書館開設以前の図書館活動として、次のような事業展開があったことを確認しておかなければならない。

①「むらさき号」の巡回貸出活動

その第一は昭和二八年に開始された都立立川図書館の移動図書館「むらさき号」による巡回貸出活動である。この事業は三〇人以上の団体が対象で、決まった駐車場を巡回して本を貸出すものであり、当初小平には三つの駐車場しかなかった。

この事業は次第に利用者を増大させ、最盛期の昭和四九年には二九の駐車場で年間二三,三四二冊の貸出実績を残している。この年の「むらさき号」の北多摩一一市における貸出冊数は五,二九〇九冊であることから、小平市の利用者が北多摩全体の四四%を占めている。

②公民館図書室の活動

第二は昭和三九年に開設された公民館図書室の活動で、一万冊の蔵書を館外貸出している。しかし、この運営は公民館の学習活動に沿ったものであり、蔵書内容は成人向けの教養書が中心で児童書や実用書は少なく、年間の図書購入費は三〇万円程度であった。

利用者の大半は勉強のために来館する小中高校生で、館外貸出には身分を証明するものを提示し、貸出申込書に記入・捺印を必要とした。こうした手続きは当時の先進的な図書館運営とは比較にならず、年間貸出冊数の統計でも昭和四四年の八，二六三冊をピークにその後は減少傾向にあり、昭和四九年には三，六二三冊となっている。

このことは「むらさき号」の貸出冊数が昭和四四年には一〇，三一四冊であったものが、昭和四九年まで増え続けていることとは対照的な結果を示しており、図書館運営方針を考える上で大きな教訓となっている。

③子ども文庫連絡協議会の活動

第三は昭和四七年に発足した子ども文庫連絡協議会の活動である。昭和四六年一月と六月に公民館で主催した児童文学講座は、子どもの本に関心のあるお母さん方の心を動かし、子ども文庫開設のエネルギーとなった。この年の六月、議会に提出された「文庫活動に補助金を」という請願は一二月の議会で採択され、昭和四七年度に五〇万円の子ども文庫図書費が予算化される。そして、昭和四七年三月には小平子ども文庫運営委員会が成立し、五月に一七の文庫が最初の団体貸出を受け、文庫活動が開始された。

この子ども文庫活動はそれを支える人達の情熱と意欲によって急速な展開をみせ、九月には二二文庫に増え、図書費も三〇万円の追加予算が計上されている。わずか四カ月の内に一，五〇〇名の子ども達が登録するという盛況ぶりを示し、その後もその人数はどんどん増加していった。そして、一一月には新しい規約を定めて小平子ども文庫連絡協議会と改称し、一二月の議会で図書費増額の請願が採択されて、昭和四八年度は一六〇万円の図書費の交付が認められている。

このような活動の中で子ども達の支持が得られ、講演会や他市の図書館見学などで市立図書館の必要性を痛感した子ども文庫の人達は、「すべての子ども達によい本を」をスローガンに図書館開設運動を開始したのである。

④市立図書館開設の動き

子ども文庫に先がけて図書館開設の具体的な運動を展開したのは小平団地自治会である。自治会では昭和四六年一一月に市議会文教委員会に図書館建設の陳情をし、翌四七年九月には請願を提出している。これを受けて教育委員会では昭和四七年に社会教育委員会に「市の図書館計画はいかにあるべきか」を諮問し、翌四八年七月に答申を得ている。そして、一〇月には「小平市長期総合計画」の一部見直しを行って、図書館建設計画を決定するに至る。

昭和四九年一月にはその計画を市報で特集し、昭和五〇年四月開館予定で建設に着手することを公表した。そこで図書館は文化センター、教養センター、調査研究センター、情報センターであると定義し、「情報過多といわれる現代社会のなかで、私たち一人一人が的確にそのときそのときの問題に対処するためには、生涯にわたって学習することが不可欠になってきます。図書館はまさにこれら市民の生涯にわたって学習していくための施設です。」と記され、意気込みの感じられる格調高い文面が綴られている。

また、二月末には図書館建設・運営に市民の声を反映させるために図書館研究会を発足させ、昭和五〇年三月までの間に一一回開催し、建物、設備、運営方法、条例等について熱心に討議している。

(2) 開館と初期の事業展開

①小平市図書館の開館

昭和四九年四月には図書館準備室を開設し、主幹一名・主事一名の二名の職員が配置されて、図書館設置に向けて動き出した。

八月には建設工事に着工し、一〇月には新たに採用された実務経験のある司書四名と主査一名の五名の職員が加わり、準備室を萩山公園管理事務所に移転して、本格的に図書の発注・受入を開始している。

昭和五〇年四月には新採用の司書六名と主事二名の八名が増員され、都合一五名の陣容を整えるに至る。そして、建物も完成し、三五，八八三冊の蔵書の排架も終えて、開館の日を迎えることになった。

開館の日の様子は次のように克明に記されているのでご紹介しておきたい。

「五月一八日（日）、市民の待望久しい図書館の開館日を迎えた。五月晴れの当日、八時頃から子ども達が続々と集まり、図書館のまわりをとりかこみ、道路にあふれんばかりであった。交通整理に当った警察から、事故の恐れがあるので早急に開館してもらいたいとの要請があり、一一時の予定を繰り上げて開館したのであった。開館と同時になだれ込んだ市民によって館内は満員電車なみ

小平市図書館

の混雑となり、登録に、貸出に職員は息つく暇もなかった。貸出冊数も四千冊を記録し、当日だけで公民館図書室の昭和四九年度貸出冊数を上まわったのであった。」

開館の日の盛況ぶりは語り草になっているが、その後も利用者は増える一方で、開館時に三万三千冊あった書架から本が見る見る減って行った。一カ月後には書架ばかりが目立ち、本は書架の片隅に散在するような状況になったのである。この時期に初めて来館した利用者からは、「新しい図書館ができたと聞いて来てみたのに、この図書館はロクに本も買わないで開館したのか」と苦言を呈されるほどであった。カウンターの時間以外は必死で図書の整理をし、昭和五〇年度末の蔵書冊数は五九,八七九冊にまでなっている。

開館の盛況が少し落ち着いたのも束の間で、七月には小川と花小金井北公民館の図書室を、図書館分室として二館同時に開館させた。夏休みに入った七

〜八月は、開館時にも増して多くの利用者が来館し、貸出カウンターには長蛇の列ができた。三人がかりで必死に処理しても返却箱の本の山は一向に減らず、額の汗をぬぐう暇もないといった混雑ぶりであった。この結果、初年度の貸出冊数は四一四，三九二冊を記録し、登録者数は二三，九六三人を数えて、登録率一六・二%を示している。これは「むらさき号」の昭和四九年度の貸出実績の一七・三倍の利用率であり、市民の六人に一人が年に二・八回来館した計算になる。かつてこれほど利用され、行政効果のよい市の施設が在っただろうか…。

図書館がいかに市民に期待され、必要とされていたかを如実に物語る証しである。

②初期の事業展開

これは三多摩の先進的な図書館経営を個性的な活動と見なし、多摩の〝進取の気風〟を体現した初代館長の見識と、自分達の個性を生かすべく果敢に挑戦した、職員のチームワークがもたらした結果だったといえる。そのことは、初期の事業展開にも示されている。

六月からは月二回（昭和五一年一月からは毎週）のお話会を子ども文庫と共催で開催し、九月には小川家文書の調査に取り掛かり、一〇月には約八千点の古文書の寄託を受けている。また、八月の寺村輝夫氏の講演会を初めとして、渋谷清視、杉浦正、大石真、いぬいとみこ、鳥越信、板倉聖宣氏といった壮々たる講師陣を迎えて計一〇回の講演会を実施し、一一月には新聞展、地方出版図書展、SL写真展と連続三回の展示会を開催している。そして昭和五一年三月には最初の「図書館だより」を発行するなど数多くの事業を実施しており、講演会・展示会のない月は皆無である。

開館当初の貸出は、フォト・チャージングシステムによるものであった。このシステムは貸出処理の効率化にはなったか、返却と督促事務に多大な時間と労力が必要であった。このことから、現システムを運用しつつ、公共図書館界ではまだほとんど導入されていない業務の電算化を検討し、システム開発を進めた。この結果、昭和五一年六月には三分室で電算処理による貸出・返却システムが実現し、八月には本館で導入するに至る。

一部を除いて大半が新刊書であった蔵書は、開館後一年もすると本の汚れが目立つようになった。そこで、本が汚いから借りたくないと感じられることを憂慮し、清掃方法を検討したのである。そして、六月からフィルムコーティングしてある本の清掃を開始した。返却された図書の表紙を消毒用アルコールのエタノールを雑巾に染み込ませて拭くという作業である。これは図書清掃後、図書を分類順に並べ替えてもらい、排架の効率化に繋がっている。一二月からは高齢者の生きがい対策の一環として、高齢者事業団から臨時職員を派遣してもらう形に転換し、その後委託という形に変更して現在も続いている。

また、昭和五二年度には四つ目の分室である上水南分室の準備を進め、昭和五三年四月にオープンしている。

昭和五二年度末には蔵書数が一〇万冊を超え、登録率は三〇%を記録し、貸出冊数は五三三、八九三冊を数えて、開館当初は遥かに遠い存在であった図書館事業の先進市である町田市・日野市・府中市・調布市に続いて、多摩地域で五番目の貸出冊数を記録するまでになった。

そして、五二年に実施した小平市第三回世論調査で、今年利用した施設と今後利用したい施設のトップに図書館が上げられている。これは多摩の先進図書館の実践に習い、利用しやすい、親しみのある、資料の揃っている図書館を目指して着実に実施してきた当然の帰結であり、開かれた貸出中心の図書館運営方針の正しさを実証したものである。

また、「小平市図書館だより第三号」に次のような文章が寄稿され、私たちを励ましてくれた。

「毎日都心に勤めに通っていた私にとって、町は文字通り寝に帰るだけのベットタウンで、なじみの薄いものであった。顔見知りの人も近所のごく少数の人に限られ、町の（後には市の）事業など私には全く興味がなく、関係のないものとして暮らしてきていた。

そういう私が市の仕事に強い関心を持つようになったのはひとえに図書館ができ、図書館を通じてであった。…図書館を通じて私は初めて体制側（市もその中にはいる）の仕事をいくらか信頼できるような気になった。

図書館に行ってぎっしりつまった本棚の前に立ち本をながめているだけで楽しく、すぐ半日ぐらい終わってしまう。またそこに来ている人々…静かに本を見ている人々の姿をながめていると、私はお互いに本好きの仲間として手を握り合いたいような親しみを感じないではいられない。そしてこういう図書館を作ってくれた市に感謝したい気持ちになる。」

（３）地区図書館の設置とネットワークの形成

図書館計画については昭四八年七月の社会教育委員会答申により、中心館一、地区図書館六、移動図書館二を設置する計画だった。しかし、実際に図書館が開館して大きな反響と期待が寄せられたことと、社会情勢の変化を考慮した見直しが必要とされ、昭和五三年三月に「今後の図書館設置計画について」という図書館協議会の提言を得ている。これが小平市立図書館の設置計画を決定するものとなった。

提言の内容を見ると、中央図書館一、地区図書館七、分室三、移動図書館一を設置することになっている。また、翌五四年三月には「中央図書館構想について」の提言があり、四，四〇〇㎡の建物に三〇万冊の蔵書が必要とされている。

既に一〇年以上の活動実績を持ち、全国的に評価されている日野や府中の図書館ですらこのような壮大な計画はないのに、果たしてこの構想が実現するのかどうか半信半疑だった職員も少なくない。

この提案を裏付け実施するために、昭和五三年三月に「小平市長期総合計画実施計画（五三〜五五年）」が策定され、昭和五三年度に花小金井、昭和五四年度に小川西町、昭和五五年度に喜平の各図書館建設が決定されている。また、これに続いて昭和五五年六月の「小平市第二次長期総合計画（五六〜六〇年度）」では、昭和五八年度に上宿、五八〜五九年度に中央図書館の建設が決定されたのである。

こうして、昭和五四年四月に花小金井図書館（九〇七）、昭和五五年七月に小川西町図書館（九九五）、昭和五六年六月に喜平図書館（一，一五六㎡）、昭和五七年六月に上宿図書館（九三二㎡）と四年連続で地区図書館を開館したのである。しかも、これは全て九〇〇㎡以上の施設で、蔵書能力が一〇万冊規模のものであって、当時の中小都市では他に類例を見ない大規模な地区館網の誕生として注目された。

上宿図書館が開館してみると、小平市内には一，〇〇〇㎡平均の地区館が五館と三〇㎡平均の分室三館の図書館ネットワークが整備され、同じレベルの施設と蔵書規模の本館では全体のバックアップも不十分になっていた。また、職員は本館が一六名、本館以外の地区館は八名の体制で臨んでいたので、この段階で全職員数が四八名となって、会議をするにも場所がないという状況となり、中央図書館開館が待望されるようになっていた。このような状況の中で、昭和五七年一一月には息つく暇もなく中央図書館の設計に着手し、昭和五八年九月には工事に着工、昭和五九年一二月には工事完成、そして、昭和六〇年七月には当初の予定を上回る四,七〇〇㎡規模の中央図書館が開館する。

この年度末の蔵書数は六〇四,四六〇冊、貸出冊数は一,一六八,四一五冊で、市民一人当り七・四冊の貸出を記録している。そして、五七〜六二年度までの五年間は多摩地域で町田市に次いで二番目の貸出冊数を示し、蔵書数や施設面積の上でもトップクラスとなった。

この後昭和六二年七月には六番目の地区館である津田図書館（六八四㎡）が開館して、昭和五三年の図書館計画の九割が達成され、市内のどこに住んでいても半径一㎞の円の中に図書館が在り、市民の大半は歩いて一五分で図書館の利用が可能になった。

小平市立図書館の運営方針として全館を一つの図書館システムとして運営し、返却された本やリクエストの本を運ぶ搬送車を、日曜日を除く週六日走らせて物流を確保するなどネットワークの形成にも努め、全館の蔵書をより速くより有効に利用者に届くようにしてきた。

（4）蔵書構成と収集分担

図書館建設計画はそこにサービス拠点を設置するということで、誰の目にも明らかな成果として映るものだと思われる。しかし、図書館サービスにとって重要なのはサービスの質であり資料なわけで、図書館の活動を語る以上図書館の運営方針や事務処理について触れる必要がある。

以下がその基本的なものである。

【運営方針】

①はいりやすく、親しみやすい図書館

②簡単な手続きで利用できる図書館

③資料のそろっている図書館

【運営基準】

これは実態が先行して、成文化された基準を持たずに運営されている図書館が少なくないようであるが、小平の場合は早い時期から以下のような基準を確立し、必要に応じて随時改訂してきた。

①「事務手引」昭和五二〜平成二年度

②「業務マニュアル」昭和六三年、平成八年

③「職員研修資料」昭和五六年

【運営に関する答申および提案】

①「本市における社会教育はいかにあるべきか—図書館計画はいかにあるべきか—（答申）」社会教育委員会　昭和四八年七月二〇日

②「今後の図書館設置計画について（提案）」図書館協議会　昭和五三年三月六日

③「中央図書館構想について（提案）」図書館協議会　昭和五四年三月五日

④「小平市立図書館の運営について―今後の図書館運営はいかにあるべきか―（答申）」図書館協議会　平成元年三月二七日

以上のような方針や基準を明確にすることは、事務的な手段と職員の共通認識を確立する上で不可欠なことであり、それが図書館活動を発展させる基盤となることは異論のないところだと思われる。

しかし、中小レポートに「資料提供という機能は、公共図書館にとって本質的、基本的、核心的なものであり、その他の図書館機能のいずれにも優先するものである。」と規定されているように、図書館の本質的機能が資料提供である以上、それをどう保障するかということこそ図書館の基本的な課題だと言える。まして、小平市立図書館の運営方針として「資料のそろっている図書館」を標榜している以上、蔵書構成について明確な方針を持たないわけにはいかない。

そこで、昭和五四年度には全職員でこのことに取り組み、一一月には「小平市立図書館網における蔵書構成の基本計画」を、昭和五五年三月には「小平市立図書館網における図書以外の資料の構成及び収集分担の基本計画」を作成している。

これは体系的・系統的にすぐれた資料を豊富に所蔵するための施策で、資料収集方針と収集分担によって多様な市民のニーズに応え、より幅広く層の厚い蔵書構築を目指そうとしたものである。そして、新しい図書館建設が続いていて比較的財政的にも恵まれている時だからこそ、より厳しく資料を選び、すぐれた蔵書を構築していこうと考えたのである。

また、図書館以外の資料では図書館ごとに分担して、新聞、雑誌、行政資料、郷土資料、写真、点字資料、視聴覚資料等の多様な資料も積極的に収集していこうという方針である。

この結果、蔵書冊数の上では多摩地域で最初に一〇〇万冊を超え、昭和六〇年代当時の人口一〇万以上の都市では他を大きく引き離して最高の蔵書数を示している。

2　図書館総合管理システムの開発

資料は収集されただけでは利用できず、それが分類・整理されて検索できるように組織化されていなければならない。小平市立図書館では早い時期にコンピュータ化を図ったが、当時はカナ文字のデータでバッチ処理が精一杯の状況であった。

しかし、情報処理技術は急速な進歩を遂げ、中央図書館が開館した昭和六〇年頃には、様々なパッケージ型図書館用システムソフトが出現し、データの漢字入力とオンラインでの運用が可能な時代を迎えていた。そこで、八月に電算システムの再開発をスタートさせ、今まで使ってきたシステムの問題点と、現在実施している業務の処理方法について検討し、何をどのようにコンピュータ処理したいのかを全職員一丸となって洗い出した。その結果、既存のパッケージでは小平市の図書館業務を処理しきれず、新しいシステム開発が必要となったのである。

業者を選定してシステム開発を進めた結果、昭和六一年二月には第一段階として貸出・返却を中心としたオンラインシステムを試行し、昭和六二年一〇月には完成して新システムが稼働した。このシステム開発の成功は、漢字処理による多様な検索方法を可能にした全館オンラインシステムと

中央図書館

して、全国の公共図書館から注目され、その後何年かは視察が跡を絶たなかった。

全館の資料の所在が即座に分かりデータが漢字表記される端末機の画面や、人の目で丹念に探さなければならなかったリクエストの図書を、返却時に機械が自動的に探して知らせてくれる便利さなどに職員も感動したのであった。

3 充実期（一〇〜二五年）の事業展開

（1）充実期を迎えた現状と課題

図1の貸出冊数のグラフを見ると昭和五〇〜六〇年度までは上昇カーブを描いているが、中央図書館開館の昭和六〇年をピークに平成二年までは緩やかな下降線を辿っている。そして、多摩北部広域行政圏の協定によって六市の相互協定が開始され、貸出要件が近隣六市居住になったこともあって平成三〜六年度までは再び上昇カーブに転じている。しかし、平成七年度に

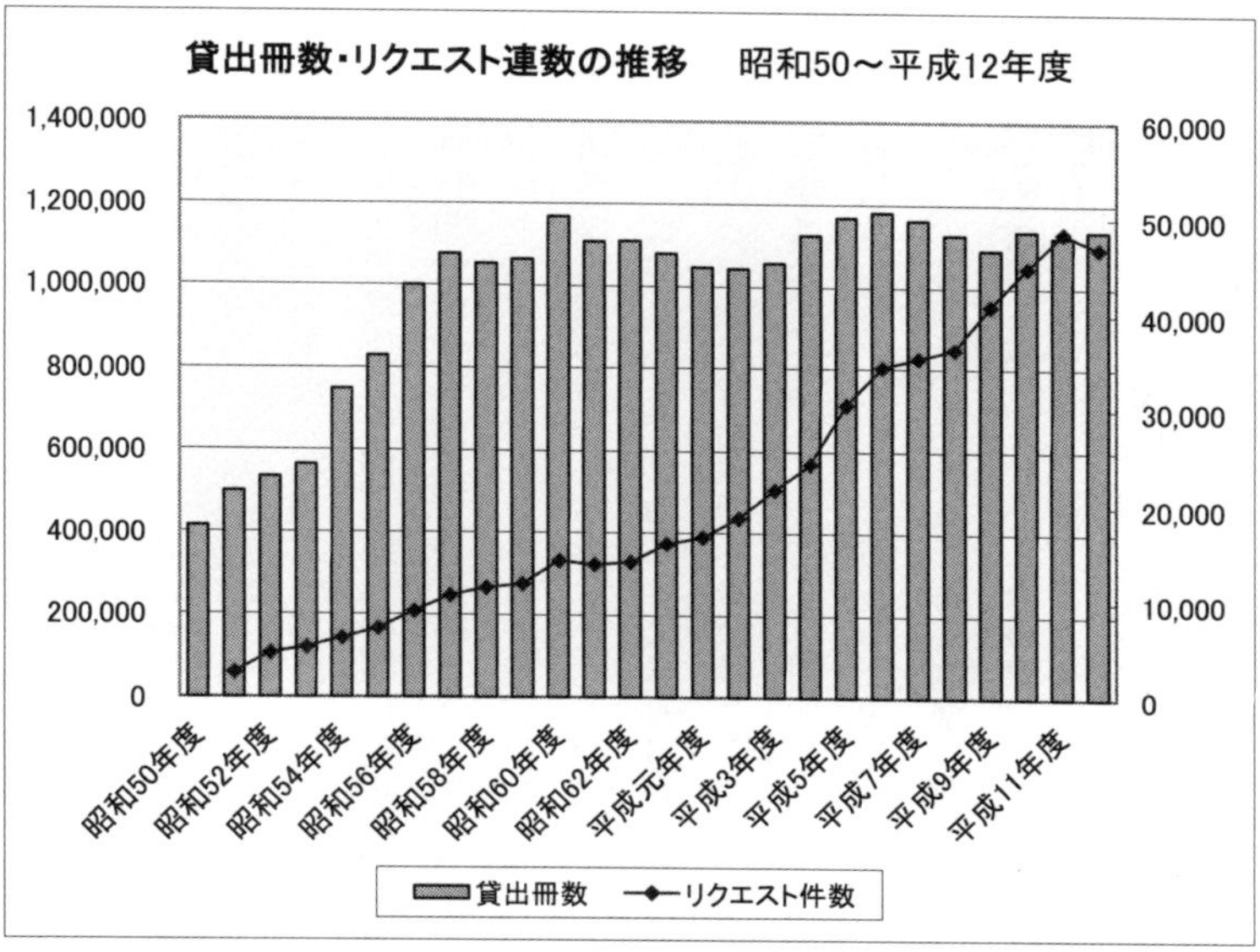

は再び下降し、昭和六三～平成五年度まで町田市・府中市に続いて多摩地域で三位に在った貸出冊数が、平成七年度は調布市・多摩市にも抜かれて五位になっている。

貸出冊数やその順位で覇を競う必要はないが、貸出は図書館評価の基本的な指標なので、貸出冊数を分析することによって、図書館運営方針を検討する貴重な資料になることは間違いない。そこで、もう少しこのグラフを分析してみると、昭和六〇年度と平成六年度をピークとしてこの一〇年間は一一〇万冊前後の緩やかなカーブを描いており、基本的にプラトー現象を示していると言える。但し、平成三～六年度の上昇カーブは六市間の協定の成果であり、平成七年度の下降現象は月別のデータで比較してみると、平成七年一月に下降に転じて以来平成八年一二月現在に至るまで二年の間に、プラスだったのは平成八年一～三月と六月の四カ月のみで、他はマイナス傾向にある。この現象は平成六年度からの図書購入費の落ち込みの影響の現れと考えられる。

小平市財政の逼迫状況から考えると、図書購入費の回復は大変困難な状況であった。しかし、リクエスト件数のグラフを見れば明らかなように、平成一一年度は四八,五一七件のリクエストがあったわけで、一五年前の昭和六〇年度と比べると三・四倍という驚異的な伸びを示しており、利用者の資料要求の高まりと図書館への期待感が如実に現れた現象と言える。生涯学習の必要性が高まり、高度情報化時代を迎えている時こそ、個性を生かしてより良くより豊かに生きるために、図書館は市民にとって無くてはならない施設なのである。

『小平市立図書館の運営について』にも、「昭和六〇年中央館建設を頂点に年間貸出数は一一〇万冊と横這い傾向である。このことは、人口も一五万人と横這いであることから、図書館建設や蔵書の増加によって利用貸出が増えないことを表し、今後、資料の質とサービスによって魅力ある図書館づくりが重要となってくる。」と指摘されているように、小平市の図書館にとって最も重要なのは「資料の質とサービス」であることが明らかである。しかも、平成三年に図書館協議会によって出されたこの答申は、的確な分析と洞察に裏付けられた具体的な指摘や提案で満ちており、小平市立図書館が検討し実施していかなければならない多くの課題が示されている。

(2) 充実期の事業展開

昭和五〇年以降の小平市立図書館の事業展開は速く、図書館の設置とネットワークの形成、運営方針と蔵書構成、コンピュータシステムの開発等が進み、施設と規模、蔵書数、貸出実績等の点で高く評価されるに至った。しかし、開館後一〇年間は急激な伸びを示していた貸出実績がその後頭打ちとなり、小平市立図書館は充実期を迎えた。

平成元年度の『事務手引』にも「今般図書館協議会からいただいた答申をベースに実践をすすめ、本年度を起点としてさらにサービスの充実を企図してゆきたい。」と記されている。この課題に対応して、九月には業務マニュアル検討チーム、選書要項検討チーム、視聴覚資料検討チームの三つのプロジェクト・チームを設け、具体的な検討に入った。

この結果、「検索の手引」や「経理マニュアル」「カウンターマニュアル」「書誌データ作成要項」「視聴覚資料事務要領」などが作成され一定の成果が出ている。しかし、解決しなければならない多くの課題を残しながら、チームリーダーや構成員の異動などで議論の継続が困難となったり、予算措置の伴うものは、成案を得ても財政緊縮の影響で予算獲得の目途が立たなかったりで、行き詰まりや滞りを見せたものも少なくなかった。今後の図書館運営にとって避けて通れない多くの課題が示されながら、図書館長の交替などの事情も重なってプロジェクト・チームの継続や再編などの機運もなく、検討結果についての十分なコンセンサスや意思決定が図られないまま、この企図は推進力と求心力を失って失速していった。

但し、成案を得たものの多くは具体的に実施され、その後も必要に応じて課題の検討は続けられている。そして、平成八年三月に新しい『小平市立図書館業務マニュアル』を集大成して印刷している。

平成以降の事業展開は草創期のように華々しくはないが、業務内容を分析してみると意外に多様な実績を積んでいる。

平成七年度の事業概要によって分析すると、貸出冊数が一，一六一，九四五冊、市内登録者は九八，四七七人、登録率は五八・三％、市外登録者は一五，二二四人で、合計一一三，七〇一人の利用登録者を数えている。また、年間貸出利用者の延べ人数は三九二，八九一人に及び、実質的に年に一回以上利用した利用者は五三，一六二人である。以上のことから登録者の内実質的な利用者率は四六・八％で、その利用者が一人平均年七・四回来館し、二一・九冊の本を借りたことになる。

また、コピーの利用者は一六，五〇五人で一〇一，九五五枚、視聴覚資料の館内利用者は五，〇一八人で、図書の貸出以外にも二一，五二三人の図書館資料の利用者が存在することが分かる。

また、行事としては一八回の講座・講演会を実施して一，三二四人の参加者があり、一二回の映画会には二四〇人が集まり、その他に一八回の展示会を開催している。児童関係では八回のお話学習会に二八九人、四八八回のお話会関係行事に一一，二九七人の参加者と、一九回の小学校等の見学会に一，四七〇人の来館者を数えている。これら行事関係の事業は合計で年間五六三回に及び、その参加者は一四，六二〇人に達している。

この他にも古文書や郷土資料関係の出版物が一二点、「図書館だより」は三号発行し、一日図書館員の実施など様々な取り組みを展開している。

事業といえば平成五年のＴＡＭＡらいふ21の中では、中央図書館で八月一四日〜九月九日まで多摩東京移管前史資料展「多摩はなぜ東京なのか」を開催し、一〇月六日〜一一月七日までは立川のＴＡＭＡらいふ21メイン会場で「多摩東京移管と玉川上水展」を開催した。これはお祭り騒ぎのイベントが多かった中で、多摩東京移管の歴史的な意味と多摩のアイデンティティーを追求した本格的な展示会であり、多くの成果を上げたことにより、『とりつたま一〇号』にも「成功した二つの資料展」として評価されている。

（3）施設の充実と事務改善

昭和六二年には津田図書館が開館し、平成八年一二月に小川公民館の新築移転に伴い、一四㎡だった小川分室が九〇㎡の床面積と一万冊の蔵書能力を持った施設としてリニュアルオープンした。また、平成一三年一月に図書館建設計画の最後の地区館である大沼図書館が開館した。大沼図書館の建設は都営住宅の建替え事業に伴う建設計画として進められ、諸般の事情で予想以上に開館が遅れたが、昭和五三年に立てられた図書館建設計画がこれで一応達成され、図書館ネットワークが完成したのである。

しかし、施設が充実する一方で、中央図書館を始め大沼図書館以外の閉架書庫が既に満杯の状態となっている。『小平市立図書館の運営について』でも指摘されているように、こうした状況に対応するためには、①新しい「保存・廃棄基準」の作成と②保存書庫の建設の検討を開始しなければならない。この課題は小平市立図書館の蔵書管理にとって最も重要かつ不可欠な問題であり、少なくとも「保存・廃棄基準」は早急に確立する必要に迫られている。

いくつかの事務改善にも取り組み、平成一二年四月には資料の貸出期間を三週間から二週間に変更し、中央図書館の開館時間を月～木曜日の平日を一九時までに延長した。

また、一〇月には中央図書館の組織改正を行い、それまでの管理係と奉仕係の二係から庶務係

（経理・電算）、サービス係（児童・リクエスト・行事）、資料係（蔵書管理・選書・受入）、調査係（地域資料・レファレンス）の四係に再編して事務分担の明確化と事務執行の効率化を図った。

この組織改正の目的は事務改善だけでなく、蔵書管理や情報サービスの理念にも関わるものである。

図書館の基本的な機能が資料提供であることは、中小レポートや『公立図書館の任務と目標』などにも規定されており、大半の人が認めるところだと思われる。しかし、この資料提供を保障するためには、資料の収集から整理・利用・維持・保存そして廃棄までを含めたトータルな視点で資料を管理しなければならないと認識し、実践しているところは少ないようである。

資料は評価・選択して意識的に受入れなければ図書館の蔵書にならないわけであり、それを装備・登録して排架されなければ利用できず、正確に書誌登録され検索できなければ調べられない。しかも所定の場所に排架されていなければ資料を入手することは不可能で、入手することができたとしても汚破損・切取り・装丁崩れといった状態では利用不能であり、外見上支障がなくとも酸性化による劣化で自壊してしまっている資料もある。また、内容が古過ぎたり、資料が系統的に揃っていなかったり、組織的に形成されていないために読書の広がりや深まりを疎外し、図書館の信頼を失うことになりかねない。

図書館が資料提供機関として機能するためには、収集から廃棄までの資料のライフサイクルに沿ったトータルな蔵書管理が必要であり、書架は常に利用しやすく魅力ある蔵書構成で満たされていなければならない。そのためには先ず職員が蔵書管理の理念を理解し、所属館や事務分担に係わらず資料をトータルに管理し利用できるように成長しなければならないのである。そして、係で責任を持って調査・研究を行い、主導する体制の構築が必要なのである。

また、『変革期の公共図書館』に「時代の流れは急激に変化し、益々大量の情報が流れ、デジタルデバイドが進む一方である。このような時代だからこそ、公立図書館が地域の情報拠点として市民の情報ニーズに応え、必要な資料や情報を提供するために高いレファレンス能力が求められる」と記しているように、この組織改正によってレファレンス記録が蓄積され利用される基礎を築いたことも忘れてはならない。これらのことを実現するための組織改正であり、小平市立図書館にとって最も重要な改革となっている。

4　改革期（二〇〇五年～）の事業展開

（1）時代の変化

二一世紀の初めに書かれた堺屋太一『時代が変わった』によれば、時代は「規格大量生産型の近代工業社会から知価社会へ、効率・安全・平等の正義から自由と楽しさを加えた価値観へ」と変わったのであり、「人々の要求が大量生産される規格品の数の増加や規模の拡大から、情報や経験や自己顕示などの主観的満足に移り、それを生みだす知恵の値打ちが重要になった」知価社会がはじまったのだとしている。

このように、時代は規格大量生産型の成果である「もの」を所有する豊かさから、個性や自由・

楽しさといった主観的な価値観を尊重し、地域での人のつながりやコミュニティーを形成する「知恵や心」の豊かさが求められる時代に変わったのである。

(2) 新しい時代の図書館の役割

これらの時代の変化によって図書館の果たす役割は益々重要になり、図書館は知価社会を実現するために不可欠な資料や情報の提供機関であることが求められている。

それは、平成一二年一二月に『二〇〇五年の図書館像―地域電子図書館の実現に向けて』、平成一三年七月に文部科学大臣告示となった「公立図書館の設置及び運営上の望ましい基準」、同年一二月に「子どもの読書活動に関する法律」が出されていることからも裏付けられる。また、望ましい基準の運営の基本に「市町村立図書館は、住民のために資料や情報の提供等直接的な援助を行う機関として、住民の需要を把握するよう務めるとともに、それに応じ地域の実情に即した運営に努めるものとする。」とした上で、地方公共団体の政策決定や行政事務及び就職、転職、職業能力開発、日常の仕事等のために必要な資料及び情報の提供とレファレンス・サービスの充実、及びボランティアの参加促進を求めていることとも符合する。つまり、新しい図書館の役割は単に市民に本を貸し出すだけでなく、多様な市民要求に応じた調べものに対応すること。そして、行政情報・医療情報・法務情報の提供、ビジネスや学校教育の支援、地域情報・地域文化の発信といった機能を果たし、ボランティアの参加促進を通して地域コミュニティー形成のコーディネイターやナビゲイターとしての役割も期待される時代を迎えたのである。

(3) 高度情報化と情報提供

二一世紀を迎えると、このような高度情報化時代への対応が不可欠となった。図書館にも今までのように図書を中心とした印刷物だけではなく、CDやCD－ROMなどの機械対応型の記録情報が増え、インターネットなどの通信手段を使った情報のアクセスが不可欠になってきている。このような時代背景の中で電子図書館の実験が進み、国立国会図書館関西館は電子情報のサービスセンターとして位置付けられるなど、これからの図書館運営にとって電子媒体の情報と通信網を抜きには考えられなくなった。そうした一方で『電子図書館の神話』などによって、今までのような場所としての図書館の存在もなくならないだろうとされている。

このような時代の流れの中で、多くの図書館の目録と同様に、小平市立図書館の目録もOPACに対応することになる。そして、平成一四年度の電算機器の更新を機に開放端末の増設と、LANによる情報通信網を実現し、図書館ホームページの本格実施、インターネットによる蔵書検索と予約が可能となるシステム変更が実施された。また、平成一五年七月には貸出冊数を五冊から一〇冊に増やした。

このことにより、利用状況の停滞が続いていた充実期に変化の兆しが現れた。これを契機に、その後の三年間に貸出実績の点では三〇％、リクエスト件数の上では三倍の伸びを示している。

（4）図書館サービス計画の策定

高度情報化・国際化・高齢化の時代を迎え、利用者のニーズが多様化している新しい時代に対応するためには、何よりも職員の意識改革と現状分析及び課題解決能力を高めることが必要である。そして、小平市立図書館としてもこれらの新しい時代の動向を見極め、時代の変化に対応した図書館サービス計画を策定し、公開することが求められている。

これらの課題について検討するために、平成一四年一一月に図書館運営基準検討プロジェクト・チームを設置し、小平市立図書館の望ましい基準について検討を進めた。この経過を、平成一五年二月に第一次報告、平成一六年三月に第二次報告をして、同年七月に「小平市図書館サービス計画」を策定している。これは、次の基本方針を掲げ具体的な取り組みを提言したものである。

①より豊かで質の高いサービスを提供することができるように資料・情報の充実に努め、情報技術の積極的な活用を図る。

②地域の情報拠点としての役割を果たすために、インターネットを活用したシステムの整備を行い、図書館ホームページに行政・生活・健康・医療・就職・ビジネス・地域情報等のリンク集を構築し、地域資料のデジタル化を推進する。

③レファレンス機能の充実を図る。

④貸出冊数の拡大や祝日開館の実施等を図る。

⑤図書館の活性化と地域コミュニティー活動の推進を図るため、世代を超えた交流の場を目指して図書館ボランティア活動を推進する。

⑥小中学校等との連携を図り、子どもの読書活動推進に努めるとともに、市内の大学図書館等との相互協力を進めて調査研究活動を支援する。

⑦高齢者・障害者及び幼児等が使いやすいようにユニバーサルデザインを進め、利用しやすい環境や条件整備に努める。

⑧国際化に対応した多文化サービスに努める。
⑨小平市長期総合計画の策定及び花小金井図書館の移転や仲町図書館の改築等の機会に図書館機能やサービスの充実を図るとともに、施設配置の再構築を含めて図書館の活性化策を検討する。
⑩地域の政策課題に資料・情報の提供を通じて貢献でき、政策立案能力のある人材育成を図るために、組織的な研修体制や研修制度の充実に努める。また、高度化・情報化が進む時代に対応したサービスを実施するため、専門職の確保及び養成について研究し、上級司書が輩出するような図書館作りを目指す。

この計画の内、②に関連して平成一七年度から事業計画と事業概要の抜本的な内容変更を行い、ホームページでの公開を開始した。④の祝日開館は、平成一六年一〇月から施行され、翌一七年一〇月から本格実施した。⑤のボランティア活動は、平成一六・一七年度に図書館ボランティア講座を開催し、一七年度から一般と古文書ボランティアを導入し、平成一九年度から情報ボランティアの活動を開始した。⑥については次節で説明する。

（5）学校図書館蔵書管理システムの導入

平成一六年度には、小平市として子ども読書活動推進計画に取り組むことになり、関係各課から一五人の委員を選任し、図書館に事務局を置いて検討を進め、平成一七年三月に「小平市子ども読書活動推進計画」を策定している。その中で学校図書館に「コンピュータによる総合的な蔵書管理システムの導入を実現します。」と記している。

このように具体的な施策を盛り込めたのは、前述したように図書館サービス計画の⑥に「小中学校等との連携を図り、子どもの読書活動推進に努める」とあり、図書館として学校図書館支援と子どもの読書活動推進に取り組む方針が確立していたこと。及び国の社会教育活性化二一世紀プランの受託を受けて、システム開発の予算が確保できていたことによる。このことによって、一〇月からシステム開発を行い、平成一七年一月に完成している。

しかし、この時まで学校図書館にはパソコンも人も配備されていなかったわけで、蔵書管理システムを開発してもそれを運用するためには、LANケーブルを繋ぎ、パソコン・プリンター・スキャナーといった機器の整備をする必要があり。小中学校二七校の蔵書のデータ入力を一から始めなければならなかったのである。

学校にデータ入力のノウハウもマンパワーもない中でこの事業を実施するためには、図書館が主導的な役割を果たさなければ事態は進展しない。そこで、一六年度は小学校二校を研究校に位置付け、校長のリーダシップによって先生方と学校図書館ボランティアの協力を得て作業はスムーズに進み、研究発表会も開催した。

この二校の研究成果を基に平成一七年度は残り二五校の二一万冊のデータ入力を行った。小学校は各学校図書館ボランティアと図書館職員により、中学校は業者委託によって実施した。その上で、中学校七校に学校図書館司書を配置して学校図書館の運用実験を行った。

平成一八年度は国の学校図書館支援センター推進事業の受託を受けこの事業を継続するとともに、学校図書館システムの利用指導と相談業務に当るために、図書館に学校図書館相談員二名（嘱託職員）を配置して小・中学校の巡回を開始した。また、指導課と連携して司書教諭・学校図書館協力員等の研修も図書館で実施している。平成二二年度には小学校一九校にも学校図書館協力員を配置している。

これらの事業の詳細については、「多摩のあゆみ」及び「現代の図書館」に報告している。

（6）小平市第三次長期総合計画の位置付け

図書館のこのような取り組みとは別に、小平市では平成一八年度から一五年計画で「小平市第三次長期総合計画」の策定を進めている。この行政計画の本計画における基本方針に次のように位置付けることができたことは、改革期の事業展開にとって重要な意味を持つものとなった。

①市民や利用者にとって便利で頼りになる新しい図書館サービスとして、図書資料や地域資料などの充実とともに、レファレンス・サービスや児童サービスを、図書館の基幹的なサービスとして位置づけます。

②さらに、情報技術を駆使した図書館の情報機能の充実や情報基盤の整備を促進するとともに、学校図書館との連携を進めます。

③また仲町図書館については、近隣の仲町公民館との建替え時期にあわせて施設の統合化を行い、情報技術により利用者の創造性をより高めていきます。

④今後、地域に関心が高まることが予想されるなかで、現存する貴重な資料を整備し、提供することにより、小平の市史の編さんを支援するなかで、貴重な歴史や文化を記録し、広く理解してもらうことを進めます。

これまでの長期総合計画には施設計画の他は、古文書・行政資料等の収集保存、障害者サービスの充実、コンピュータシステムといった特定の事業しか記載されていなかったが、ここには図書館の基幹的なサービスとして、図書資料や地域資料などの充実とともに、レファレンス・サービスや児童サービスを位置づけている。その上で、情報基盤の整備と学校図書館との連携に言及していることは画期的である。

（7）図書館改革と活性化への取り組み

このような図書館計画が図書館及び行政主導で進められただけでなく、小平市図書館協議会の平成一七年三月の提言「心を豊かにする図書館を目指して」は、「これからの図書館に求められていることは、社会の変化に対応し、『心を豊かにする図書館を目指して』、新しい図書館サービスを提供することであり、図書館の力を向上させることであろう。」と提言している。

この提言を受けて平成一七年度から事業計画と事業概要の抜本的な内容変更を行った。その趣旨説明として事業概要のはしがきに次のように説明している。

「図書館が実施している事業についてより多くの市民の方々に図書館サービスの内容を理解していただくためには、分りやすい資料を作成し、説明する視点が大切です。このために、今年度から名称を『心を豊かにする図書館をめざして』に改めるとともに、内容を一新して、『図書館サービス計画』及び『図書館事業計画』に基づいて実施したサービスについてまとめ、その事業内容について説明する報告書に変更しました。」

このことによって、平成一七年度以降の事業については詳細に把握し、分析することが可能になっている。

なかまちテラス館内イメージ図
地下
ホール
和室
学習室 1
おはなし室・保育室
エレベーター
図書館事務室
1階
学習室 2
(工芸室)
学習室 3
(実習室)
雑誌・新聞コーナー
エントランスホール
正面入口
公民館事務室
カフェラウンジ
駐車場
駐輪場
ドライエリア
交番
デジタルサイネージ設置場所
2階
講座室
授乳スペース
児童書コーナー
幼児コーナー
ティーンズコーナー
トイレ
エレベーター
太陽光パネル
3階
一般書コーナー
雑誌コーナー
テラス
室外機置場
トイレ
エレベーター

なかまちテラス

この時期に行った主な施設事業としては、平成一八年五月に花小金井駅北口再開発事業に伴う花小金井図書館の移転開館、平成二七年三月公民館との複合施設なかまちテラスのリニュアルオープン等がある。

また、事業としては、平成一四年度にビジネス支援セミナー（全五回）の開催。平成一五年度からは地域資料のデジタル化。平成一九年度には中央図書館にインターネット専用パソコンの設置と花小金井図書館にビジネス支援コーナーの設置。平成二一年度には花小金井・小川西町図書館にインターネット専用パソコンの設置と新聞記事データのデジタル化、第二次子ども読書推進計画の策定。平成二四年度にはＤＡＩＳＹ図書と再生機の貸出開始、音訳ボランティアの導入。平成二六年度には第三次子ども読書推進計画の策定、なかまちテラスで公民館と連携した市民協働事業ＬｉＮＫＳプロジェクトの開催、学校図書館支援センター事業のなかまちテラスへの移管とＷｉ－Ｆｉ及び学習用データベースの導入。平成二七年度には全館へのインターネット開放端末及び中央図書館へのＷｉ－Ｆｉ・国立国会図書館デジタル化資料送信サービスの開始、中央図書館となかまちテラスへの商用データベースの導入を行う等地域の情報拠点としての情報環境整備が躍進的に拡大した。

5　今後の課題と将来展望

平成二四年に改訂された「公立図書館の設置及び運営上の望ましい基準」の運営の基本二項には、「市町村立図書館は、知識基盤社会における知識・情報の重要性を踏まえ、資料（電磁的記録を含む。以下同じ。）や情報の提供等の利用者及び住民に対する直接的なサービスの実施や、読書活動の振興を担う機関として、また、地域の情報拠点として、利用者及び住民の要望や社会の要請に応え、地域の実情に即した運営に努めるものとする。」とある。この基準に沿って小平市立図書館も改革に取り組み、地域資料では①新聞記事索引、②「こどもきょうどしりょう」、③小平市史料集解題や『小平市立図書館の資料保存と古文書補修』、④定点写真や郷土写真展図録、⑤小平に関するレファレンス事例集とパスファインダー、⑥刊行物案内、⑦地域資料分類表、⑧地域情報へのリンク、⑨古文書のデジタル化、⑩市史編さん関連資料、⑪小平町報・市報の索引、⑫レファレンス記録の集大成などをデジタル化しホームページ等で情報発信するなど着実に実践に繋げている。

しかし、『つながる図書館』に紹介されている秋田県立図書館や鳥取県立図書館の事例を見ると、デジタル化やレファレンス及び事業の取組みの点で見習うべきことが多い。

また、情報化が進めば進むほど情報環境及び情報検索力等の情報格差が広がっていく。そして、人材育成とリカレント教育の重要性を考えると、情報化社会の中で図書館はなくてはならない組織であると思われる。なぜならば、市民が必要とする暮らしや生活、児童生徒の学習支援及び学校図書館支援センターとしての役割、市役所職員や市内の会社・商店・農家といった様々な仕事に従事する人たちの課題解決と情報検索支援を担える施設と環境を備え、資料・情報が蓄積され、技術と経験を積んだ人材がいて、時代の変化に応じてその機能を変化させる必要があるからである。

このことをランガナタンは「図書館は成長する有機体である」と規定している。小平市立図書館もこの理念を実現するために成長し続けなければならないと考える。このことを実現し、着実に実行していくためには、「図書館サービス計画」の改定と図書館事業の中核として将来展望を見据え課題解決を主導する専門職員としての司書の確保が不可欠である。

〈参考文献〉

(1) 蛭田廣一「個性的な図書館活動を求めて　小平市立図書館の二〇年のあゆみ」(『とりつたま　館報第一三号』) 東京都立多摩図書館　一九九七年
(2) 『小平市立図書館三〇年のあゆみ』小平市立図書館　二〇〇六年
(3) 『小平市立図書館四〇年のあゆみ』小平市立図書館　二〇一六年
(4) 『心を豊かにする図書館をめざして　小平市図書館事業概要』小平市立図書館　二〇〇五年—
(5) 『小平市立図書館の運営について（答申）』小平市図書館協議会　一九八九年
(6) 昼間守仁「成功した二つの資料展」(とりつたま一〇号) 東京都立多摩図書館　一九九四年
(7) 蛭田廣一「組織改正でレファレンス対応を明確化」(変革期の公共図書館) 高度映像情報センター　二〇〇三年
(8) 地域電子図書館構想検討協力者会議編『二〇〇五年の図書館像—地域電子図書館の実現に向けて』文部省　二〇〇〇年
(9) 小平市教育委員会『小平市子ども読書活動推進計画』小平市中央図書館　二〇〇五年
(10) 蛭田廣一「小平市立図書館と学校図書館の連携—蔵書データベースのネットワーク構築をめざして—」(多摩のあゆみ第一二〇号) たましん地域文化財団　二〇〇五年
(11) 蛭田廣一「小平市における子ども読書活動推進の計画と実践」(現代の図書館) 日本図書館協会　二〇〇八年
(12) 猪谷千香『つながる図書館』筑摩書房　二〇一四年

2　白梅学園大学・短期大学の地域活動
――小平西地区地域ネットワークを中心に

瀧口優

はじめに

白梅学園大学はその前身の東京家庭学園および白梅学園短期大学を経て今日に至っている。杉並区から小平市に移転してから既に六〇年以上が経過した。この六〇年の間に白梅幼稚園や白梅学園高校、そして短期大学を卒業した幼児や生徒、学生は五万人を越える。その多くが小平市及び近隣の自治体出身である。そして、学園の周辺を歩けば、白梅学園の卒業生の家庭が数多く存在している。白梅は地域に育てられた学園である。

学園が地域に結びついているのは当たり前と思い込んでいたが、実際に地域に出てみると必ずしも良い結びつきだけではない。白梅の生徒や学生が様々な問題を起こして地域から叱られることも少なくない。学園祭や運動会などでは音がうるさいなどの苦情が寄せられることもある。

そんな地域との関係を持ちながら、「顔の見える関係」を作っていく必要があるとスタートしたのが「小平西地区地域ネットワーク」（以下「西ネット」）である。内閣府が行っている調査（「ソーシャル・キャピタル—豊かな人間関係と市民活動の好循環を求めて—」：内閣府国民生活局市民活動促進課二〇〇三）で、その中に人間が周りの人に信頼を持てるようになるのはどんな時かという調査があった。そしてそのまとめとして、多くの人とつながっていること、深くつながっていることが人への信頼を育んでいくということが書かれていた。

小平の地域はどうだろうか。子育てネットワークの研究をしていた私たちは、内閣府と同じ調査を小平西地域の小学校に依頼し、そのまとめを行った。結果として内閣府の調査と同じように、人の信頼は人とのつながりから生まれてくるということが確認された（森山・瀧口二〇〇八）。また引き続いて東京都区部の調査として品川区の小学校二校に調査を依頼し、同じように人間へのつながりと信頼の関係が確認された（瀧口・森山二〇一〇）。そこで研究のまとめとして、人と人がつながって行くものが必要であるということになり、「西ネット」が想定された。

そんな時期、東日本大震災が猛威をふるい、東北地方を中心として大きな被害を受けた。毎日の映像の中で、それでも地域によっては強い絆を通して助け合う姿が報じられ、如何に日々のつながりをつくっていくのかが課題として浮上し、その年の秋から具体的にネットワークづくりがスタートした。活動の柱として三か月ごとの懇談会とブロックごとの集まりを基本とし、緩やかなネットワークが形成された。各ブロックにおいてもその地域の行事を大切にし、横のつながりをつくるこ

ブロック名	地域名
第一ブロック	小川西町・栄町
第二ブロック	中島町・小川１丁目（500番地前後まで）・上水新町１丁目
第三ブロック	小川１丁目（1000番地前後まで）・上水新町２丁目
第四ブロック	小川１丁目（その他） ・上水新町３丁目・上水本町・津田町・たかの台

とを基本とした。

1 「西ネット」の地域はどこか

西ネットをスタートするにあたって、人と人の顔が見える地域をどの範囲にするのかが議論になった。一〇〇m四方という意見もあればもっと大きくという意見もあり、最終的に大学周辺の小平市ということで府中街道から西側の地域ということになった。面積は小平市の四分の一、そこに住んでいる人はおよそ四万人ということで結果的にはかなり広い地域を対象とすることになった。府中街道の西側には広い小川一丁目の他に、中島町、上水新町、たかの台、小川西町、栄町、そして上水本町一丁目、津田町一丁目までが入る。

あまりにも広いので更にブロックに分割することになり、当初は五つに分けたが、その後調整して現在の四ブロックに落ち着いた。表にすると以下の通りである。

2 世話人会

西ネットには大学関係者が関わる大学世話人と地域の代表が集まる地域世話人

を選出することになり、民生・児童委員や地域で大学に関わる人々に世話人になってもらった。大学世話人が一五名、地域世話人が一七名でスタートし、適宜追加することになった。

大学世話人会は専任教員と研究を基本とする客員研究員や嘱託研究員が参加し、ほぼ月に一回、懇談会の企画、地域世話人会の準備、そして情報紙「小平西のきずな」の構想と依頼等が中心の議題である。地域世話人会は基本的に各ブロックで推薦しながら増やしてきた。当初は設立前の懇談会の参加者に呼び掛けたり、教員の知り合いに声をかけて集まってもらったもので、年間五回から六回で、懇談会の審議、「小平西のきずな」への意見、そして地域の課題提示や全体での企画など幅広く対応している。

3　懇談会とテーマ

二〇一二年三月の設立前後の懇談会は、その時々の必要性を踏まえて開催されたが、一年が経過したところで地域をテーマに、地域に関わる人からの報告をしてもらうようになった。それが現在まで継続している。

「おじいちゃんの季節」「「少年ムヒカ 道徳のものさし」は西ネット内が主な会場となって撮影されたもので、西ネット関係者が映画の中にも登場している。

年	月日	日	回	内容	講師等
2011	09月	29日	1	地域ネットワークと大学の役割	汐見稔幸（学長）
2011	11月	17日	2	地域ネットワークの拠点作りに向けて	
2012	03月	11日	3	小平西地区地域ネットワーク設立集会	小松隆二（白梅学園理事長）
2012	05月	17日	4	小平市西地区地域ネットワークづくり	
2012	09月	27日	5	各ブロックの話し合いと全体会	
2012	11月	22日	6	各ブロックの話し合いと全体会	
2013	01月	17日	7	「子どもが危ない－メディア漬けが子どもをむしばむ－」	成田弘子（白梅学園大学）
2013	02月	24日	8	小平市制50周年記念事業「子育て・子育ちシンポジウム」	山路憲夫（白梅学園大学）
2013	03月	16日	9	「地域で支え合い　つながるまちづくり」	日高昭夫（山梨学院大学法学部政治行政学科教授）
2013	05月	28日	10	「地（知）の拠点整備事業」	
2013	09月	21日	11	公民館が地域に果たす役割り	井上小川公民館館長
2013	12月	03日	12	中学生の学習支援について	
2014	03月	11日	13	「小平市の街づくりの特徴－生活・自然・文化―」	蛭田廣一市史編纂課長
2014	05月	13日	14	平成26年度「地（知）の拠点整備事業」と小平西ネット	山路憲夫（白梅学園大学）
2014	09月	20日	15	「恍惚の人」「福祉施設の現場から－地域と認知症ケアについて」	鈴木大地（第二こだま）
2014	12月	16日	16	「小平神明宮から見た地域コミュニティ活動」	宮崎和美（小平神明宮宮司・小平神明幼稚園園長）
2015	03月	07日	17	「民生児童委員の役割―お互い様の活動から」	市東和子（小平市民生児童委員協議会会長）
2015	06月	02日	18	「ムサビと近隣の方との防災コラボレーション」	後藤吉郎（武蔵野美術大学視覚伝達デザイン学科）

年	月日	日	回	内容	講師等
2015	09月	29日	19	「遊びごころと地域づくりー子ども期の遊びの重要性を考える」	小松歩（白梅学園短期大学保育科）
2015	12月	15日	20	「小平西南地区にコミュタクを走らせるには」	塚本博子（小平西南地区に虹バス・コミュタクを走らせる会事務局）
2016	03月	12日	21	「パンのレシピが人をつなぐー自分の居場所・みんなの居場所へとー」	山田和夫（池袋あさやけベーカリー・要町あさやけ子ども食堂店主）
2016	06月	07日	22	DVD上映「おじいちゃんの季節」	
2016	09月	27日	23	「障がいを持った子どもたちとともに」	鈴木操（NPO法人サポートクラブあすなろ代表）
2016	12月	20日	24	「小平学・まちづくり研究所の発足にあたって」	山路憲夫（白梅学園大学家族地域支援学科教授）
2017	03月	11日	25	設立5周年記念シンポジウム：「顔の見える地域の居場所づくりー小平西地区の今までとこれからー」	
2017	06月	13日	26	映画上映「少年ムヒカ 道徳のものさし」	
2017	09月	26日	27	「小平の児童館が行っていること」	毛利拓夫（小川1丁目児童館館長）
2017	12月	19日	28	「子どもの遊びと家族の成長」	足立隆子（NPO法人日本プレイセンター協会）

4　情報紙「小平西のきずな」の発行

スタート前後は「情報紙」というタイトルをつけて主に内部向けに配っていたが、地域を対象とする情宣紙を作ろうということで定期的に機関紙を発行することになった。四回行われる懇談会を視野に入れて年間四号発行し、名前を「小平西のきずな」としてスタートした。当初は編集長が一人で原稿依頼から原稿集めを行ってきたが、二年が経過したところで各ブロックが順に編集担当して発行するというスタイルに代わって行った。以下一号から直近の二五号まで発行日と巻頭記事及び特徴的な記事をまとめてみた。

記事の種類としては、①懇談会の講演（報告も含めて）、②退職者などのことば、③地域の行事などの取組み（ブロック等を基本）、④学校紹介、⑤講演内容の紹介、⑥サークル紹介、⑦学生の取組み（子育て広場等）等となっている。あらためて読み直してみると学生が書いたものが少なくない。

現在「小平西のきずな」は毎号一二〇〇部印刷し、地域の公的な施設や医院、薬局、民生児童委員、関係者等に配布している。配布先については見直す必要があるとは思っている。時々地域センターや公民館で観たとして講演会や様々な企画に参加することもある。

号	年	月	日	巻頭記事タイトル	その他
01	2012	06	01	「お互いの顔が見える地域づくり」にあなたも参加しませんか？	設立集会の様子：小平市長、白梅学園理事長講演、地域からの発言。
02	2012	09	17	高齢者と地域社会（渡辺穂積）	ブロック報告
03	2012	11	22	参加した多くの市民の皆さまに感謝－市民活動まちづくりシンポ－（細江卓朗）	ほっとスペース「さつき」ミニバザー開催します！
04	2013	01	17	「新年のごあいさつ」白梅学園大学（草野篤子）	大学のコミュニティ・カフェに参加して（石川貞子）
05	2013	03	16	コミュニティ・サロン（小川町1丁目に）「ほっとスペースさつき」2月28日オープン！（第4ブロック世話人渡辺穂積）	設立1周年を記念して：小平市長、白梅学園理事長、認知症と介護を考える家族の会
06	2013	05	14	「忘れない3・11展～こだいらの被災地支援と防災の取組み～」を企画して（小平市中央公民館萩元直樹）	小平市市民協働講座（3月16日）地域で支え合い、つなげる、まちづくり（前市民生活部・市民協働担当　河原順一）
07	2013	09	21	大盛況、カラオケ・コミカフェ（家族・地域支援学科学生 佐藤由望）	自治会懇談会を開催して（第2ブロック世話人芳井正彦・足立隆子）
08	2013	12	03	見ごたえあった西ネット（白梅祭）の展示 専修大学4年 丸山由加莉	20～80代まで世代間交流実現！ ほっとスペースさつき第一回学習会
09	2014	03	11	鎮守の境内を地域の方が集う場に小平神明宮宮司 宮﨑和美	「中学生勉強会――分かったかい（会）？」に参加して 子ども学科1年鈴木理紗子
10	2014	05	27	2014年の白梅学園大学家族・地域支援学科近況報告 家族・地域支援学科 土川洋子	2013年度小平西地区地域ネットワークのまとめ

号	年	月	日	巻頭記事タイトル	その他
11	2014	09	20	地域の力に期待！小平市市民生活部地域文化課 篠宮智己	「地域包括支援センターけやきの郷」の支援小平市地域包括支援センターけやきの郷所長 小泉浩一
12	2014	12	16	久しくご無沙汰を申し上げております。小平西地区地域ネットワーク代表　草野篤子	小平西地区・地域ネットワークの運営について（世話人会申し合わせ）
13	2015	03	07	地域に根差す子育て広場第９回子育てシンポジウムを終えて：森響生（発達臨床学科３年）	中学生無料勉強会：１年目を迎えて　吉村のりお
14	2015	06	02	顔の見える地域への旗手（船頭）－西ネットの役割を考える－金田利子（元白梅学園大学教授）	ブロックだより 【小平市役所の組織改革について】（担当者一覧）
15	2015	09	29	武蔵野美術大学学生による防災活動、「防災クエスト」の開発	「ほっとスペースきよか」開催日を月４回にふやします（第３ブロック世話人石川貞子）
16	2015	12	15	創立70周年を迎えた黎明会です（今野志保子）	ご近助（所）力をテーマにした防災訓練を実施しました！小平市立障害者福祉センター・内田　伸
17	2016	03	12	小平は関係づくりの宝庫　関谷榮子（家族･地域支援学科　教授）	小平南西地区にコミュタクを走らせるには－塚本博子（走らせる会事務局）
18	2016	06	07	小平西地区・地域ネットワークの一員として　午頭潤子（子ども学部家族・地域支援学科教員）	白梅学園清修中学校・中高一貫部より校長：硲茂樹
19	2016	09	27	子育てサロン「うちカフェえん」を始めて（店主　伊藤絹代）	小平西地区地域ネットワークに参加することの重要性（白梅学園高等学校校長　青山彰）
20	2016	12	20	「西の風」第２ブロック　芳井正彦	朝鮮大学校創立60周年記念学園祭　朝鮮大学校学生委員会

号	年	月	日	巻頭記事タイトル	その他
21	2017	03	11	白梅学園と大学まちづくりの実践―小平西地区ネットワークづくり5周年を迎えて―小松隆二（白梅学園理事長）	白梅幼稚園作品展　高橋敬子（白梅幼稚園）
22	2017	06	13	「地域社会の輪の中で―学び育ち合うということ―」近藤幹生（白梅学園大学子ども学科）	子どもシネマスクールに触れて 白梅学園総務課　中村有喜
23	2017	09	26	第13回子どもシネマスクール in 小平成果作品「少年ムヒカ道徳のものさし」プロデューサー竹下資子	小平西地区まちづくり市民ネットワークのご紹介 福井正徳
24	2017	12	19	これからも地域を見据えて、ともに集い・活動の展開を 白梅学園大学子ども学部 子ども学科 佐々加代子	小平市包括支援センターをご存知ですか？（小平市地域包括支援センター小川ホーム 小林美穂）
25	2018	03	10	小平の地で―白梅学園の方向―白梅学園大学・短期大学企画調整部長　本田百合子	「きよか」のクリスマス会 宮本美子（きよかスタッフ）

5　各ブロック等の特徴

（1）地域の組織に依拠して（第一ブロック）

ブロックとしての世話人会をほぼ月一回で開催し、小川西地区および栄町を対象とした講演会などを企画したこともあるが、世話人会に最近は参加しているところの取組みをお互いに支援するという形ですすんできている。地域で始まった「うちカッフェえん」については相談に乗ったり支援したりということではあるが、ブロックとして取り組んでいるものではない。現在はたいよう福祉センター（障害者福祉センター）の「センターまつり」、小川西公民館の公民館祭り、小平一三小学校の青少対祭り、防災ネットワークへの取組み、そして小川ホームの地域包括支援などを軸にすすめている。

（2）地域の有志に依拠して（第二ブロック）

地域で中心的に取り組んでいる民生委員や青少対役員、さらには医療施設、地域包括などのメンバーが集まって第一ブロックと同じようにそれぞれの行事を協力して取り組んでいる。地域包括センターけやきの郷の取組みをサポートする形でカフェを行う計画も進んでいる。とにかく地域で中心になる有志の存在が大きい。

（3）「きよか」での居場所作りと大学での活動を視野に入れて（第三ブロック）

大学が地域に入っているため、大学での取り組みがブロックの取組みとして行われることもあるが、基本としては居場所としての毎週一回開催されているコミュニティ・サロン「きよか」の運営が中心である。食事の提供をはさみながら会話や交流を楽しみ、スタッフを含めて一五人から二〇人程度が参加している。暮れには餅つき大会を行ってより多くの参加を進めていることも特徴である。何よりも会場提供者が意義のあるものにつかっていることを喜んでおり、居場所としての存在が高くなっている。

（4）「さつき」での居場所づくりと日常化を視野に入れて（第四ブロック）

「コミュニティ・サロンさつき」は西ネットの立ち上げ一年後にスタートして、週に二回開いてより多くの参加者と日常化を進めてきている。五周年を迎えて新たな展開も考えられるが、運営会議を定期的に開催し、しっかりとした議論の下に進められているので、基本は安定している。小平市内だけでなく様々な地域や団体が見学に訪れ、その成果を期待している。何よりも地域の市民が中心となって進めているところが重要である。

（5）中学生の学習支援―ブロックとは別に

地域割りのブロックとは別に、様々な課題を柱にして取り組むことも視野に入れてきた。その一つが子どもたちへの学習支援である。とりわけ高校進学がかかった中学生は、経済的な理由で学習する環境が与えられない生徒も多く、地域のネットワークを進める上で基本の課題となっている。二〇一三年にスタートして四年が経過し、三〇人の中学生と一部小学生、それから一五人程度のティーチング・スタッフですすめている。毎年中学校三年生が高校への進路を切り拓いてきている成果に結びついている。

6　六年間を振り返って――成果と課題

「西ネット」がスタートして六年が経過した。当初は大学の世話人も五～六人でスタートしたが、現在は一〇人を越えている。学内での話し合いを踏まえて、それぞれが担当のブロックなどに関わり、そこで生起する問題などを地域の世話人会や大学の世話人会で議論して方向を作ってきた。地域の声を尊重するという点では意識的に取り組んできたことは確かである。こうした取組の六年間を通じてどのような成果が勝ち取られているのだろうか。またどのような課題を抱えているのだろうか。

第一に「西ネット」の存在が地域だけでなく、小平市全体にも知られるようになり、他の地域でもこうした組織が欲しいという声が出てきていることである。実際に学園西町地域では小平市の肝いりでコミュニティ・サロン「こげら」がスタートしている。

第二として、今まで個別に取り組んでいた地域の取組みを横につなげて、地域の資源としてお互いが意識するようになってきたことである。どこに誰がいてどんな取り組みをしているのかが常に議題になり、交流の場に持ち込まれてくる。年四回の懇談会で話をしてもらうにあたっても、地域のコンビニの店長に声をかけるとか重度心身障害児者施設の話を聞くとか、とにかく地域の資源を引き出してきている。

第三として、地域の人のつながりをつくってきていることである。それぞれのブロックで取り組みを一緒に進めているスタッフ同志はもちろん、そのスタッフが持っている人のつながりが少しずつみんなのものになり、さらに人の輪を広げてきていることである。取組みの中心となっている人々は内閣府の調査にあった二〇人をはるかに超えてつながりをつくってきているし、各ブロックで取り組んでいることがその地域のつながりをつくってきているので、二〇人は難しい多すぎる関係ではない。

第四として、大学や学園の関係者が関わることによって地域の取組みに安心感を与え、より積極的に取り組んでいく条件づくりとなる。「さつき」をつくるにあたっても白梅学園大学が積極的に参加するということで、地域に不安を与えないで取り組んで来る事ができたというスタッフの声がある。一方では、地域内外からは様々な課題が持ち込まれ、時には大学や学園全体で考えざるを得ないことも生じてくる。白梅学園大学は地域に何かやってくれるのではないかという期待も高まってきていることは確かである。

しかし課題も少なくない。地域づくりと言っても「西ネット」が地域として意識しているのはあまりにも広く、顔と顔が見えるような関係にはなかなかなりにくい。厚生労働省は一〇〇〇人に一つの居場所が必要であると示しているが、それを「西ネット」地域に当てはめれば四〇の居場所ということになる。とてつもない数字のように思えるが、一〇〇〇人の居場所は居場所とはならない。顔と顔が見える関係は多くても一〇〇人である。ブロックごとに進めている居場所づくりはまだまだほんの一部である。

第一の課題として、居場所があまりにも少ないということである。上記のように厚生労働省は不十分ながら数字を提示しているが、それに見合う支援を考えているわけではない。「自助・共助」を基本に、取組みについては自治体を含めて各自に任されてしまっている。これを変えなければならない。

第二の課題として、地域づくりを自らのテーマとして頑張ろうとする人々がまだまだ少ないということである。現役で働いている人はそれに追われており、過労死まで追い込まれるほど仕事に追われていると、なかなか地域に目を向ける余裕が出てこないであろう。

第三の課題として、高齢化の問題がある。今現在問題意識を持っていても時間と共に体力や気力が衰え、今までのような取り組みができなくなるケースが生まれている。世代の引き継ぎが焦眉の課題となっているのは西ネットも同じ状況である。

第四の課題として、大学が関わると言っても、そもそも地域づくりを専門的に研究している人は少なく、視野が狭い取り組みになってしまう危険性がある。大学の世話人会が目前の取組みの課題に追われて、先の展望などについて「夢を語る場」が取れていない。それを踏まえて地域の世話人会や懇談会で提起することができていない。

第五として縦割りになっている行政組織の政策や施策を地域で横につなげていく力が必要であるが行政のシステムを超えてつなげていくのは困難があるということである。行政側もそれを理解しているケースもあるが、実際に取り組むとなると市民の側の力が必要である。

7　今後の展望

「西ネット」としては創立当初から「人と人がつながる」ことを目標にしてきたが、この六年の取組みで一体どれだけこうした想いを実現できたのだろうか。成果と課題を踏まえて今後の展望を考えてみたい。

①地域を「顔の見える」関係で視野に入れる

課題のところでも触れたが、まだまだ地域が大きい。本来は一〇〇メートル四方くらいに居場所が必要であろう。小平市の面積（二〇・五一㎢）を分けるとおよそ二〇〇〇箇所ということになる。小平市全体ということになればそういうことであるが、一〇〇メートル四方で一つずつ作って行けば良いので、「えん」「さつき」「きよか」等のようにきちんとしていなくても、定期的に集まる空間を作っていくことが必要である。西ネットとしてもそうした「場づくり」を支援していくような取り組みが求められる。学生がそうした力をつけてくれればさらに条件も広がっていく。

②地域の「いいとこ探し」をすすめる

第一ブロックの取組みの中で「小川西町のいいとこさがし」があった。今まで地域に関わっていながら意外と知らない情報を出し合ってみて、「いいとこ」が「集まりどころ」になっていく可能性も出てきた。西ネット地域の「いいとこ探し」を行って人が集まれる場所をできるだけ多く提示できれば、そこから居場所が広がっていく可能性がある。「おいしいものがある」「便利なものがある」「おもしろいものがある」というのは行ってみたいと思うきっかけになる。

③地域つながりと課題つながりを視野に

地域つながりとは日常的に生活上のつながりがあること、課題つながりとは同じ興味や関心、趣味などを通じたつながりである。かつての自治会はこうした二つの側面を汲みながらつながりをつくって来ていた。自治会が行政の下請け機関になってしまうとお金集めと資料配布だけになってしまい、役員になり手がいなくなってしまう。一〇〇m四方には小平では平均一〇〇人が住んでいることになる。一〇〇人が同じ興味や関心を持っていることはありえないので、様々な課題つながりが必要になってくる。

④生活支援体制整備事業等の活用

地域包括支援体制が今までよりも細分化され、より地域に密着して取り組まれる可能性が出てきている。しかしこうした方向も形式だけ踏襲して進められてしまえば、「顔の見える関係」にはつながらない。上記の地域つながりと課題つながりを視野に入れながら第一層の「市全体レベル」から第二層の「中学校区レベル」（小平市では九カ所）さらには第三層としての「民生委員児童委員」地区レベル（小平市では約一二〇ヶ所）そして第四層としての協力委員レベル（民生委員児童委員の下につく形で五人から一〇人：全体で六〇〇人～一二〇〇人）まで広げて行くことが考えられる。なおこの生活支援体制を考える場合は高齢者の問題だけでなく、子どもや障がい者あるいは外国籍の市民も視野に入れたものにしなければならない。

⑤社協との連携

市の福祉を考える上で社会福祉協議会（社協）との連携は欠かせない。ただし社協も行政の支援の下に成り立っている仕組みがあり、どうしても行政の代弁をする立場になってしまう傾向がある。それを変えていくのが市民の力である。

終わりに

コミュニティをデザイン（想定）するにあたっては「四つの段階がある」（「コミュニティデザインの時代」山崎亮：中公新書）があるという。一つが「ヒアリングの段階」、次が「ワークショップの段階」更に「チームビルディング（組織づくり）の段階」そして「活動支援」の段階である。「西ネット」この中で第一段階及び第二段階の部分を主に取り組んできた。しかし今後は第三段階、第四段階にも積極的に取り組みことが必要であろう。（瀧口優：白梅学園短期大学教授）

〈参考文献〉

稲葉陽二『ソーシャル・キャピタル入門』中央公論新社 二〇一一
大江正章『地域に希望あり―まち・人・仕事を創る』二〇一五
草野篤子・瀧口真央「人間への信頼とソーシャルキャピタル―品川区の地域ネットワーク調査から考える」白梅学園大学・短期大学　教育・福祉研究センター研究年報一五号（二〇一〇）
瀧口優・森山千賀子「地域ネットワークに関する調査研究―小平のソーシャルキャピタルを考える―」白梅学園大学・短期大学　教育・福祉研究センター研究年報一三号（二〇〇八）

内閣府国民生活局市民活動促進課「ソーシャル・キャピタル―豊かな人間関係と市民活動の好循環を求めて―」二〇〇二
広井良典『コミュニティを問いなおす』筑摩書房 二〇〇九
森山千賀子・瀧口優「社会への意識とソーシャルキャピタル―品川区の地域ネットワーク調査から考える」白梅学園大学・短期大学　教育・福祉研究センター研究年報一五号（二〇一〇）
山﨑亮『コミュニティデザインの時代』中央公論新社 二〇一二

3　玉川上水の過去・現在・未来

鈴木利博

はじめに

(1) 二〇一七年(平成二九)三月初旬のことであった。白梅学園の小松隆二理事長、山路憲夫教授より、「小平市とその周辺についても、地域学、小平学の視点で検証し直したい」と「小平学」立ち上げの構想を伺った。「緑のまち、水路のまち、街道のまち、大学・学術・図書のまち」と小平の特色を語るお二人の熱い思いに、賛同の拍手を送った。玉川上水と野火止用水に囲まれた地理と地形と小平の歴史を知れば知るほど、「人間の生活がいかに自然や地形に関係するか、自然の違いにより人々の暮らしや考え方に違いが生じる」「郷土自体が人間を形成する教育力を持つ[1]」と牧口常三郎(人生地理学)のいう人を育てる絶妙な位置にある〝郷土こだいら〟を検証したいと考えていたからである。

(2)昭和三〇年代は高度経済成長の真っただ中で、東京湾や多摩川の水は工場からの排水で泡だらけ、隅田川は汚物の垂れ流しの時代だった。小平は東京のベッドタウンとして人口増加も激しく、近郊農業としての農地も雑木林も宅地化が進み、急速に変容した時期であった。(写真1~3)

一九六五年(昭和四〇)の淀橋浄水場の閉鎖により、玉川上水・分水網の周辺環境は大きく変化するが、市内分水網五〇kmは今も残り、武蔵野台地随一の水路網を持つ。小平市制五〇周年を前にする二〇〇九年一二月(平成二一)、全一一章三九条からなる小平市自治基本条例が施行した。

私たちのまち「こだいら」は、武蔵野台地のほぼ中央に在り、江戸時代に玉川上水の開通による新田開発によって開け、水と緑豊かなまちになりました。今も玉川上水と野火止用水に囲まれ、武蔵野の自然に恵まれた住宅都市であり、多くの大学を有する学園都市でもあります。

私たちは、先人が開き、長年培ってきたこのまちの緑豊かな環境や文化を守り、持続可能なまちをつくり、次世代に手渡したいと願います。(小平市自治基本条例前文より抜粋)

(3)玉川上水からの水の恩恵あればこそ小平の今があることを実感する。各種歴史資料の収集、市内各分水路の調査、古老からの聞き取りを重ねると、歴史・文化と人々のなりわい等が見えてくる。時代の波を越え、玉川上水の水と緑の回廊・風の道を守り残した人々に敬意を表したい。

小平市玉川上水を守る会
庄司徳治氏提供

（写真 1）昭和 30 年代の玉川上水（満水）

（写真 2）青梅街道[(2)]

（写真 3）小平の風景

「景観一〇年、風景一〇〇年、風土一〇〇〇年」といわれる。今ある武蔵野の自然の一角が厳然とあるということの意味を再認識したい。小平の将来像を考える時、この五〇kmもの分水網こそ「持続可能なまち〝こだいら〟」の基軸として、子供たちのために守り伝えたいとの思いを強くしたのは私一人だけではない。江戸期の玉川上水開削から三六〇有余年の「歴史と文化のまち〝郷土こだいら〟」への出発としたいと思う。

1　玉川上水・分水網の特徴

玉川上水・分水網を広域に捉え、まず玉川上水・分水網の特徴について整理しておきたい。

①優れた歴史的土木遺産

・近世の優れた水利技術による、多摩川の羽村取水口から四谷大木戸までの四三kmに及ぶ素堀で自然流下の上水道。（一六五三年（承応二）開削）

・羽村取水口～浅間橋間（三〇km）が長大な素堀の開渠が今も残される。その部分が二〇〇三年（平成一五）国の文化財（東京の発展を支えた歴史的価値を有する土木施設・遺構）に指定された。

②近世水道施設として江戸・東京発展への役割

・江戸市民の命の水を供給（飲料水、防火用水、園池用水、江戸城濠用水）する多目的な機能を有する都市給水施設である。世界に誇る水文化都市・江戸東京の基盤を形成した。

・玉川上水・分水網は、かつては自然河川や皇居のお濠にも流入され、また、地下への浸透水は豊かな武蔵野台地の水環境の維持にも役立ってきた。

・今も水道施設としてその機能（羽村取入口〜小平監視所〜東村山浄水場）を果たし続けている。

③武蔵野台地の新田開発の役割・武蔵野台地の分水嶺を流れる玉川上水からの分水網が、不毛の武蔵野台地の開拓を可能にし、江戸近郊農村を作り出した。（生活用水、農業用水のほか水車動力源、工業用水にも使用）

・玉川上水の水は、江戸に半分、分水に半分といわれる。武蔵野台地には最多時期（一七一一年頃〜）には三三分水（玉川上水左岸一三、右岸二〇）が網目状に覆われていた。

④生物多様性の生態系の保全（水と緑の回廊と風の道）

・三〇kmに及ぶ水の流れは動・植物の生活空間として生物多様性の生態系が保全されている緑の回廊（コリドー）、風の通り道となっている。

・羽村〜浅間橋間の玉川上水の面積（グリーンベルト）は、約七五ha（都立小金井公園八〇ha）もある水と緑の景観を持つ長い自然公園である。

・上水沿いの緑と史跡の小路：一九八一年（昭五六）、玉川上水緑道指定（平和橋〜牟礼橋　二四km）、一九七三年（昭四八）野火止用水が、一九九九年（平成一一）玉川上水が都条例による歴史環境保全地区指定（高い歴史価値を持つ水と緑の自然豊かな憩いの空間）。

⑤近世からのヤマザクラ並木の景勝地

・一七三七年（元文二）に八代将軍吉宗の命で大和吉野山、常陸櫻川から多品種（約六〇数種）のヤマザクラが水路沿いの堤上に移植。小金井橋付近（約六キロ区間）は江戸時代から花見の名所となり、一九二四年（大正一三）に国の名勝に指定。今でも桜並木が見事である。（商大橋～境橋間に一一一二本残存）

2　玉川上水からの分水網

（1）玉川上水・分水網の地理的な広がりを一体的に捉えている最も古い時期の図面として「正徳末頃ノ上水図」（図1）がある。この図は、江戸幕府が玉川上水を開削後、主要な分水路を分ち江戸市街地への水道の基本的な構造を最もよく示している。(3)

多摩川からの水がどのように分水していたか。現在の武蔵野地域が開発される元になった分水の様子が良くわかる。一六九六年（元禄九）の田無用水が喜平橋辺りから引かれた後の一七一五（正徳五年）には、小川新田掟や分水使用掟などができている。

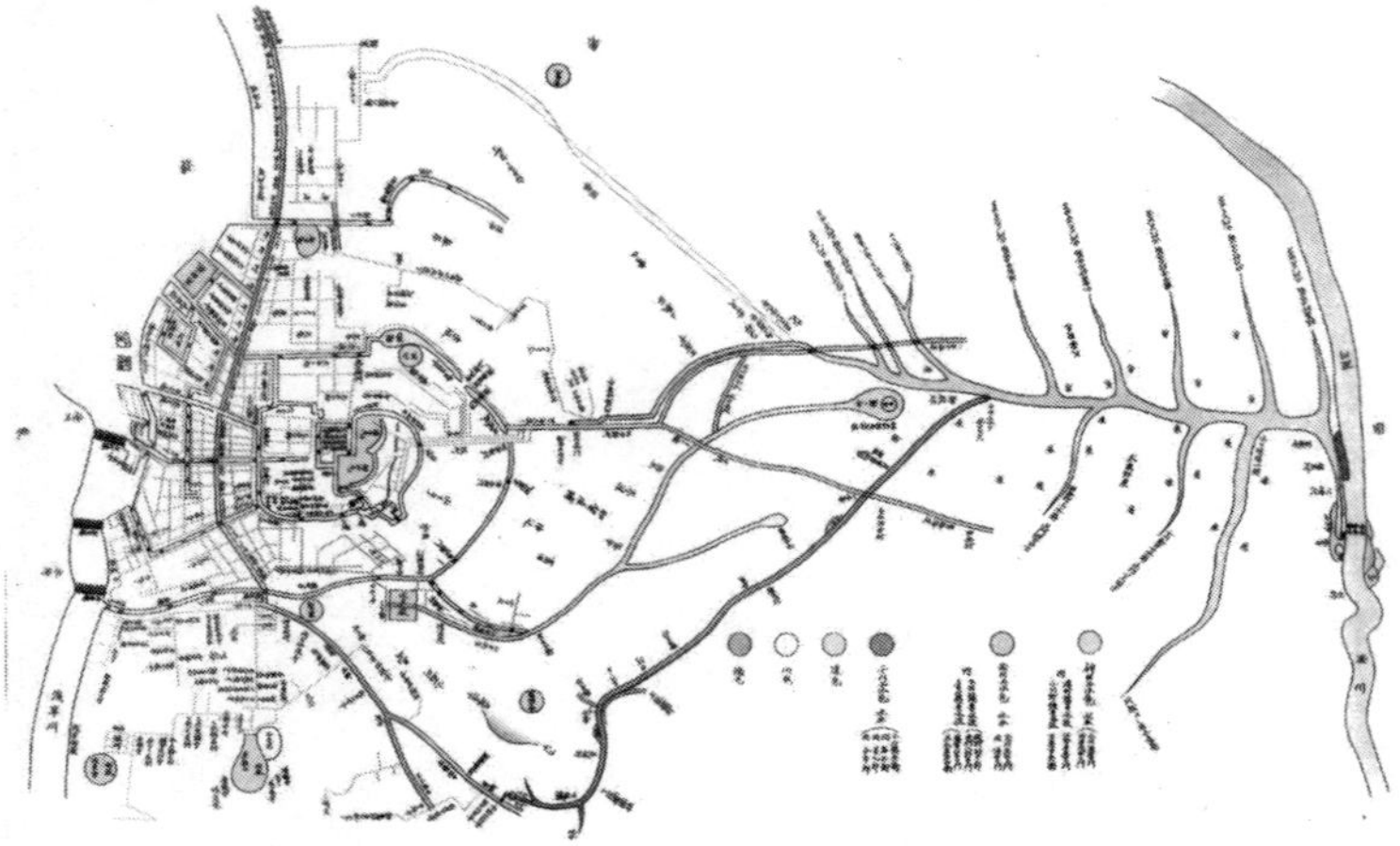

（図１）「正徳末頃ノ上水図」千川善蔵所蔵（『東京市史稿上水篇第一』所収）
（「玉川上水・分水網の構成と関連遺構に関する調査」2016 より）

（２）玉川上水・分水網の形成過程

ここで、武蔵野台地と玉川上水を概観し、形成過程について考察を試みたい。

①川上水は、羽村から四谷大木戸まで四三㎞。羽村の取水口は、標高一二六m、四谷大木戸は、三四m。その比交差わずかに九二m。一〇〇m進むごとにわずかに二一㎝下がるというゆるい傾斜。武蔵野台地と玉川上水（図２）で示すひし形の台地に「伊豆殿堀」と呼ばれる野火止用水は何故、何の目的で引いたのか。

老中松平信綱が川越への引水の大義「北からの守り」とし、「平林寺への分水」や「江戸への舟運」が有力説である。開削初期の資料が残っていないことが諸説を生んでいる。

玉川上水開削時の資料が明暦の大火（江戸城、松平信綱屋敷など）で消失したとの説が一般だ

（図 2）武蔵野台地と玉川上水（筆者加筆）[4]

が、保科正之の焼却によるとの説もあり興味深い。

②確かなことは、（図3）の玉川上水・分水網の形成過程（その一）のように川越藩の農業政策振興の水として。さらに江戸へと農産物など新河岸川から浅草・日本橋への舟運などのために、小平西端から狭山丘陵を避け、最短距離で野火止用水が引かれたことである。その形成過程と江戸の発展との関連などについて玉川上水域研究会辻野五郎丸らの調査報告で詳しく考察されている。

③辻野五郎丸らは、江戸の発展が「玉川上水と野火止用水が引かれたことから始まる」と考察しているように、玉川上水と野火止用水に囲まれた小平は、まさにその水で水路網を展開し、新田の開発につながる。小川九郎兵衛の先見性と小川分水の水の恩恵あればこそ今の小平があるということが見える。玉川上水と野火止用水に囲まれた

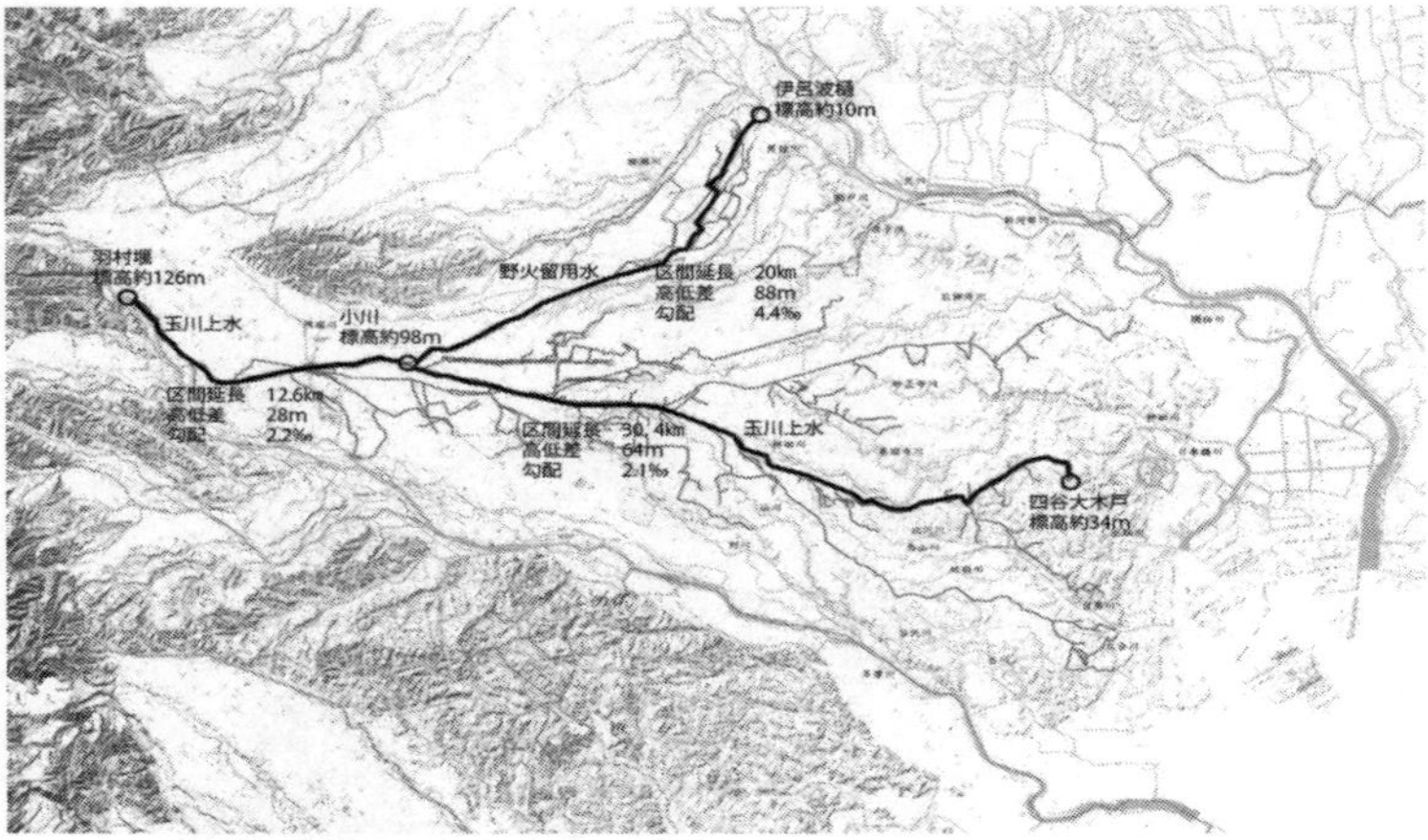

（図 3）玉川上水・分水網の形成過程（その 1）
（「玉川上水・分水網の構成と関連遺構に関する調査」2016 より）

小平は、地理的地形的に絶妙な位置にあると見て、小川九郎兵衛が自費を投じてでも江戸へ続く街道整備と水の確保があればと、新田開発の願いを出したこと。短時日の開発許可だったことからも十分に得心できる。水のない武蔵野台地の開拓を可能にし、享保期の八〇余の武蔵野の新田開発へと続いたことが大きい。玉川上水から三三本（「玉川上水記より」）もの分水を引くことが出来たこと、それはまさしく武蔵野台地の扇状地形と台地の尾根筋に水路が引かれたことにあったことは言うまでもない。

④明治中期の玉川上水・分水網の基本図（図4）を見ると、小平を中心にして西の青梅、羽村、北に狭山丘陵、南に多摩川、北の荒川・隅田川、玉川上水はその分水嶺、尾根筋にあたる。地形的に多数の分水が自然流下で作られたことがよく分る。玉川上水は武蔵野台地に入ってからは、狭山

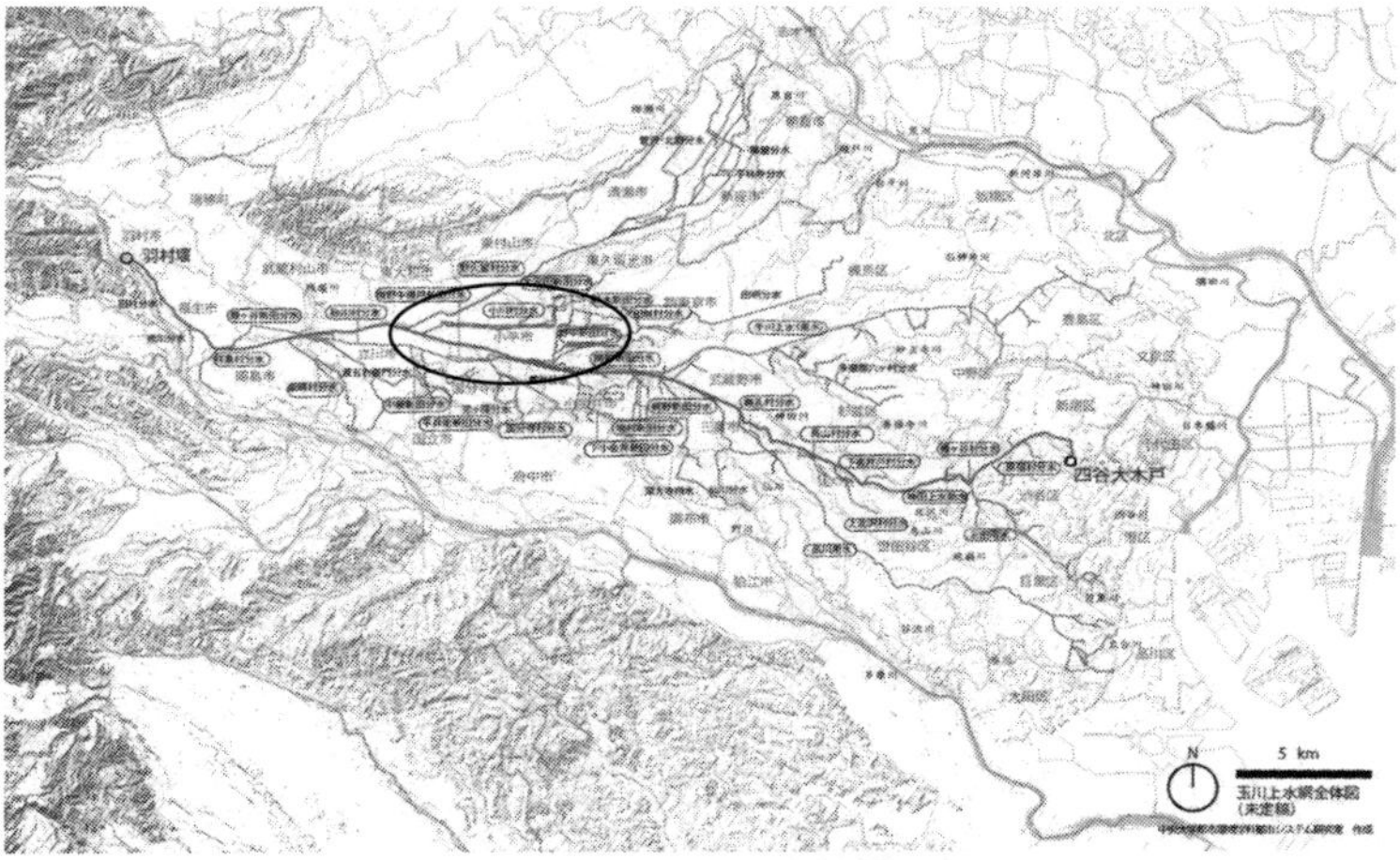

（図 4）明治中期の玉川上水・分水網基本図（丸印：小平）
（「玉川上水・分水網の構成と関連遺構に関する調査」2016 より）

丘陵からの残堀川と唯一交差するのみで、他の川と交差することはない。とりわけ、狭山丘陵を避け、野火止用水が新河岸川に向け最短距離で引かれていること、新河岸川から隅田川、日本橋までの舟運などに改めて注目したい。江戸の町づくりは、玉川上水から野火止用水が引かれたことにより、武蔵野の享保期の「新田開発」へと続いたと考えたい。玉川上水と野火止用水に囲まれた小平の地に小川九郎兵衛が着眼したのものうなづける。

3　玉川上水と野火止用水と小平

（1）「玉川上水の水利的な骨格は、玉川上水・野火留用水の二つの水路で形成されていること。江戸への上水供給を主目的としながらも、当初より武蔵野台地の開墾（新田開発）、低地水田への灌漑用水供給を目的に含んでいたことに注目しておきたい」と玉川上水・分水網の構成と関連遺構

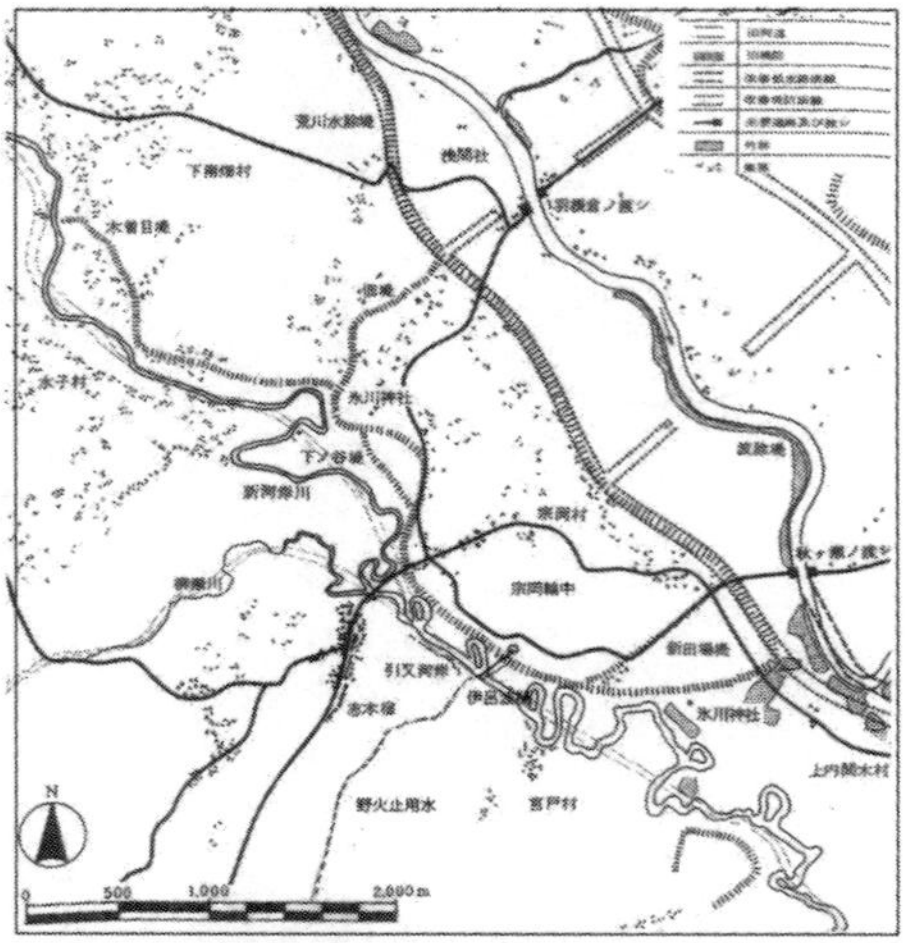

（図5）野火止用水と伊呂波樋（辻野作図）

に関する調査報告書（玉川上水域研究会）の指摘に改めて注目したい(5)。

「川越藩では、江戸との舟運確保のために、新河岸川の蛇行化は必須条件だった。

標高一〇mは、江戸から帰ってくる船が蛇行により無理なく航行できるということなど安松金衛門の名が知られるようになったのもこの頃と考えるという。

玉川上水域研究会の辻野五郎丸らによれば、「玉川上水の構想自体が、上水北側の野火止用水と新河岸川舟運との連動なども含む、広大な地域開発の展開を示唆しているとも言えよう。」（図4、図5）

こうした、上水・用水と地域の水循環を支えた構造は江戸時代から明治時代後期まで維持されていたことからもいえる。

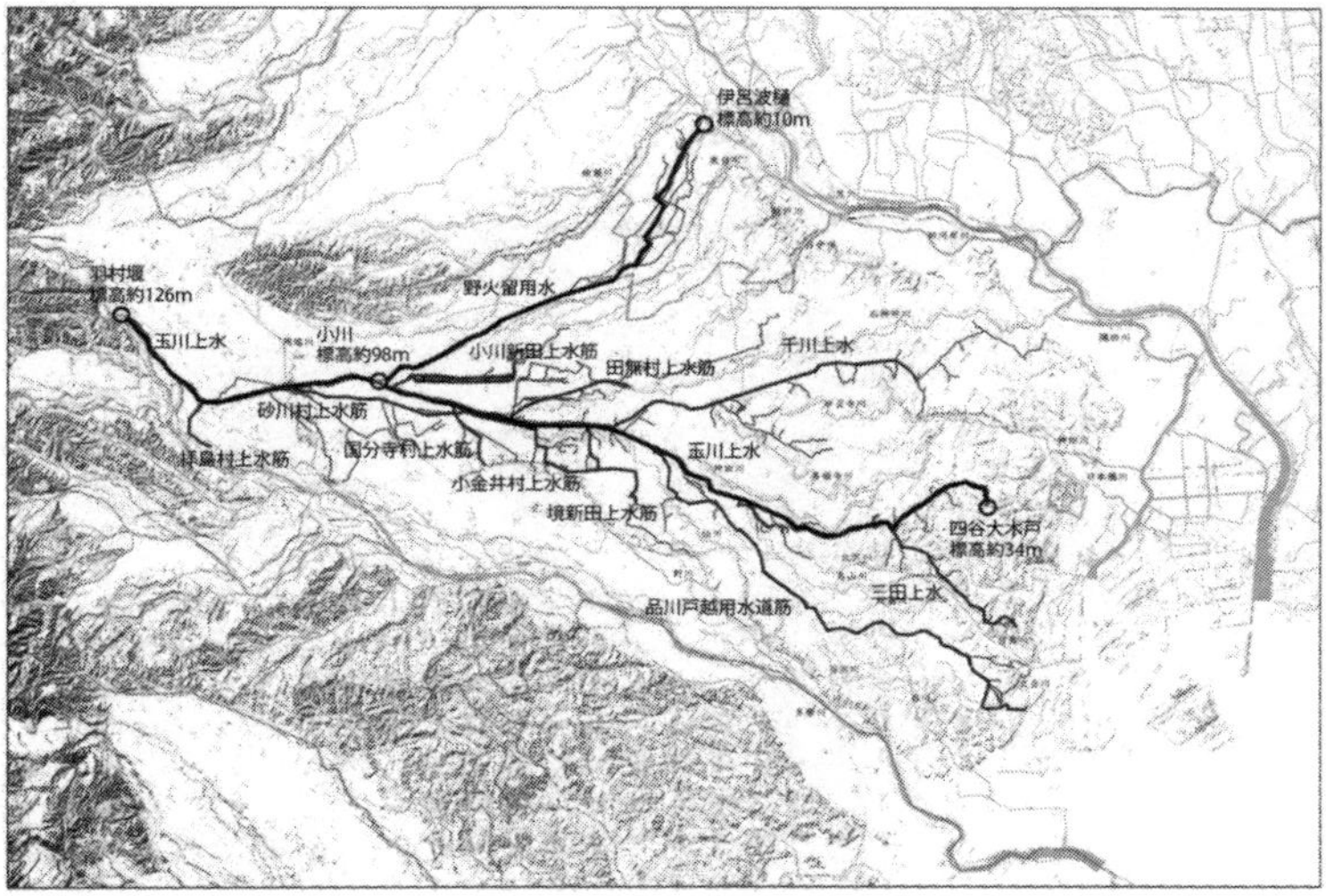

（図６）玉川上水・分水網の形成過程（その２）
（「玉川上水・分水網の構成と関連遺構に関する調査」2016より）

（２）玉川上水と野火止用水に囲まれた小川新田の開発に取り組んだ小川九郎兵衛の情報収集力と先見性に注目したい。小平の地は、武蔵野台地の中心にあたる絶妙な位置にあるといってよい。玉川上水・分水網の形成過程（その二）に示す（図６）のように、小平の小川地区を起点とした地形地質条件、四谷大木戸地点の地理的地形的位置、そして神田川と日本橋川との関連と下町の発展など着々と進む江戸の町づくりにつながると考えたい。

（３）玉川上水域研究会の辻野五郎丸らは、玉川上水・野火止用水が承応年代に整備された後の分水整備、分水による新しい集落の形成にも触れている。

・明暦年代（一六五五〜一六五七）：砂川分水・小川分水・国分寺分水

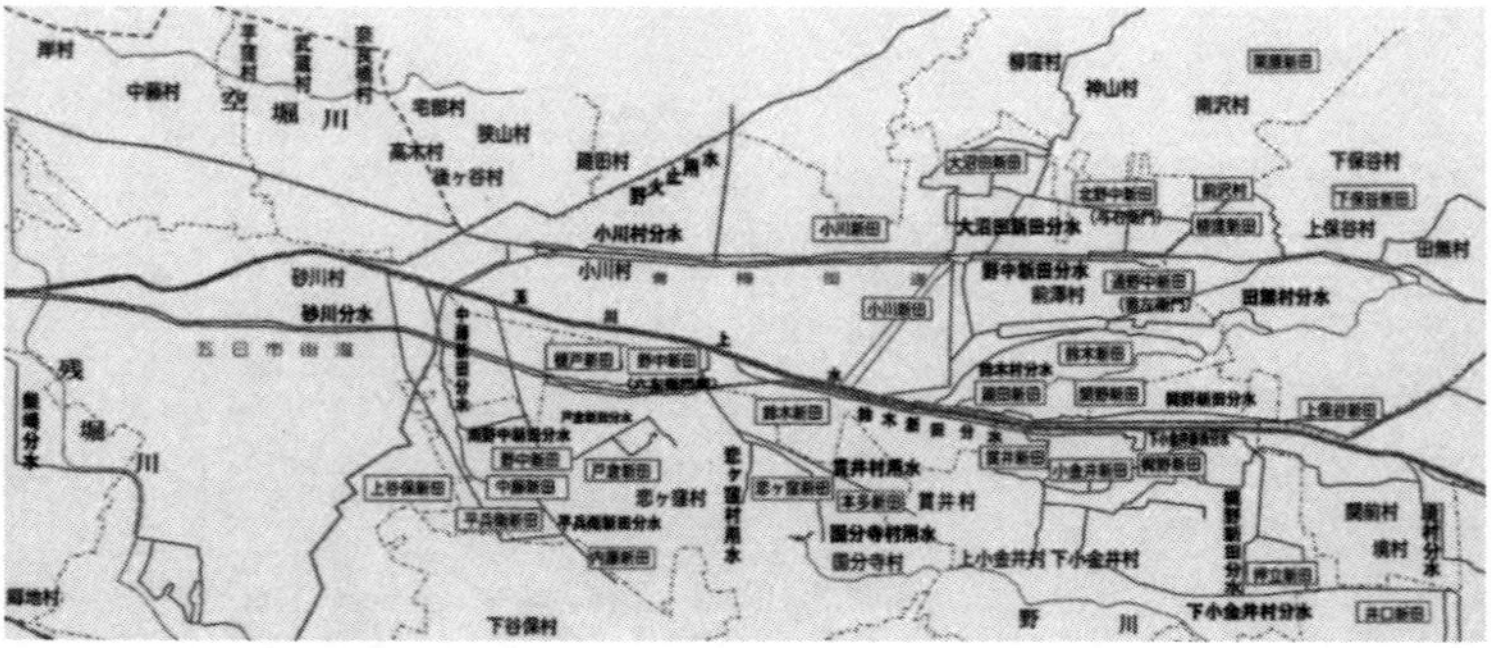

（図7）小平周辺の新田と分水（玉川上水ワンポイントガイドより）(6)

・寛文年代（一六六一～一六六九）：品川用水の四水路

・正徳年代（一七一一～一七一五）：拝島分水・田無分水・下小金井分水

千川上水・烏山分水・上北沢分水の六分水が整備。分水と集落形成が明らかである。

（4）分水による新しい集落の形成の様子について

「新編辺武蔵風土記稿・多磨郡」の青梅街道沿い集落は玉川上水開削以前の正和年間（一六四四～一六四七）には、「田無町から熊川村まで見られなかったこと。玉川上水から半世紀たった元禄年間（一六八八～一七〇三）には上流から村山村からの分村・石畑村・殿ヶ谷村・岸村、砂川新田・小川新田・小金井村の分村・上小金井村・下小金井村、野川村、野崎村、さらに田無村の下流に境新田村、関前新田、北野村、連雀前新田、西窪村、連雀新田、中仙川村など多くの集落が形成されていた」と指摘する。（玉川上水域研究会報告より）

一方、小平市玉川上水再々発見の会庄司徳治らは、小平周辺の新田開発について触れている。（図7）

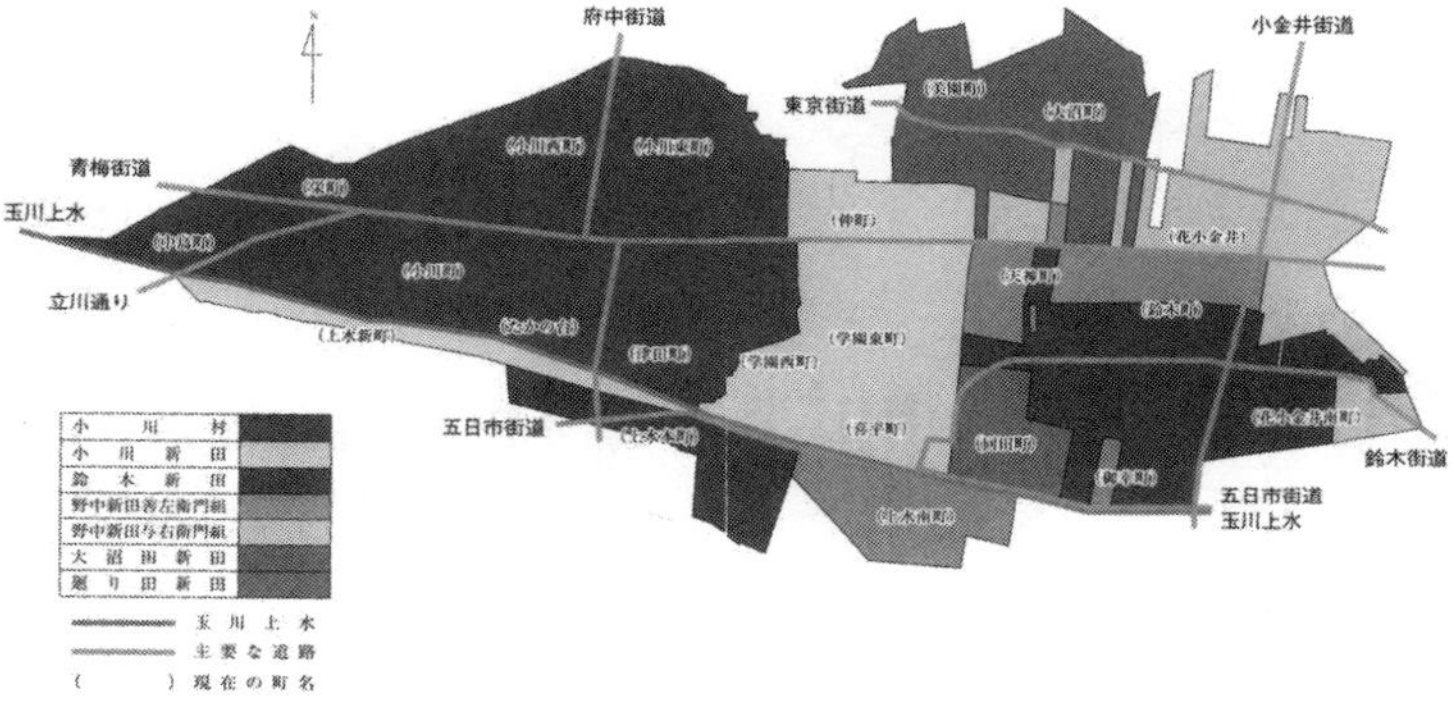

(図 8) 現小平市域と近世の村
(小平市史別冊図録「近世の開発と村のくらし」2013 より)

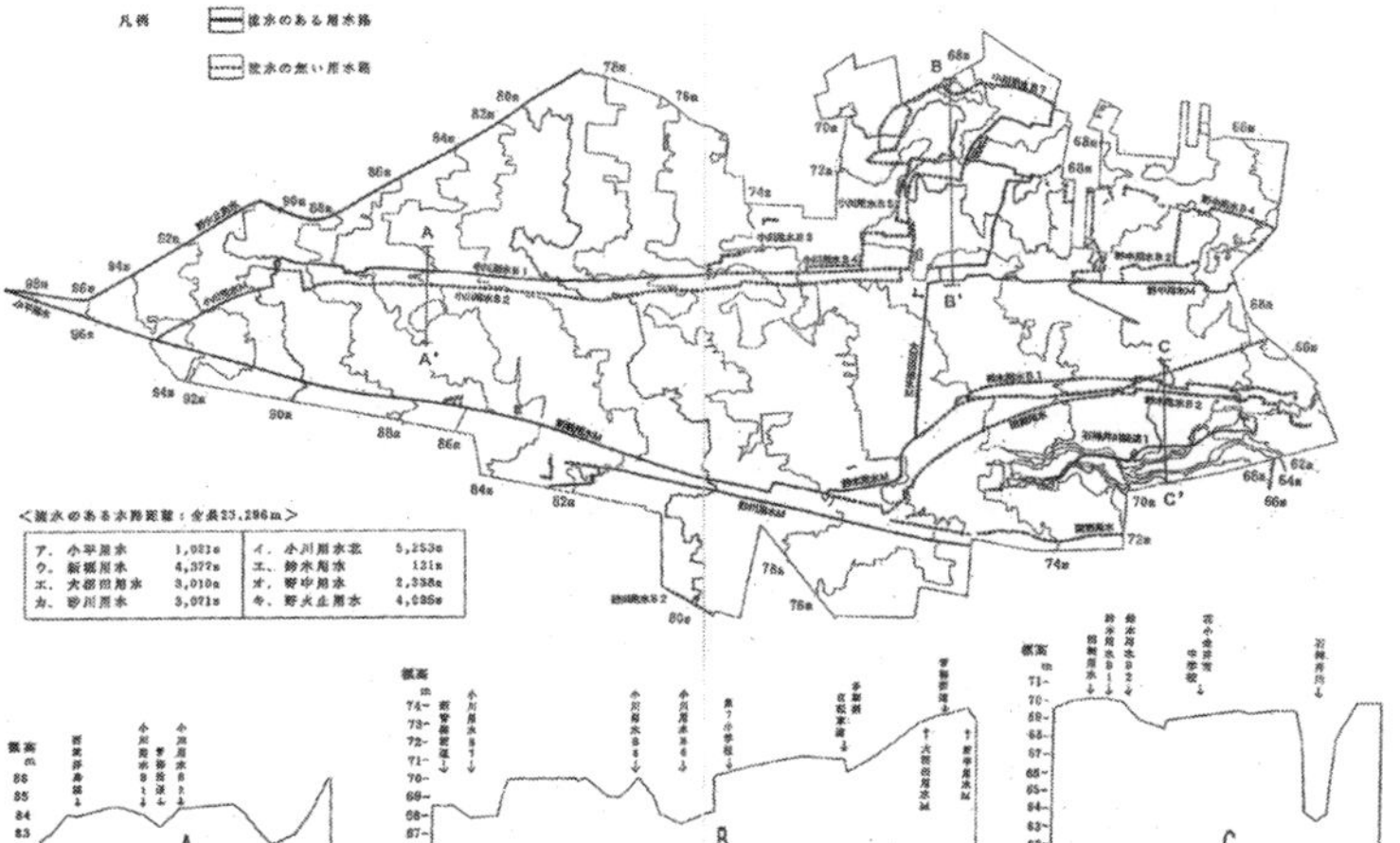

(図 9) 小平市の地形と水路図
小平市用水路活用計画（1995）より

（5）私たちの小平市内の分水調査では、各新田の開発と分水の関連、親村との関連、そして現状の課題等について検討して来たが、地域性の違いなどがありさらなる調査の必要を感じている。さらに言えば、享保の改革による大沼田新田、小川新田、鈴木新田、回田新田の開発などが小平の例であるが、三鷹の連雀新田や品川用水など地域性によるなど指摘され、さらに現地の分水調査と情報発掘に努めたいところである。

小平の成り立ち（図8）や小平市の地形と水路図（図9）より、享保の改革での新田の成り立ちについても、さらなる現地調査と古老からの聞き取り調査を重ねながら、小平の微地形と新田の成立過程について考察を続けたい。

4 「玉川上水・分水網保全活用プロジェクト」の活動

玉川上水・分水網は大規模で多面性を持つ水利システムである。武蔵野台地の地形・地質の特徴を最大限に生かし、自然の「位置エネルギー」の優れた技術のみで台地全体を網の目状に覆い、精緻な導水・分水をしていた。このため、玉川上水の基軸となる水利システムを受け継ぎ発展させることは、新しい東京の持続可能な都市像を模索する時、極めて重要な課題であると考えている。二〇一六年一二月、玉川上水ネットの「玉川上水・分水網の保全活用プロジェクト」が日本ユネスコ協会連盟の「プロジェクト未来遺産」に採択された。（二〇一一年（平成二三）七月再発足、二三の市民団体と六個人のネットワーク。二〇一七年（平成二九）八月現在）。

連続する水と緑と風の道こそ二〇二〇オリンピックレガシーの柱に据えるべきと活動している。

①玉川上水・分水網の歴史的価値を周知し、その自然環境と景観及び生物多様性の生態系を保全活用する。

②玉川上水・分水網に関わる関係者が交流し、各地域の実情を知り、その課題の情報共有を図る。

③玉川上水・分水網の管理運営に関わる行政機関や大学等の専門家・研究者と情報交換し、連携を図りながら協働体制の仕組みづくりをすすめる。

今後も、多くの関連団体、有識者の方々と手を携え、水循環都市東京の再生へとつなげたい。そして、持続的に保全・活用するために、江戸東京の水利システム保全の意義を伝え、東京の安全で快適なまちづくりのために、日本遺産・世界遺産の登録を目指している。

5　江戸と小平と〝水〟

二〇一七年（平成二九）六月二〇日の第四回講座で強調した点は二つあった。第一に、江戸の発展は、玉川上水と野火止用水から始まること。第二に、玉川上水と野火止用水に囲まれた小平の地理的地形的位置は絶妙であることであった。小平市に残る五〇㎞の分水網の調査活動を進めながら、講座で着目した十項目の概要を列記しておきたい。

（1）「玉川上水」といえば、玉川兄弟。松平伊豆守信綱（知恵伊豆）と平林寺。野火止用水の完成。川越藩の農業政策と水の必要性。関東は穀倉地帯として存在感増す。川越藩他の関東の穀倉地帯からの収穫物は、新河岸川～隅田川～日本橋へと船で搬送。

（2）家光の異母兄弟　保科正之（副将軍、会津の初代藩主）の存在。

明暦の大火での施策として蔵前の米蔵を守ったこと、その後の施策は江戸の再建、広小路、両国橋、老齢年金などが伝えられる。(7) 玉川上水開削当時の図面も記録がない。開削後一三〇年後にまとめた「上水記」一〇巻があるのみ。（水道歴史館資料）

（3）二〇〇六年（平成一八）六月メキシコの第四回「世界水フォーラム」で皇太子殿下の記念講演：「江戸の水運」　玉川上水の水あればこそ江戸の一〇〇万余の命の水、庶民文化の華が開いたと世界に宣揚。江戸の人口は、元禄三〇万→享保以後一〇〇万余　世界第一の人口（パリ七〇万人、ロンドン五〇万人(8)）

（4）江戸一六〇三年（慶長八）開府から三代家光・四代家綱までの七〇年間で、「武断政治」から「文治政治」に。家康の願う平和になり、江戸は落ち着いた。

神田山を切り崩して、江戸前島、江戸湾を埋めて大名小路などが造られた。今の東京駅も海の底。江戸城も江戸の町づくりも「天下普請」で進む。(9)

（5）「水の都江戸の成立」　江戸市域の四分の一は、水路空間。人の往来は船。物を運ぶのも舟。火事は江戸の華、井戸端会議、船宿、町屋（四畳半ほどの狭さ）汚わいは金肥。上水と台所などで使用済みの水の仕分けと分離。外国人の評価はきれいな町。

　火事の後の残骸などは、永代島へ舟で運ぶ。後に永代橋ができ、深川地区も人々がすめるようになる。木場なども貯木場。水路網も埋め残して作る。[10]

（6）一六五三年（承応二）玉川上水を開削し、一六九六年（元禄九）千川上水の開設で「江戸の六上水」も完成する。玉川上水の歴史資産の現状と四谷大木戸より下流の石樋・木樋・竹樋などが埋められている現状に触れ、真下眞は（江戸東京たてもの園学芸員）は「玉川上水の水は、神田川にも助水され、玉川上水の水が江戸全体に流れていたと考えられる。[11]」

（7）川越藩では、江戸との舟運確保のために、新河岸川の蛇行化は必須条件だった。標高一〇mは、江戸から帰ってくる船が蛇行により無理なく航行できることなど安松金衛門の名が知られるようになったのもこの頃と考える。江戸市民の水や食料は、神田川・溜池から玉川上水の水。江戸前の魚・農産物は河岸。上方文化としての元禄文化と下りもの（織物、酒など）、江戸中期以降の文化文政の庶民文化へ発展。すべてが水の恩恵による。

（8）岸村の三人の先見性・新田の開発願い
絶妙な地理的・地形的条件と江戸からの地政学的位置
一六〇九年（慶長一四）村野三右衛門――砂川の開発願い
一六一一年（慶長一六）吉野織部之助――青梅の開発願い
一六五六年（明暦二）小川九郎兵衛――小川の開発願い(12)

（9）東京都の水源涵養林の存在価値は計り知れないほど大きい。小河内ダムの貯水量と沈殿砂の少なさは、この水源林の存在と管理にあること。この小河内ダムの水は、一二〇〇万都民の生命の水。東京都水道局では「最後の砦」だという。

（10）東大和市は、北に狭山丘陵を配置。現在の市域には江戸期以来玉川上水からの水は地形的に引けなかった。狭山丘陵の存在そのものが周辺地区の水と緑のネットワークとして現在まで残り、都市計画の中核。野火止用水は、狭山丘陵を避け、小平との境界に沿い新河岸川、平林寺に向け直線的に引かれる。一方、立川市と小平市では、玉川上水からの水を引くことで今日の市域発展につながる。立川市・小平市では、水と緑のネットワークとして分水路の歴史的存在価値はとりわけ大きい。玉川上水と分水の水が流れ、富士が見え、緑地面積も大きく、都心部から三〇分程の位置にある武蔵野の豊かな自然は大きな魅力。

6 「玉川上水ネット」の保全活動の動きと二〇一七年までに見えてきたもの

（1）玉川上水・分水網は、一九六五年（昭和四〇）の淀橋浄水場の廃止とそれに伴う通水停止により、羽村堰から小平監視所の一二kmの区間は、東京都の水道の導水区間として維持、現在に至る。中流部の小平監視所から杉並区の浅間橋までの約一八kmが開水路として維持される。その先の四谷大木戸までの一部笹塚区間は開水路（開渠）として残されるが大半は埋め立てられ、上部は公園、道路などに変貌する。

三鷹、武蔵野の市民は、一九六六年（昭和四一）に「玉川上水を守る会」を立ち上げる。歴史文化を守るべきとの各市からの声が東京都を動かす。多摩川上流水再生センターから高度処理水が導入される。一九八四年（昭和五九）に野火止用水、一九八五年（昭和六〇）に千川上水、翌一九八六年（昭和六一）に玉川上水に「清流」が復活されることとなる。この通水停止から清流復活まで約二〇年余の歳月が流れている。なお、立川市の砂川用水や小平市の新堀用水と小川分水などの各分水には、多摩川の河川水が昔のままに流れている。高度経済成長期の動きを越え、「玉川上水とその分水を残す」ことを決めた先人たちの英断を高く評価したい。

（2）二〇一一年（平成二三年）、玉川上水・分水網の歴史・自然保護をテーマに「玉川上水ネット」が再結成された。「玉川上水・分水網の保全活用プロジェクト」としての動きになる。

二〇一三年（平成二五年）玉川上水・分水網の歴史・文化・自然を広域的に捉える「玉川上水・分水網を世界遺産・未来遺産へ準備会」（研究者・専門家二五〇人）が組織された。二〇二〇年オリンピック・パラリンピック開催を目的とした研究活動と連携、さらに中央大学・法政大学・日本大学・東京理科大学・東京大学など五大学、国際RC2750地区とも連携した動きとなる。さらには、二〇一六年（平成二八）に玉川上水ネットは、日本ユネスコ協会連盟による「プロジェクト未来遺産」に登録された。「玉川上水・分水網保全活用プロジェクト」の推進を進め、さらに各行政と連携しながら日本遺産、世界遺産を目指している。
（3）この連携の動きは、二〇一六年（平成二八）一〇月、東京都議会都民ホール・都政ギャラリーで、「第一回シンポジウム講演と展示」を同時開催。玉川上水ネットの各九団体の分水調査・課題・提言などの提示。
シンポジウムでは、玉川上水・分水網は、未来の東京の重要な資産であり、かつてのように多摩川から河川水を流すことで、お濠や日本橋川等の水質浄化、都心部の緊急水利を確保すること、身近な水と緑の空間の再生が可能と提言した[13]。

第一回シンポジウムの提言に基づき、二〇一七年（平成二九）八月、江戸東京博物館大ホールで「多摩から江戸東京をつなぐ水循環の保全再生　第二回シンポジウム」を実施した。

玉川上水・分水網水利システム概況図（図10）の「下流まで水の流れていない玉川上水の現状と

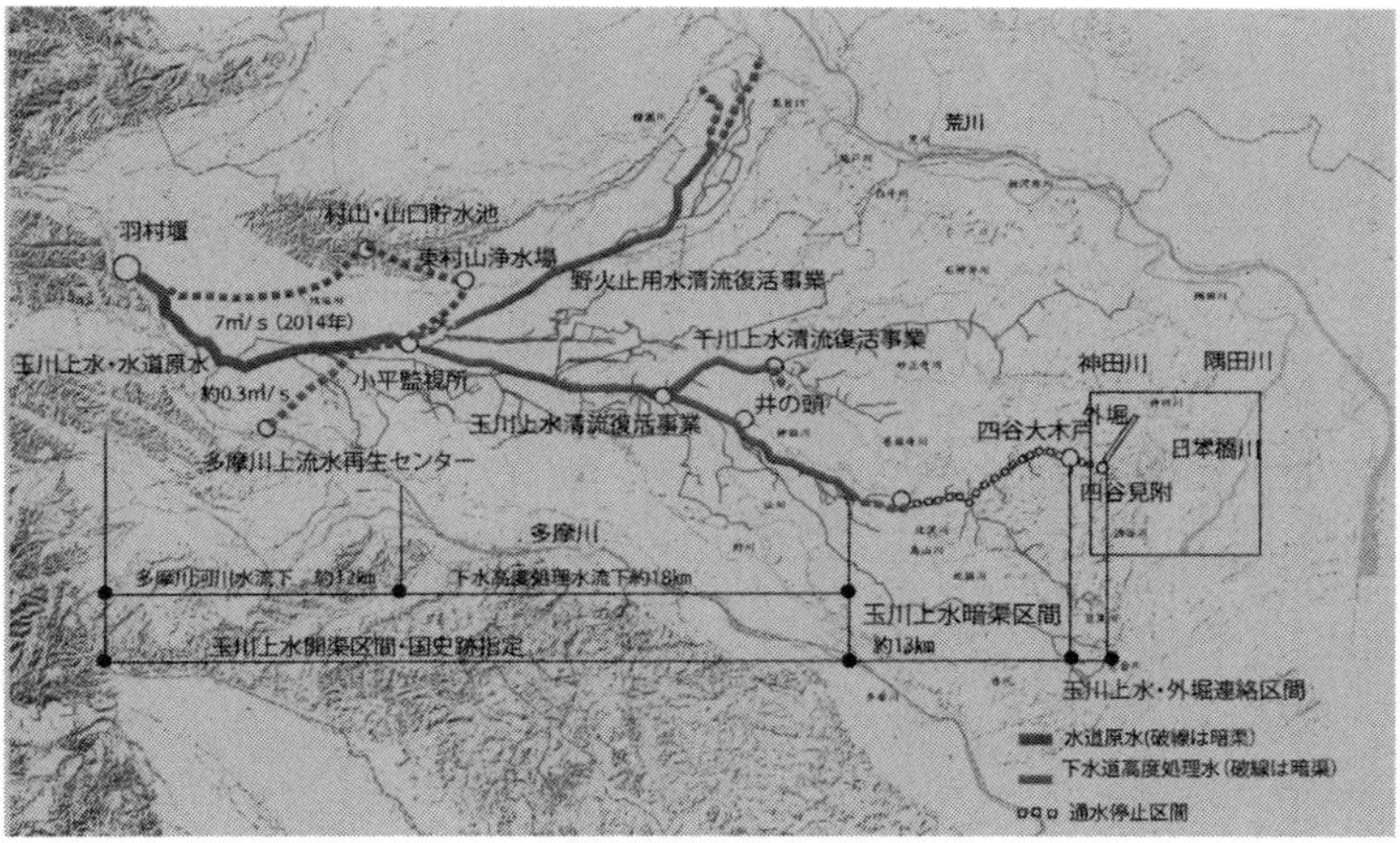

（図 10）玉川上水・分水路網水利システム概況図
（玉川上水・分水路を生かした水循環都市東京連絡会 2017 より）

課題」を明確に示した。その上で玉川上水・全川への自然流下による河川水通水、お濠浄化の提案、通水による浄化効果、自然・社会的な影響の検証、通水・検証のための学・官・企業・市民によるコンソーシアム設立、玉川上水を軸とした総合的なビジョンの策定へと四つの提案をしている。(14)

7　こだいらの将来を考える

（1）「景観一〇年、風景一〇〇年、風土一〇〇〇年」といわれるが、今ある武蔵野の豊かな自然が厳然とあるということの意味を再認識したい。小平の将来像を考える時、この五〇㎞もの分水網こそ「持続可能なまち〝こだいら〟」の基軸として、一〇〇年後の子供たちのために守り伝えたいと思う。明治期の変革期から一〇〇有余年、江戸期の玉川上水開削から三六〇有余年の「歴史と文化のまち〝郷土こだいら〟」への出発と認識を新たにしている。

本中眞（文化庁世界文化資産アドヴァイザー）は指摘する。「玉川上水」を文化的景観という文化財の観点からアプローチするには、「玉川上水を地域の歴史文化のストーリーの中でもう一度光を当てる作業の必要性と市民の調査活動の目線の価値づけが必要」としている。[15]日本遺産への取り組みに当たり、五〇㎞の分水路網が生きていることについて学び舎江戸東京ユネスコクラブの分水網調査委員会で調査検討を続けている。その検討例（案）と調査報告を示しておきたい。

よみがえれ郷土「こだいら」の知恵（案）
～水と緑のネットワークの証　分水路網五〇㎞は生きている～

玉川上水と分水網の開削の目的は、第一に江戸城・江戸の町に水を供給することであった。さらに尾根筋を通った玉川上水の水が、武蔵野台地の「農の風景」の形成に果たした役割は大きい。

江戸の町に水を供給するために、自然の位置エネルギーを生かした水利システムによる玉川上水と分水網を成立させる。その上流域では、分水の恩恵を受け集落が形成、農業が営まれるようになった。新田開発である。

新田開発においては、玉川上水からの分水利用の約束を作り大切に使った。屋敷地の周囲には防風や生活用具・木材確保等の目的による屋敷林、農地の隣には薪や炭といった燃料と土づくりの腐葉土確保のための雑木林、土を守るための茶も植えた。

江戸中期には、水のない草原だった武蔵野台地に、玉川上水・分水網と雑木林・農地・屋敷林による水と緑と風の道の生活基盤が整備された。そこでは、生物多様性の高い環境を保持し、人々と自然が共生する循環型社会、いわゆる武蔵野の風景と人々の生活が成り立っていたのである。「農の風景」の形成である。

小平では、かつての水と緑のネットワーク（水利システムと自然と暮らし）を示す水路網が五〇km も残っている。歴史と文化を積み重ねた跡を地域の随所で見出すことができる。例えば、素掘りの水路と土壁、分水口など水利設備、水車など土地利用の跡地、たから道、昔の農機具類、糧うどんなど伝統食、鈴木ばやしなど伝承文化、さらに自然生態系や生き物たちなどから見えてくる動物植物のつながりなど。それらには、自然の潜在力を活かして自然と共生していた先人の知恵が詰まっており、たくさんの物語が残っている。

私たちは、地域の中に残るかつての水利用システムと郷土「こだいら」の自然・暮らしを伝える有形・無形の歴史文化資産を発掘し、体験したり学んだりすることで現代に生かし、さらに保全・活用により広く発信するとともに未来に残していくことを目指そうと考える。

（注）「農の風景」とは、郷土「こだいら」の景観・風景・風土を意味する。

（図11）小平用水路網調査報告展示パネル（学び舎江戸東京ユネスコクラブ）(16)

（図12）小平市内の用水分岐水門（玉川上水ワンポイントガイドより）(17)

（2）小平用水路網調査報告

「小平用水路網五〇㎞は生きている」実感である。歩いて、見て、感じたことをまとめた。今後の検討課題でもある。　小平用水路網調査報告展示パネル（図13）を示す。

（おわりに）玉川上水域研究会の辻野五郎丸氏には、玉川上水・分水網の各種図版の利用など特段にお力添えを頂いたことに感謝したい。

〈注〉

（1）牧口常三郎『人生地理学（上）』第三文明社　一九八三
（2）（写真2、3）小平市制五〇周年記念事業写真集『小平の郷土写真』二〇一三
（3）辻野五郎丸代表「玉川上水・分水網の構成と関連遺構の調査」玉川上水域研究会　二〇一六
（4）渡部一二著　図解『武蔵野の水路』（玉川上水とその分水路の造形を明かす）東海大学出版会　二〇〇四
（5）辻野五郎丸代表「玉川上水・分水網の構成と関連遺構の調査」玉川上水域研究会　二〇一六
（6）庄司徳治代表「玉川上水ワンポイントガイド」玉川上水再々発見の会（二〇一五）
（7）中村彰彦『保科正之』中公新書　二〇〇六
（8）宮内庁　第四回世界水フォーラム皇太子殿下基調講演「江戸の水運」（二〇〇六）
（9）鈴木理生編著『江戸・東京の川と水辺の事典』柏書房　二〇〇三
（10）鬼頭宏『環境先進国 江戸』ＰＨＰ新書　二〇〇二
（11）真下眞報告「第二回シンポジウムの記録」「玉川上水を考える」（歴史資産としての現状）玉川上水・分水路を生かした水循環都市東京連絡会　二〇一七
（12）小平市史概要版「小平の歴史」より　小平市　二〇一五
（13）多摩から江戸・東京をつなぐ水循環の保全・再生「第一回シンポジウム　展示と講演の記録」玉川上水・

分水路を生かした水循環都市東京連絡会　二〇一六
(14) 多摩から江戸・東京をつなぐ水循環の保全・再生「第二回シンポジウムの記録」玉川上水・分水路を生かした水循環都市東京連絡会　二〇一七
(15) 本中眞報告「重要文化的景観地域指定と保全管理」玉川上水・分水路を世界遺産・未来遺産へ準備会　二〇一五
(16) 学び舎江戸東京ユネスコクラブ展示「小平の分水路網は生きている」二〇一六
(17)「玉川上水ワンポイントガイド1」玉川上水再々発見の会　二〇一五

第四章　小平市の支え合いの地域づくり活動

1　小平市自治基本条例の検証と課題

福井正徳

平成一七年（二〇〇五年）四月に行われた小平市長選挙で小林正則氏（現市長）が、四期目を目指す前市長の前田雅尚氏を破って初当選を果たした。小林市長の選挙マニフェストに自治基本条例の制定が掲げられていたことが直接のきっかけとなって、小平市における自治の基本理念並びに市民、議会、市長等の在り方及び市政に関する基本的事項を定めた小平市自治基本条例（以下「自治基本条例」または単に「条例」という）が制定されることとなった。

本稿では、はじめに自治基本条例が制定された当時の国や市が置かれていた社会経済状況について簡単に述べ、条例制定の経緯と概要並びにそのうちの参加と協働（第三章）についてその実施状況を検証し、課題について私見を述べてみたい。

1　小平市長選挙が行われた平成一七年当時の日本が置かれていた社会経済状況と「小平市第三次長期総合計画」及び「行財政再構築プラン」の策定

バブル経済の崩壊により日本の行財政を取り巻く環境は大きく変わり、それに対応して国も自治体も行財政再改革を進めていた。平成五年の衆参両議院における「地方分権の推進に関する決議」やそれに続く平成七年の「地域分権推進法の制定」以降、地方分権改革が大きな流れとなった。平成一二年（二〇〇〇年）四月にはいわゆる地方分権一括法が施行され、地方自治体は、従来のように国や都道府県の指揮監督に従い確実に事務を処理することから、自らの判断と責任で政策を立案、実施し、説明をしていくことへと転換していくことが求められるようになった。これにより市町村は最も身近な行政主体として住民に対し地域にふさわしいサービスを提供し暮らしの質を向上させていく中心的な役割を担っていくことが期待されることとなった。

このような流れの中、小平市においては平成一八年三月に第三次長期総合計画―こだいら二一世紀構想・前期基本計画―（以下「第三次長総計画」という）が、また同一九年三月には「第三次長総計画」（同計画一五一頁）に基づいて「行財政再構築プラン」が策定された。

「第三次長総計画」は、平成一八年度から平成三二年度までの一五年間に小平市が歩むべき将来の都市像として「躍動をかたちに　進化するまち　こだいら」を掲げた。

また地方分権改革の方向性を受けて今後の自治体経営は、ＮＰＯや市民と行政がそれぞれの得意分野を活かしながら、市民参加や市民協働を通じて新たなしくみの行政運営を推進していく必要がある、今後は、分権型社会にふさわしく市として『自己決定』をより明確にし、市民の参加を促進し市民やNPOとの協働を進めていく、そのためにはわかりやすい市政情報の市民への提供と情報の共有が重要であるとしている。（同計画一四二～一四五頁）アンダーラインは筆者。

上記考え方に基づき実施予定の計画事業の一つとして「自治基本条例の制定を含めた市民参加の推進」が掲げられている。

また「行財政再構築プラン」は、「第三次長総計画」と軌を一にして策定され、地方自治体を取り巻く社会経済状況は、少子高齢化など大きく変化してきた；小平市の借金である市債は平成一二年度以降四〇〇億円を超えて推移しており下水道事業や土地開発公社に係る分を含めると平成一七年度決算では六八〇億円を超え、財政的に硬直化が進む厳しい状況におかれ、財政健全化は待ったなしの状況である；今後は税収の伸びは期待できない状況にあるが高齢化の着実な進展による高齢者福祉等の社会福祉に要する費用も年々増加していくことが見込まれる；地方分権改革により、市は身近な行政主体として、地域にふさわしいサービスを提供し、くらしの質を向上させていく中心的役割を期待されているが、財政の硬直化が進む厳しい状況にある中、こうした役割を担っていくことは容易なことではなく、市の活力を維持、向上させ、市民満足度の高いサービスを提供していくためには、行財政運営の仕組みを抜本的に見直し、財政健全化、分権型社会にふさわしい都市づくり、公共サービスのニーズと担い手の多様化という時代の要請に対応できる体制へと再構築していく必要があるとしている。（同プラン七～八頁）

公共サービスのニーズと担い手の多様化について、少子高齢化や核家族化の進展などにより、保育や介護が公共サービスとして求められるなど、公共サービスの範囲は広がり、またＮＰＯ、ボランティア団体、自治会、民間事業者などが特定の公共サービスを、きめ細かく提供するようになるなど公共サービスの提供主体も多様化してきており、今後は、行政は自ら公共サービスを提供するだけでなく、ＮＰＯ、ボランティア団体、自治会、民間業者など多様な主体とのパートナーシップ（連携）や役割分担により、公共サービスを効果的に提供していく仕組みを整え、サービス全体の価値を高めていく仕組みをつくっていくとしている。（パートナーシップと役割分担による効果的サービス提供、「新しい公共空間」の形成：同プラン八～九頁）アンダーラインは筆者。

行財政の再構築は、「新しい公共空間」の形成の視点のほか、成果指向のマネジメントシステムとその過程における市民参加による「市民本位の市政」及び、財政基盤の強化や効果的かつ効率的なサービス執行体制の構築など、「自立性の高い市政」の実現という視点を踏まえて行うとしている。

上記の平成一九年三月の「行財政再構築プラン」の考え方は、平成二三年三月の「第二次行財政再構築プラン」及び現在実施中の平成二九年三月の「第三次行財政再構築プラン」に引き継がれている。なお第三次プランでは、「新しい公共空間」について、その拡充に向けて一層の積極的な取組みが求められるとし、「公共サービスの提供に広く民間の力を活用するＰＰＰ（Public Private Partnership）の導入により、市民、ＮＰＯ、ボランティア団体、自治会、民間事業者、大学などが担い手となって、市民自主管理、民間委託、指定管理者制度、ＰＦＩ（Private Finance Initiative）等の手法を積極的に活用し、効率的で質の高い公共サービスの提供を図る「新しい公共空間」の拡

充に取組む必要がある」としている。（同プラン一五頁）

2 「自治基本条例」制定の経緯

自治基本条例については特にはっきりした定義があるわけではないが、多くは自治体運営の基本となることをねらいとして制定され、まちづくりの将来像や方向性、市民活動やコミュニティ活動、情報の公開と共有、市民参加や協働、行政運営の原則、予算や財政などについて定めている。条例の名称は、まちづくり基本条例としているところも少なくない。

因みに現在（平成三〇年二月）全国の約一七〇〇の区市町村のうち自治基本条例を制定しているのは三七〇、小平市は、その一七〇番目、東京都では一〇番目である。

「自治基本条例」の制定の経緯は、次のとおりである。

(1)前述のとおり、「自治基本条例」は、平成一七年四月の市長選挙で選挙公約・マニフェストに制定を掲げた小林正則候補（当時）が当選したことが直接のきっかけとなって作られることとなった。

地方分権改革が進められる中、平成一二年一二月に北海道ニセコ町で「ニセコ町まちづくり基本条例」が作られたのを皮切りに、全国の区市町村で「自治基本条例ブーム」とでも言うべき様相を呈していたようである。

自治基本条例は、制度としては必ずしも制定する必要はなく、憲法や地方自治法等で既に定めている事項を改めて条例で規定する必要はないとする考え方もあった。小林市長は、条例を市民の手で作るのが良いと考えたことについて、自治基本条例制定記念フォーラム（平成二二年三月二〇日）で次のように述べている。

「私は、いろいろな活動、ごみの減量だとか、資源の再利用を主なテーマとして、八年間活動してきたということがあったものですから、なにかこれを具体的な形で市民の皆さんと、―目標がないといけませんから、みんな同じ土俵に乗れるような目標をつくろうと、要するにこの小平市をどういうまちにしていくのか、どういうふうにお互いに役割分担をして責任を果たしていくのか。そんなことわかっているよ、法律はいっぱいあるじゃないか、とみなさんおっしゃるんですが、そのとおりなんです。でも、大きなテーマ、くくりとしてはあるんですが、その細かな役割というのは示されていない。もっと言えばですね、これは、どちらかというと上から押しつけ的な、強制的な色合いが強いものですから、それを我々自らが、我々自身の役割や権限というものをもう一度自分たちでつくっていこう、そういった道筋を我々自身がつくっていこうということで、始めたわけでございます。（中略）正直なところ、いろいろな大学の先生の知り合いに、この条例をつくるときに相談にいきまして、具体的に動き出す時にも相談にいきました。今はもう時効ですけれども、「小林、おまえ、本当に市民に全部まかせるのか」と言われました。とんでもないことになるぞ、ということを言われたんですけれども。とにかく、私は、市民の皆さんを信じて、皆さんに任せていこうという、私自身も腹をくくったというんでしょうか、私自身も一蓮托生、もう皆さんと共にこ

の市政をお互いに担っていこうというつもりで、この数年間やらせていただきました。」（原文のまま）

(2)「自治基本条例策定基本方針」の策定

平成一八年三月、市は、自治基本条例の基本的考え方—自治基本条例制定で何をめざすか、及び条例づくりの進め方—手法、日程、手順、市の体制を定めた「自治基本条例策定基本方針」（以下「条例制定基本方針」という）を策定した。

条例制定基本方針は、少子高齢化、経済の低成長、財政的な制約など、さまざまな社会環境の変化により、従来の公共サービスの担い手である行政だけでなく、従来受け手であった市民、NPO、民間事業者など多元的な主体が担い手となって、地域のさまざまな課題解決に取り組んでいく姿勢の仕組みが必要なってきている；地方分権により国と地方との上下、主従の関係が解消されたことに伴って市民の自治体に対する信託の新たな決め事として自治基本条例を制定していく必要がある；新しい公共の実現に向けて「自己決定・自己責任の時代にふさわしい自治」を模索するひとつの象徴的な取り組みとして自治基本条例づくりに取り組む；この取り組みを通して小平における新しい時代の「自治する気風」の醸成をめざすとしている。

条例づくりの方式については、自治基本条例は市民がつくるという原則のもと、市民のみで構成される「市民の会議」と市との間でパートナーシップ協定を締結し、「市民の会議」は条例案作成の過程で地域討論会を開催するなどできるだけ多くの市民の参加を得て条例案を策定し市長に提出、市はこれを議案の体裁に調整して議会へ提出するというものであった。

自治基本条例のつくり方は、市民が素案を作り市に提出、それを参考にして行政が条例案を作成する（どの程度市民案を反映するかは行政の判断）という方法が一般的だったと思われるが、小平市の場合は、自治基本条例は市民がつくるという原則のもと、市は、条例づくりを行う市民を公募、条例づくりは市民のみで構成される「市民の会議」の手にすべて委ね、必要な会議室の手配、議事録の作成やファシリテーターの派遣などにより市民による条例づくりを支援していくという方法がとられた。これはあるいは三鷹市の基本構想・基本計画策定に向けて市民の視点から提言を行うための市民参加組織・「みたか市民プラン二一会議」方式（平成一一年）の影響を受けたものではないかと思われる。自治基本条例づくりについてのこのような方法を取り入れたのはおそらく他に例を見ないものであった。

(3)条例案づくりの経過

実際の条例づくりは、平成一八年六〜七月、市による市報での「市民の会議準備会」のメンバーの募集から始まった。市は、募集期間中に講演会「新しい公共と自治基本条例づくり」（講師：辻山幸宣氏）を開催したり地域センターなどで説明会を開くなど自治基本条例はどういうものか、またその必要性などについて市民に知らせた。講演会には五四人が参加、準備会には六一人が応募した。

その後の経過は、次のとおりである。（詳細は、市のホームページに掲載の「自治基本条例逐条解説」四〇頁―〈自治基本条例制定までの歩み〉参照）

平成一九年二月　「小平市自治基本条例をつくる市民の会議」が発足、市とパートナーシップ協定を締結。

以降、一五か月にわたり、どんなまちにしたいかのフリー・トーキングに始まり、四つの部会（テーマは三つ）および全体会において討議を重ねて骨子案を作り説明のためのフォーラムを開催、また第一次、二次骨子案に対する市民意見交換会を地域センターなどで延べ一五回開催、できるだけ市民と意見交換して条例案を作成、最終段階での市との意見調整を経て、条例案は全体会で全会一致をもって確定された。この間、全体会及び部会等の市民の会議は延べ一六〇回に及んだ。またこの条例づくりの市民への広報のためのポスター制作について武蔵野美術大学（斉藤啓子教授―視覚伝達デザイン学科研究室）に御協力いただいたが、その後の大学とのいろいろな協働、連携事業のさきがけともなった。

〃　二〇年　五月　「市民の会議」：条例案を市長に提出

〃　　　　　六月　市は条例案を市議会に提出

以降、一八か月にわたり条例案は特別委員会にて審査。

〃　二一年一二月の定例会最終日に原案どおり賛成多数で可決され、一二月二二日に施行された。

3 「自治基本条例」の概要

(1)条例の構成

「自治基本条例」は、小平市の地域性を踏まえ、参加、協働、市民自治のまちづくりを基調とする自治の姿を示した前文と下記のとおり一一の章、三九の条文で構成されている。（条文及び詳細については、市のホームページに掲載の「小平市自治基本条例逐条解説」参照）

第一章　総則（第一条―第三条）
第二章　市民等（第四条―第九条）
第三章　参加及び協働（第一〇条―第一三条）
第四章　市民投票制度（第一四条）
第五章　コミュニティ活動（第一五条・一六条）
第六章　議会（第一七条―一九条）
第七章　市長等（第二〇条―二二条）
第八章　行財政運営（第二三条―三二条）
第九章　国、都等との関係（第三三条―三六条）
第一〇章　条例の位置付け及び見直し（第三七条・三八条）

第一一章　補則（第三九条）

附則

(2)「自治基本条例」の目的と理念―第一条及び第二条は、次のように定める。

（目的）

第一条　この条例は、小平市の自治の基本理念並びに市民、議会、市長等の在り方及び市政に関する基本的な事項を定めることにより、自治の実現を図ることを目的とする。

（自治の基本理念及びその実現）

第二条　市民は、市政を議会及び市長に信託するとともに、互いに協力して積極的にまちづくりに取り組むものとする。

二　議会及び市長は、市民の信託にこたえ、公正かつ誠実に市政を運営するものとする。

三　市民、議会、市長等は、情報共有、参加及び協働を基本的な指針として前二項に掲げる自治の基本理念を実現するものとする。

(3)第三章　参加と協働について

「地域社会における新たな関係を目指す」（「第三次長総計画」四六頁）、「『新しい公共空間』の形成を目指す」（行財政再構築プラン、本稿二頁）ための取組み、「参加」と「協働」に関して、条例の関連規定と市の施策について略述する。

①自治基本条例において「参加」は、市政への参加を意味する。第三条（定義）（イ）日常生活において参加ということばは、政治に参加するという意味の他に、例えば、自治会活動、ボランティア活動、行事などに参加するというように広義で使われているが、条例では、これらの活動は、「まちづくり活動」、「コミュニティ活動」として整理されており、市は、コミュニティ活動の役割及び自主性を尊重し、必要な支援を行う旨定める。（第三条(7)、第一五条、第一六条）また例えば、趣味・サークル活動や介護予防のための健康体操教室に参加するというような場合の参加は、社会参加ではあるが上記にいう参加とはやや意味合いが異なる。

（ロ）第一〇条（参加機会の保障）は、市の計画や重要な施策の基本的事項を定める計画の策定または変更についての参加をはじめ、いくつかの重要事項を具体的に例示列挙して規定している。独立した参加条例で規定されるような事項を自治基本条例に取り込んだような形となっており、条例でこのような形で市民の市政への参加が保障されたことの意義は大きい。参加の具体的方法は、後述の市の指針により定められている。ここでいう参加が自治基本条例制定以降、促進されたか否かについては、実例をもとに、参加形態も含め、具体的に検証してみる必要がある。

（ハ）また第一一条（参加における配慮）で「市長等（定義「執行機関」参照）は、高齢者、障害者及び子どもをはじめ市民の誰もが、それぞれの立場で容易に市政に参加することができるよう工夫し、及び配慮するものとする。」旨規定している。条例でこれらの者に対する行政の配慮義務を規定したことの意義も大きい。参加同様、具体的な検証を要する。

②市は、「市民参加の推進に関する指針」（平成一七年九月一日施行）を制定していたが、自治基本条例の内容を反映するため同指針を改正した。（平成二二年一月一日施行）

③「協働」について、条例は定義規定―第三条⑹と協働の基本原則を定めた第一二条、及び協働の推進の基盤づくりに関する第一三条を置く。

第一三条は、「市は、協働を推進するため、活動の機会及び場所の提供、人材の育成、情報の収集及び提供その他の基盤づくりに努めるものとする。」旨規定している。

これを受けて、市は、平成二〇年一〇月、協働についての基本的考え方（協働の意義、協働の主体、協働により期待される効果、協働と事業形態について等）及び協働の推進（視点、基本的な姿勢、事業実施の際の取り組み方）並びに今後の協働推進の取組みについてかなり具体的に規定した「協働の推進に関する指針」を制定している。

同指針において、今後の協働推進の取組み―協働の基盤づくりとして、市民活動の育成支援、支援の充実、平成一六年に設置した「市民活動支援センター準備室」を平成二二年度に市民活動の推進拠点―「市民活動支援センター」として本格開設すること、また平成二二年度までに、ボランティア団体・市民活動団体等と市との協働事業について協働事業の提案や応募を受け付ける提案型の協働事業を実施することを定めている。

「市民活動支援公募事業」は平成一八年度から実施され、また提案型協働事業は「いきいき協働事業」制度として平成二一年度から開始され（事業の実施は平成二二年度）、平成二九年度実施分を含めてこれまでに市民提案型で計一七事業が実施されている。このほかに行政提案型の協働事業も行われているが件数はごくわずかである。
「新しい公共」の形成という観点から、制度の運用のあり方や実施されてきた事業の実効性などについては具体的に検証してみる必要があると思われる。

4　検証と課題

(1)自治基本条例制定にはどのような意義があったか。

①小林市長の条例づくりは市民の手でという手法については、前、前々市長はいずれも市の職員・助役（副市長）経験者であり従来の政治手法に慣れた保守系議員や市職員にとっては少なからず戸惑いもあったと想像される。市議会でも保守系議員からは、自治基本条例の制定の必要性についてあるいは条例案づくりについても「市民に丸投げしている、無責任ではないか」といった批判的質問もなされていた。

小林市長にとっては市民が自分たちのまちをどのようにしていくのかを自分たちで考え、それを自分たちの手で自治基本条例という形にしていくという方法は、たとえ時間がかかったとしてもまた仮に条例として結実しないとしても、当時の時代状況の流れの中で求められていた「自治体の新しい行政運営」を象徴する一つの政治的実践だったのではないか。

もしそうだとすれば自治基本条例づくりの「市民の会議」のメンバーの募集に対し数十人の市民が手をあげ、一九か月の長きにわたって一六〇回以上も集まって熱心に議論を重ね、実際に一つの条例案としてまとめ上げたことはそれ自体が大きな成果だったのではないかと思われる。
②住民自治の実現、情報の公開・共有、参加と協働、まちづくり等に関する規定を含む自治基本条例づくりが市民の参加を得て成功したことは、小林市政が「第三次長総計画」や行財政再構築プランに謳われた分権型社会のあるべき新しい行政運営、参加と協働のまちづくりを推進していくうえで大きな弾みともなったのではないか。
市は、条例づくりと合わせて「参加推進指針」「協働推進指針」を整備するとともに市民活動支援センターを本格的に開設し、市民活動支援公募事業及びいきいき協働事業を開始していく。
③「市民の会議」に参加した市民にとっては、条例づくりを通して非常に多くのことを学ぶこととなり貴重な経験となった。参加した者の多くはその後もさまざまな形でボランティア活動や市民活動に参加している。行政職員にとっては、担当職員の二名を除き、条例づくりの「市民の会議」に直接関わらなかったことは職員が市民の想いや熱意を肌で感じることができる貴重な機会を失うこととともなったのではないか。
④自分たちの住むまちをどのようなまちにしていきたいか、まちづくりをどのように進めていくか、市長（行政）や議会のあり方等について、条例という一つの完結的な形で鳥瞰できるようになった。市民も行政職員もこれを積極的に活用して条例の内容はもとより条例が制定された経緯やその背景について学ぶことによって、自治基本条例に定める理念を効果的に実現する力とすることができるのではないか。
⑤自治基本条例の成立をきっかけに「小平市議会基本条例」が制定されることになった。

小平市議会は、自治基本条例が成立した平成二一年一二月より議会改革調査特別委員会を設置し、議会のあり方について議論を重ね「議会基本条例」につき調査、平成二五年六月に議会改革推進特別委員会を設置、議会基本条例素案を策定、市民との意見交換会を開催、パブリックコメントを経て、平成二六年三月に議員提出議案として議会に提案、全会一致で可決。同月二八日に公布・施行された。同条例では、「ここに議会は、住民自治の実現を目指すとともに、小平市自治基本条例（平成二一年条例第二七号）の議会の責務に基づき、主権は市民にあることを常に自覚し、不断の議会改革を進めることを決意し、この条例を制定する。」とされている。

(2)市は、自治基本条例は市民がつくるという原則のもと、条例案は「市民の会議」が作成する、市は「市民の会議」の活動を支援することを基本方針とした。実際に条例は市民の手でつくられたか。

①市の「市民の会議」の活動に対する支援は具体的にどのように行われたか。

（イ）職員二名（課長職、係長職各一名）が専従、少なくともそのうちの一名が部会を含むほとんどすべての会議に出席。会議室の手配など会議を準備。記録の整理。

（ロ）議事の整理・進行及び会議録作成のためファシリテーター二名—（株）地域総合計画研究所を起用

市から「市民の会議」に対し必要があればファシリテーターを手配するとの提案があった際、ファシリテーターが市の意向を受けて会議内容を特定の方向に誘導するようなことはしないこと、議事の整理進行を効率的にする役割に徹するものであることを確認のうえ起用することになった。(平成一八年一一月)

実際にも会議の内容に関する「誘導」は一切なかったし、プロフェッショナルな議事の整理進行のスキルは会議の効率化に大変役立ったと「市民の会議」にも概ね好評だった。またファシリテーターの提案により早い時期から「市民の会議」のメーリング・リストをつくったことはメンバーの意見の効率的な収れん、整理に大いに役立った。

(ハ) 第一次市民意見交換会フォーラム (平成一九年一一月) の講師の手配

(ニ) 庁内には関係部署の部長レベルの職員で構成される「自治基本条例制定調整委員会」及び担当者レベルでのワーキング・チームが置かれており、「市民の会議」の会議内容や進捗状況について本件専任担当職員から随時報告されていたと聞いている。

②条例制定基本方針には「市民の会議が検討した条例案を、市は議案の体裁に調整して、議会に提案していく」とある。実際には如何であったか。

前述のとおり、職員は事務的な支援はするも会議の内容については一切口出しすることはなかった。ただ「市民の会議」の最終案がほぼ固まった文字どおりの最終段階で、市から文案の数か所について「議会でもめることになるのではないか」との修正を示唆するようなコメントがあり、かなりの議論の末、それらのコメントに従って条例案は修正されたものが「市民の会議」の条例案として全会一致で承認された。そのような形で修正されたことをもって〝議案の体裁に調整して……〟

の範囲を超えた市の関与と見るかどうか、議会を通過しないかもしれないと言われそのリスクを避けて「市民の会議」として修正に応じたのであるから条例はすべて市民の手によってつくられたと言ってよいと考えるかどうか……、いずれにせよ当該修正により条例案が内容的にも〝角のとれた〟ものになったことは否めない。今から思えば、「市民の会議」であえて修正することなく修正の要否を議会の審議に委ねることも一法だったかもしれない。

(3)条例づくりをすべて市民の手で行うことのむずかしさ

公募で自発的に集まった一般市民が自らの手で条例づくりを行うという方法は、いくつかのむずかしさや限界を抱えていたと思う。

①このような手法は、あるいは平成一一年の「みたか市民プラン二一会議*」の影響を受けたものかと推測されるが、基本構想や基本計画づくりと条例づくりとでは性格がかなり異なるし、三鷹市の場合、計画の内容づくりには学識が、また議案の形に整える段階では行政職員も実質的に関与しており、市民が主体の、市民、学識、行政のまさに信頼のうえに立った「協働」である。

＊「みたか市民プラン二一会議」(市民二一会議)は、三鷹市の基本構想・第三次基本計画策定に向けて市民の視点から提言を行うための市民参加組織として平成一一年一〇月に発足。平成一二年一〇月に市に提言書を提出、市ではこの提言書を受けて、新基本構想と第三次基本計画の第一次、二次の素案

を作成し市民二一会議に提示、市民二一会議から計四回の意見書の提出があり、基本構想は平成一三年五月に最終案がまとまり六月議会に上程され一部修正を受けたのち同九月に議決された。第三次基本計画は基本構想の議決を受けて最終的な調整が行われ一一月に確定された。

上記手法は、まちづくり研究所（(財) 三鷹市まちづくり公社が設置している研究機関）から「三鷹市の新しい市民参加のあり方」に関する提言が市長に提出され、市はこの提言をもとに、基本構想・基本計画の見直しにあたっては、従来型の参加ではなく、素案策定前の段階から市民の参画を組み入れ、市民主導で市への提言を行うという新たな参加手法を取り入れることにしたものとのことである。（三鷹市ホームページより）

・市は、市民主体の会議（市民二一会議）を実現するためにその準備会メンバーを市報で募集（五八人が応募）、準備会は会議のあり方やルールを協議検討

・準備会が市民二一会議のメンバーを募集（三七五人が応募）

・市民二一会議―市とパートナーシップ協定を締結、上記提言書を作成し、市長に提出

三鷹市の場合は、昭和六三年に立ち上げられた地域の住民、市役所職員、ルーテル学院大学、国際基督教大学など市内の大学の先生方がフラットな関係で研修・研究を行う「まちづくり研究会」（平成六年より「まちづくり研究所」）があり、また行政にも市民にも昭和四〇年代から始まった住民自治、地域づくりの知識・経験の積み重ねがあっての「みたか二一会議」方式である。まさに「ローマ（まちづくり、地域づくり）は一日にしてならず」である。「みたか二一会議」の活動に「まち

づくり研究所」の先生方も参加されている。因みに「みたか二一会議」の三共同代表の一人が清原慶子現市長（当時ルーテル学院大学教授）である。

②誰でも参加できる会議であるということは、知識、生活環境、経験、人生観や人間観などいろいろなことについての価値観、条例づくりに参加した動機なども人それぞれでちがう、まさに多様な人の集まりに他ならない。そのような場で物事を十分議論して（〝熟議〟して）決めていくことがいかに多大の時間と労力を必要とする、大変なことかということを参加者は実感し学ぶこととなった。まさに直接民主主義的な住民自治のむずかしさである。

まず市民の会議の準備会では、会議の進め方、ルール・申し合せ事項を決め、「市民の会議」を組成し、市と条例づくりに関するパートナーシップ協定を締結するまでに半年を要した。（この半年については、この半年のプロセスがあったからこそその後の「市民の会議」による組織的な条例づくりがうまくできたのだという肯定的な評価も少なくない。）

③私自身も含めほとんどの参加者にとって自治基本条例についての知識、条例の内容となる住民自治、市民活動、コミュニティ活動、まちづくりといったことについての知識や実践経験はあまりなく、先進市の事例をいろいろ研究・学習しながら条例づくりを行った。（この点については、他市においても状況は同じであろうが）その意味では、条例は理念条例であるとも言える。

特に「協働」については、条文としては簡単な定義規定（第三条⑹）と協働することができるという趣旨と協働のあり方についての短い規定（第一二条）を置くのみとなったが、そこに至るまでの議論の過程では、「協働と聞くと戦争の時代を生きてきたものにとっては国家総動員法のことを思い起こす」とか「行政は市民との協働を名目にこれまで行政が担ってきた業務を市民に無償若しくは低料金で押し付けようとするものである」とするいわゆる悪玉協働論、裏返せば行政に対する強い不信感や警戒感に根差す意見もかなり強くあって（市議会でも同様の質疑があった）、協働とは何か、協働をどのように理解するか、条例の中でどのように扱うべきかなどの点をめぐって多大の時間とエネルギーを使って侃々諤々の議論があった。同時に参加者は、図書資料や他市の事例なども参照、いろいろ協働について掘り下げて勉強することにもなった。

④地方自治法をはじめとする関係法令についての知識や法律文書の作成技能なくして自治基本条例の成文化はむずかしい。本件においては、「市民の会議」に参加した市民の中に偶々地方自治の専門家や国の法制局で法令を起案することを仕事としてきたいわばプロの方も複数おられて専門的知識・技能を提供していただけたことは幸運であった。

(4)課題

筆者は、民生児童委員、行財政再構築プラン策定のための方針検討委員会の市民公募委員、「市民の会議」のメンバー・部会長、市民活動支援センター・センター長、介護保険運営協議会の市民公募委員として行政と接しながら市民活動、地域活動に携わってきた。また市民活動支援センター長在任中には近隣市（三鷹、西東京、府中、日野、八王子市）の市民活動支援センターあるいは協働推進センターのセンター長に呼びかけて「六市・市民活動情報連絡会」を立ち上げ（後に調布市が加わって現在は七市）、三、四か月に一回、約五年にわたり、各市における市民活動や協働の状況について情報・意見交換をする機会があった。それらの活動を通して一市民として思うところを述べて結びとしたい。

①「第三次長総計画」や行財政再構築プランで掲げられた「参加と協働のまちづくり」は、近隣市を見ても共通した自治体の非常に重要な行政経営方針と思われる。特にこれからの人口減少、少子高齢化がますます進む時代、地域で解決しなければならないさまざまな課題が生じてくる。例えば、国は市町村単位で地域包括ケアシステムの構築、地域共生社会の実現を推進すべきとする。まさに住民の主体的参加と協働による地域づくりが求められている。

参加と協働がどれだけ実効性あるものとして行われているかは、市によってかなり違うように思われる。地方分権の流れ（自治体間競争の時代ということでもある）の中で時間の経過とともに、自治体間の行政力及び地域力の差が公共サービスの格差となって鮮明にあらわれてくることになる。

②行政は、「第三次長総計画」（四二頁）にあるようにまちづくりのプロデューサーであり、コーディネーターでもある。まず行政が市民参加と市民協働について（新しい公共空間の形成）についてその必要性や有益性をどの程度強く認識しているか、実現意欲を持っているかが重要になる。地域経営を〝我が事〟としてとらえ、財政状況や社会経済状況の現状から見て市民参加と協働が必要、有用だということであれば市民を積極的に啓発していくことは行政の役割であり責任でもある。市民の理解、参加を得ずして、また市民との協働なくして実効性のあるまちづくりができるはずもない。

（イ）行政職員の意識と行動の変革

行財政再構築プラン（同プラン九頁）には「……こうした方向で行財政を再構築していくためには、何よりも職員の意識と行動の変革が必要です。今日、市民と行政とが対等な立場で協働して公共サービスを担う「新しい公共空間」の形成が問われており、職員には、こうした「新しい公共空間」の担い手としての意識や行動が求められています。

そのため、今後は、実務を通じて市民と関わり合う中や、目標管理、行政評価、人事考課等のマネジメントシステム（運営管理の仕組み）の中で、市民の目線からものをみることの必要性等について職員の「気づき」を促していきます。これにより、職員が市民に対する説明責任やコスト意識の必要性を認識し、主体的に新たな行政の役割や課題を発見し、対応を考えていくことへとつなげていきます。こうした職員の意識や行動の変革は、以下の視点を踏まえて行政の役割やあり方を再構築していくための欠かせない要素であり、……」とあるが、まさにそのとおりである。

個々の担当者レベルの職員もさることながら、むしろ中間管理職やさらに組織の上位・トップの方々がどのくらい市民参加と市民協働の必要性、有益性を強く認識し実現意欲をもっているかが問われる。

（ロ）協働は行政と市民（活動団体）との相互理解と信頼に基づく協力関係であり、そのような関係性はある日突然に形成されるというものではない。普段から地域課題について市民と積極的に対話する姿勢とそのための時間と労力が不可欠である。いきいき協働事業制度に適合する事業だけが協働ではない。

（八）積極的な情報公開

参加と協働を推進するためには、行政は情報を積極的に一般市民に分かりやすく公開し共有することが必要である。例えば、職員向けの「市民との協働についての実務的ハンドブック」を市民に対して公開している市もあるが、小平市では公開されていない。この種の実務的資料は、市が協働についてどのように考えどのように取り進めようとしているかを市民にわかりやすく説明することともなり、協働についての理解と認識を行政と市民とが共有するためにも重要と思われる。

情報公開の方法はいろいろあるが、今の時代、とりわけ市のホームページによる適切な情報提供は、情報の拡散という意味でも大変重要と思われる。公開されている情報の範囲、求める情報の探しやすさ、情報の分かりやすさ……、これらについても自治体によってかなりのちがいがある。公開されている情報の範囲、求める情報の探しやすさ、情報の分かりやすさといったことは、自治体の行政力を表わす一つのバロメーターといってよいかもしれない。ＩＴの時代、行政も市民も他市の情報を入手しようとすれば容易に入手できる。

③市民について見れば、市民が自分の住む地域の問題を〝我が事〟として受け止め、自分たちで解決しようと考え、そのために行動を起こす、地域の担い手となる……、言うに易く行うに難いことである。特に小平市のような都市近郊の地域は、昭和三〇年代、四〇年代ごろに移り住んできた都心に勤める人サラリーマンが多く、それらの人々にとっては地域で生活するといっても地域は給料や年金などの生活費を得るところではなくいわば「寝に帰る」ところであり、日常生活での地域との関わりは薄い。家族についても子育て、ＰＴＡ・学校活動、あるいは趣味・サークルなどを通

じてのつながり程度のものである。このような生活様式のためにそのような人々の住む地域では日常生活を通しての地域における地域と人、人と人とのつながりは希薄なものであり地域コミュニティとしてのまとまりはもともと弱くコミュニティ再構築のハードルも高い。そのような状況からしても行政のプロデューサーあるいはコーディネーターとしての役割はきわめて重要であると思われる。条例づくりで示されたように、地域には潜在的に人材も豊富、想いをもった市民も少なくない。

地域課題の解決のために市民が自発的に取り組む活動が「市民活動」であり（一般的に「市民活動」は、市民の自主的な社会貢献活動とか公益性をもった活動として定義されている）、各市とも税金を投じて市民活動を支援し促進するために施設（市民活動支援センター）を設置し、また市民活動支援公募事業を実施しているのは、その活動に公益性があるからである。したがって「市民活動」を広く解釈するとしても趣味・サークル活動のような活動は、市民の活動ではあってもここで言う「市民活動」ではない。社会貢献性、公益性のある活動＝社会・不特定の他人のための活動に時間・エネルギーを使う市民は増えてきたとはいえ上記のような地域の状況にあってはまだまだ少ない。

この意味での「市民活動」がどれぐらい活発に行われているかについても近隣市を見ても市によってかなり大きな差がある。市民力アップのためには、行政の情報公開と市民活動支援、協働に対する取組み姿勢如何が大きいと思われる。

2　小平市における市民活動の役割

細江卓朗

1　はじめに

小平市は、江戸時代玉川上水が開通し新田が開発された頃から住む旧住民と、都心から二五ｋｍ圏でベットタウンとして流入した新住民が住み、最近では「プチ田舎」とのキャッチコピーでＰＲされる。

玉川上水、狭山・境緑道、野火止用水など水と緑豊かな小平市には、嘉悦大学、白梅学園大学・白梅学園短期大学、津田塾大学、一橋大学、文化学園大学、武蔵野美術大学、職業能力開発総合大学校、朝鮮大学校があり学園都市と言われている。

また、公民館が一一館あり都内では一番多く、地域センターが一九館、市民活動支援センターあすぴあ（NPO法人小平市民活動ネットワークが指定管理者として運営）、小平市社会福祉協議会の福祉会館やたいよう福祉センター（障害者福祉センター）、あおぞら福祉センターとかなり充実していて、生涯学習や市民活動などの場として利用者も多い。

2　市民活動の実態

市民活動支援センターあすぴあの平成三〇年版市民活動団体データー集「むすぶ」には二四五団体が登録されている。登録していない団体も多く、総数としては三〇〇を超えるのでないかと推測している。

特定非営利活動法人促進法の活動の二〇分野に基づき、重複はあるが多い順に、学術・文化・芸術・スポーツの振興（八七団体）、保健・医療・福祉の増進（八三）、子どもの健全育成（七六）、社会教育の推進（六三）、まちづくりの推進（五六）、環境保全（三四）、人権擁護・平和の推進（三一）、国際協力（二五）、地域安全活動（二四）、活動団体の運営・活動に関する連絡・助言・援助（二〇）、男女共同参画社会の形成促進（一六）、災害救助活動（一五）などとなっている。

ボランティア活動は個人や団体が他の人々や社会のために自発的、自主的に行う公益的な活動で、個人が個人のために、また単発的に行う活動まで含んでいるが、市民活動は社会的な課題の解決に向けて、組織的・継続的に取り組む活動と定義づけされている。

定義からみると登録団体には、サークル活動やボランティア団体も含まれているかと思うが、そういった団体や所属する個人も団体間同士の交流などを通じて市民活動になる可能性を秘めていると思う。

3　市民活動の事例紹介

一九九五年の阪神・淡路大震災では多くのボランティアが救援活動に参加したことから「ボランティア元年」と言われるが、二〇一一年の東日本大震災は小平市にとっての「ボランティア元年」であったのではないかと思う。

また翌年二〇一二年は小平市市制五〇周年の年であり、記念シンポジウムなどが開催され、これも市民活動の活性化に寄与したと感じている。

いくつかの市民活動や仕組みについて述べてみたいと思う。

（1）被災地支援活動

東日本大震災はその被害の甚大さに、市民の皆様も市の要請で、救援物資を収集拠点の小平元気村小川東の体育館に運び、また募金に応じたり様々な支援をされたことと思う。

小平市や小平市社会福祉協議会こだいらボランティアセンター（以下社協）の職員は業務やボランティアとして被災地に入り、日本中が被災地支援に動いた。

①災害ボランティアネットワークチーム小平（以下チーム小平）

震災直後、ボーイスカウト仲間を中心に有志が集まり、「チーム小平」を立ち上げ、第一陣が二〇一一年四月一六日仙台・石巻に入り瓦礫の撤去作業実施。

中央公民館主催の「東日本大震災復興支援ボランティア講座」受講者一二名がチーム小平の会員となり活動の幅が広がり、二〇一四年四月までの三年間に二泊三日のボランティアバス運行七回を含め二三回被災地に入り、三〇八名の市民に現地の復旧作業などに従事していただいた。

市民自ら立ち上げ、その活動費用もほとんど市民の皆様からのご寄付で賄った。

また市内では、被災地活動報告や講演会を三〇回、防災訓練やフェスタへ二九回参加し、こういった活動も相まって、被災地のコーディネーターと市民の方とのネットワークが構築出来、その後の市民活動に大きな影響を与えたと思う。

②ふくしまキッズプロジェクトｉｎこだいら
二〇一一年八月、福島の子どもたちを招く小平の会が、東京電力福島第一原子力発電所の事故で野外遊びが制限されている福島の子どもを清里に招待。第二回目は二〇一二年五月小平市中央公園に呼ぶこととし、このプロジェクトのため前記チーム小平やＮＰＯ法人こだいら自由遊びの会、ボーイスカウト小平5団など市民団体一〇団体が参加し、名称も「ふくしまキッズプロジェクトｉｎこだいら」と改め三八名の福島の子どもを招待した。

公園の雑木林で手づくりのブランコや穴掘り、チャンバラや工作など、子どもの遊び相手として白梅学園子育て広場の学生三二名が参加し、四日間に遊びに来た小平の子どもと親が五七二名という一大イベントとなった。

清里の市の保養所での開催と異なり、小平で開催のためホームステイ、食事の賄い、遊び、安全、移動など全て手作りで、スタッフ・ボランティアが二一〇名の規模となった。

参加市民活動団体間やボランティア間のネットワークが構築でき、その後の小平市での様々な市民活動に良い影響を与えることになった。

第八回は二〇一八年五月三日から五日、小平で開催。福島の子ども二五名に加え小平の子ども一七三名も参加して、青空の下、伸び伸びと野外活動を楽しんだ。

②忘れない3・11展

震災後の二〇一二年、中央公民館のサークルフェアに被災地支援活動グループがそれぞれコーナー出展し活動報告。

翌年二〇一三年には、被災地支援に関係するNPOや市民活動団体、市、社協、消防、警察などが実行委員会を組織し三月に一週間、「忘れない3・11展」を開催。その後も継続し開催している。

今年も二二団体が参加し活動報告、チャリティーコンサート、上映会、講演、防災グッズの展示など充実した内容となっている。

(2) 子育て支援活動

ベッドタウンとして発展してきた小平市は、核家族化が進む中で子育て支援は重要な取り組みの一つである。特に花小金井駅を中心にした小平市東部地区は、近年大型マンションや大規模宅地開発が進み、子育て世代の転入が増加しており、子育て支援の重点地区ともいえる。
①NPO法人子育てサポートきらら
二〇〇一年三月小平市に児童館や子育て広場がなかった頃、子育て仲間が「なかったら自分たちで作ろう」と立ち上げ、現在は子どもの送迎、産前産後の支援、病児保育など「一時預かり事業」と大人も子どももホッとできる「子育て広場事業」を市内七か所で行っている。
②NPO法人小平こども劇場
非営利の文化団体で一九九三年に誕生。二〇一六年にNPO法人格を取得し、現在約二〇〇名の会員を有し、子どもと大人を対象に、芸術文化活動や自然体験活動、あそびや創造的活動を行っている。

活動歴史が古く、かって参加していた子供が、現在はスタッフとして手伝っているケースもある。なかでも毎年八月最終日曜日に市民文化会館ルネこだいらで開催する「夏休みフェスタ」の中心的組織。

内容は、吹奏楽、古典芸能、子ども人形劇、武蔵野美術大学や白梅学園子育て広場の子供向けのワークショップなど大勢の子どもと大人が参加する一大イベントとなっている。
③小平はぐくみプロジェクト（こだはぐ）
「産前・産後のママの心と身体を癒したい、支えとなり、助け合える仕組みを作りたい」という想

いで二〇一三年一一月に発足。子育て中の母親を中心とするメンバー一一名で活動。産後うつの現状や心身のサポートの大切さを啓発し、夫婦間のパートナーシップなど、産前・産後の女性を支えるための知識を学ぶ講座やヨガやベビーマッサージなどを開催。

子育て世代が増加している小平東部地区の鈴木公民館やリハビリホームで、母と子どもの居場所「こだはぐカフェ」も定期的に開催。

④こだいら・こども・こそだて・プラットフォーム（ここぷらっと）

小平市における子育ち・子育て環境をより良くするために、関心のある組織・団体・個人がゆるやかにつながり、子ども・子育てを取り巻く課題を共に解決していくためのプラットフォーム（基盤）を作りたいという思いで二〇一五年一一月発足。現在、上記三団体を含む子育て関連二二団体が参加。

第二回「ここフェス!〜こだいら・子ども・子育てフェスティバル〜」を二〇一八年一月一九日、二〇日小平中央公民館 ギャラリー・視聴覚室などで開催。（平成二九年度小平市市民活動支援公募事業）

（3）障害者週間関連活動

一二月三日から八日の一週間は障害者週間として、障害や障害のある人に関する関心と理解を深めるとともに、障害のある人の社会参加を促進するため、様々な行事が行われている。

①こげらコンサート
一九九四年に第一回の「障害者の日の集い　こげらコンサート」で結成され、障がいの有無や年齢に関係なく、歌の大好きな人たちが集まり約三年毎にルネ小平で発表。

障がい者、社協、障害者施設職員、市民などで構成する、障害者週間のつどい実行委員会が主催し、一二〇〇名の大ホールが満席になる。

②障害者作品展
市の高齢者支援課が主催で中央公民館ロビーと市役所一階北側ロビーに障がい者の作品を展示。歴史は長く昨年二〇一七年で四三回を重ねている。

③異才たちのアート展
障がい者、社協、障害者施設職員、市民などで構成する、障害者週間のつどい実行委員会が主催で、二〇〇五年から中央公民館一階プロムナード、ルネセブン商店街などで障がい者の作品を展示。

④みんなでつくる音楽祭ｉｎ小平
中央公民館が実行委員を募り、障がい者、健常者、高校生から高齢者まで、約三〇名が集まり九月に実行委員会を組織し準備。

障がいの有無、音楽のジャンル、世代を超えて市民が一緒に音楽やパフォーマンスを楽しむ、第一回「みんなでつくる音楽祭ｉｎ小平」を二〇一四年一二月六日開催。

中央公民館を全館貸切り、メイン五会場で三〇分毎に様々なジャンルの団体・個人が出演、障がい者の合唱、ダンス、演奏なども多く、来場者約二〇〇〇名、出演五五団体、出演者三五〇名、ボランティア一三〇名で成功裏に終わった。第五回は二〇一八年一二月一日に開催予定。

「障がい者作品展」、「異才たちのアート展」に「みんなでつくる音楽祭ｉｎ小平」が加わり、三つのイベントに関わる武蔵野美術大学の学生がポスターのイメージ統一なども図り、障害者週間の活動が活性化した。

（４）環境保全活動

長年にわたり玉川上水や用水、グリーンロードの清掃・保全、街の草花の手入れ、あるいはごみの減量や援農に関わる団体は数多くある。ここでは、特徴ある二団体について取り上げる。

①こだいらソーラ

原発事故をきっかけとしてエネルギーシフトの重要性に気付いた市民が集い、二〇一三年二月に設立、東京都での出資型市民発電所の第一号で、現在五号まで稼働中。

②エコダイラネットワーク

小平の環境、ひいては地球環境をよくしていきたいという思いで、「市民版環境配慮指針」を作成するために、公募で集まった市民が二〇〇五年に立ち上げた。市民版環境配慮指針にもとづき、小平市と協働して環境家計簿の取組や、小学校での環境学習の企画運営、環境カレンダーの作成、市主催の環境イベントへの出展など、さまざまな実践活動をおこなっている。

環境家計簿は二〇〇五年度から紙ベース、二〇一四年度からWeb版、二〇一七年度からは、より多くの人が気軽に使えるよう全国の区市町村の自治体で初めてのスマートフォンやタブレット端末向けのアプリを開発リリースしてきた。

二〇一五年一二月には、環境省の第三回グッドライフアワード「環境と暮らし」特別賞を受賞している。

（5）地域の居場所「コミュニティサロンほっとスペースさつき」（ほっとスペースさつき）

白梅学園大学と地域住民が協働で運営する小平市初のコミュニティカフェ。

東京都でも早い方で、東京ボランティア・市民活動センター発行の「ネットワーク三三九号」（二〇一五年一一月二〇日発行）で取り上げられ、東京MXテレビ「トウキョウもっと二元気計画研究所　#四六もっと多世代交流が活発な東京になるために！」（二〇一七年三月一九日）で放送された。

①開所の経緯

二〇一一年九月白梅学園大学が、大学のある小平西地区の自治会、ボランティア団体、民生・児童委員などに西地区地域ネットワーク作りの呼びかけ。

二〇一二年三月西地区地域ネットワーク設立。第四ブロックでは、地域の居場所作りを目指して調査・検討を進め、二〇一三年二月「ほっとスペースさつき」開所。

②毎週火曜日、木曜日一〇時〜一六時開所。ボランティア約二五名が午前、午後交代で応対。利用料一〇〇円／一日（大学生以下は無料）

③二〇一八年二月末の延べ利用者六四四五名、開所回数五一四回（年末年始を除き開所）、利用者一日平均一三名。

九七歳の高齢者から六ヶ月の乳幼児まで利用。孤独、心に重荷を負っている人、障がい者もみえる。さつきに通うことで認知症が改善した事例がある。ボランティア自身が癒されている

④西地区では、「ほっとスペースきよか」なども出来、小平市内に広がりつつある。

⑤社協発行の平成二九年度版「こだいら居場所ガイドブック」には、社協が地域センターで一九九六年から開催しているほのぼのひろば、最近の子ども食堂も含めて四〇団体が登録されている。

4　市民活動に参加する仕組み

市民活動を支え発展させるには、人材をいかに育て、増やすかが課題であり、退職した高齢者の地域デビューをサポートする市民団体などもあるが、各市民団体が、学習会や講演会を通じて、人材の確保に努めている。ここでは特徴的な取り組み事例を述べる。

（1）シルバー大学

中央公民館が主催の概ね六〇歳以上の高齢者を対象としたシルバー大学は、昭和五六年に開始し平成二九年度で第四八期を数える。

募集案内には「仲間作り、健康づくり、地域を知るためのフィールドワークなどを通して小平に親しみ、地域で活躍するためのコツを学びます。シニアの方々が集い、お互いの経験・知識・アイデアを活かし、学びあう場です。すてきな仲間の輪が広がる楽しい大学。地域のために自分ができることを見つけてみませんか。」と記載されており、終了後OB会を結成して地域活動に参加する人も多い。

①第四〇期以降は小学校の放課後子ども教室への参加や新たに「昔遊び応援団」を立ち上げたグループが活発に活動をしている。

②軽度の知的障がいのある青年を対象とした中央公民館主催「けやき青年教室」は、春・秋の遠足、サマーツアー、クリスマス会、公民館まつりでの舞台発表など年間約一五回の活動を行っており、武蔵野美術大学の学生やシルバー大学卒業生がボランティアとして参加している。

またけやき青年教室のメンバーは、みんなでつくる音楽祭·in小平に第一回から出演している。

(2) こだいらNPOボランティアセミナー

白梅学園大学、武蔵野美術大学、嘉悦大学、文化学園大学、こだいらボランティアセンター、NPO法人小平市民活動ネットワークが協働で、大学生と小平市の市民活動を繋げる活動を二〇〇四年から継続して二〇一七年で一四回を数える。

六月下旬に開催されるオリエンテーションでは基調講演の後、市内のＮＰＯやボランティア団体が活動内容、必要とする人材などを説明。学生は自分の希望に沿って、ボランティアやインターンシップを夏休み中に行う場所を最低一カ所決定し体験する。九月に開催の体験発表会では、学生が活動報告を行い、グループワークで体験をシェア、受け入れ団体や教授からの講評。という画期的な取り組みである。参加ＮＰＯや市民活動団体間の交流も深まり、この活動を通じて小平市のＮＰＯなどに就職した学生も近年増加傾向にある。

5　市民活動を資金面で支える仕組み

市民活動団体の今まで述べてきた市民活動は、市民の自主的な思いによってスタートした事案が多い。

立ち上げ時のイニシャルコストやランニングコストの捻出は、どの団体も悩ましく、企業や福祉財団の助成金制度の活用と小平市公民館の「小平市市民学習奨励学級制度」や社協の「歳末たすけあい地域福祉活動募金　地域福祉活動助成金」、「子ども会助成金」などから調達していることが多い。

小平市では、平成一八年（二〇〇六年）から、「市民活動支援公募事業」、と「いきいき協働事業」二つの補助金制度が始まった。この二つの制度は、市民活動団体の立ち上げや継続にかなりインパクトがあり、上記で紹介した団体で利用しているところも多い。

また、前述のように市民の自主的な地域の居場所づくりが増えてきたため、社協では市の委託事業として平成二七年度（二〇一五年）から、こだまちサロン助成（高齢者交流活動支援事業）を開始した。

助成金の情報は、NPO法人小平市民活動ネットワークが毎月発行する市民活動情報誌「連」の助成金情報欄にタイムリーに記載されており、重宝している。

6 新しい取り組み

小平市での新しい取り組みを二件紹介する。
（1）こだいらコワーキングスペース「すだち」
国の地方創生加速化交付金を活用して、二〇一六年一〇月オープン。

自分の仕事づくりの一歩を踏み出したい子育て中の女性のためのテレワーク拠点、コワーキング（様々な人と共同で働く場や環境）やセミナールーム、保育の機能を備えた、女性の仕事へのチャレンジを応援するスペース。

食やサロンの開業を目指す方のために、開業前に力試しできる、ワンデーキッチン・ワンデーサロンもある。平日のお昼、曜日でシェフが変わるワンデーキッチンは好評。

子育て支援活動を行っているグループの女性などが利用している。

（2）小平市自主研究グループK-UP（ケーアップ）

二〇一六年に小平市の職員有志が立ち上げた。グループ紹介には次のように書かれている。「小平市を取り巻く環境は厳しいものがあります。現状の閉塞感を打破し、新たな政策を生み出す機運を醸成するためには、職員一人一人のスキルアップが必要です。そこで、自己研鑽の場、交流の場『K-up（ケーアップ）』をつくりました。『人は人で磨かれる』楽しく交流しながら、個々の力を『UP（アップ）』していきましょう。スキルUP、能力UP、気力UP、行動力UP、理解力UP。」

第一回の旗揚げ勉強会には、小平市職員が二一名、他市や一般市民含めて総勢三四名が参加。すでに一〇回の勉強会を開催している。市の職員、近隣市の職員と一般市民が参加しており、今後の活動に期待したい。

7　まとめ

市内で行われる市民活動団体のイベントを主催したり参加すると、取材に来た新聞社や地域コミュニティ誌の記者から、「小平市は市民活動が活発ですね。」「様々なグループが良くつながりチームワークが良いですね。」としばしば言われる。

また音楽祭や学習会のアンケートで市外の参加者の方からは、「小平市の取り組みは素晴らしい。」「素晴らしい音楽祭ですね。参考にさせていただきます。」などというコメントを頂く。

小平市の市民活動は、自立性が高くジャンルも多岐にわたり、その内容も素晴らしいものが多く、市民活動間のネットワークも自然体で心地よい。こういった数々の市民活動が、小平市の活性化に大いに寄与しているのではないかと思っている。

少子高齢化が進行する中で、みんなが住み良い地域づくりに、小平市における市民活動団体の果たす役割は益々重要となってきている。

そこで改めて問われているのが、「協働」ということと思う。経験や立場、情報源の異なる者が、共通の目標に向けて各々の能力や労力、資源などを出し合い、対等な立場で協力して取り組むこと。「同質・同一に」なることでなく、異質性（相互の特性）を保ちながら、主従の関係になるのではなく、それぞれの違いを活かしあえる関係をつくりだすことが重要である。

市民活動間の協働や大学との協働に関しては、今まで述べてきたように先行している事例があるので、それをモデルケースとして増やしていけばよいと思う。

行政との協働に関しては、先行事例もあるが、今後益々拡大していく必要がある。その第一歩は情報公開と思う。勿論出せない情報もあると思うが、信頼して情報の共有化を図りお互いの立場を認めて課題の解決に汗を流す。行政では今すぐには出来ないが、市民に出来ることは一杯ある。

先行している自治体などを参考にしながら、住みよい街づくりに共に歩んでいきたい。

〈参考文献〉
災害ボランティアネットワークチーム小平　三年間の活動記録集　災害ボランティアネットワークチーム小平発行
市民活動団体データー集「むすぶ」平成三〇年度版　小平市民活動支援センターあすぴあ発行
自由空間・市民空間・公民館　平成二六年度　公民館事業概要　小平市中央公民館発行
小平市社会福祉協議会法人化五〇周年記念誌　社会福祉法人　小平市社会福祉協議会発行
平成二九年度版　こだいら居場所ガイドブック（運営者・支援者編）　社会福祉法人　小平市社会福祉協議会発行
「第一二期こだいらNPOボランティアセミナー二〇一五」の歴史　こだいらNPOボランティアセミナー推進委員会発行
ここぷらっと　平成二八年度（第一期）活動報告書

3　小平市社協ＣＳＷ事業について
――モデル地区を中心とした活動事例を通じて

上原哲子

はじめに

社会福祉法人小平市社会福祉協議会（以下、本会とする）では、平成二九年度よりＣＳＷ（コミュニティソーシャルワーカー、以下、ＣＳＷとする）事業を開始した。

ＣＳＷの配置の背景について、全国的には大阪府豊中市をはじめ、都内では「地域福祉コーディネーター」の呼称を中心に、平成三〇年三月現在三〇地区の社会福祉協議会に配置されており、本会では、こうした先進事例を踏まえ、導入の必要性について検討を重ねてきた。

本会では法人設立以降、ボランティアセンターを中心とした地域福祉推進部門において、長年にわたって住民主体の地域福祉活動を支援・推進してきた。

しかしながら、専門相談部門が把握できる場合は、何らかの相談機関に「たどり着く力がある」相談者であるのに対し、むしろ相談機関が把握することができず、たどり着けない方々に対するアプローチが課題となっていた。さらに、専門相談部門間や、関係他機関との連携は進んでいるものの、地域福祉推進部門のインフォーマルの支援情報を十分に活用しきれているとは言えず、何らかの地域生活課題を抱えた相談者にとって「どこにもつながらない」「どこに相談したらよいかわからない」ため、専門相談部門では、制度の枠組みに留まることなく、対応できる限り柔軟に支援するといった、いわゆる制度の狭間の課題も浮き彫りになっていた。

そこで、本会では、従来の専門相談部門のさらなる強化に加え、よりきめ細かいニーズの把握のために、ある程度の地域を特定して担当したうえで、制度だけでは解決が困難な複雑多様な課題に対し、住民の力をつなぎ、支援し、係横断的なコーディネートを担う役割を専任で配置するに至ったものである。

1　事業概要

(1)　ＣＳＷについて

ＣＳＷとは、一定の地域に出向いて、高齢者・障がい者・子どもといった対象を問わずに住民に寄り添いながら、個人や地域の困りごとを把握するとともに、住民と協働し、関係機関・団体と連携しながら、制度の狭間の地域生活課題を住民が主体的に解決できるよう支援する、地域福祉の専門職のことである。

個人の問題を地域共通の課題としてとらえ、住民とともに新たな支援の仕組みづくりを行うことを目標としており、平成二九年度実績は、相談件数四二一件（うち新規二二五件、継続一九六件）、調整行動二三九八件となっている。（詳細は、相談傾向の概要参照）

（2）担当圏域について

市内には、地域包括支援センターの圏域をはじめ、民生委員児童委員や、小・中学校など、さまざまな圏域があることから、平成二九年度は本会が独自の圏域を設定するのではなく、市の動向を見据えながら、これまで本会が地域支援を行ってきた地域や、福祉施設等との緊密な連携実績があるが、今後新たにニーズを掘り起こしていきたい地域、そして団地等、他の先進地域においてニーズの高い特性を持つ地域などを勘案し、鈴木町、御幸町、喜平町、回田町をモデル地域と定めた上で一名を配置し、活動を開始した。

しかしながら、モデル地域外からの相談や、市全域にまつわる相談、さらには市外からの相談も大変多く、モデル地域を中心として柔軟に対応を行った。

（3）相談傾向の概要（出典：表1）

新規相談件数二二五件についての概要は以下のとおり。

①手　段

表1　平成29年度CSW活動実績集計表（総合）

項目			4月	5月	6月	7月	8月	9月	10月	11月	12月	1月	2月	3月	合計
相談	新規相談数		18	20	42	20	21	10	15	17	16	11	22	13	225
	手段	電話による相談（実数）	5	3	10	10	11	2	8	7	6	6	11	6	85
		来所による相談（実数）	5	4	9	2	5	0	4	0	3	2	2	4	40
		出向いての相談（実数）	6	5	14	5	2	2	2	0	3	1	5	3	48
		その他（実数）	2	8	9	3	3	6	1	10	4	2	4	0	52
	相談者	本人	0	1	2	4	1	0	0	2	0	3	1	0	14
		民生委員・ボランティア	10	9	21	9	9	1	7	6	3	2	11	2	90
		関係機関	8	10	16	7	11	9	8	9	13	6	10	11	118
		親族	0	0	0	0	0	0	0	0	0	0	0	0	0
		知人・近隣住民	0	0	3	0	0	0	0	0	0	0	0	0	3
		その他	0	0	0	0	0	0	0	0	0	0	0	0	0
	相談内容	まちづくり	1	8	8	2	5	0	6	6	7	1	5	3	52
		まちづくり(居場所)	9	4	18	1	4	1	3	2	4	3	12	4	65
		高齢	2	2	7	8	5	0	2	1	0	2	2	0	31
		障がい	1	0	3	0	1	1	0	2	2	0	0	0	10
		こども	5	5	2	9	4	5	1	6	2	2	3	5	49
		環境	0	0	1	0	0	0	0	0	0	0	0	0	1
		生活課題	0	1	1	0	2	3	3	0	0	3	0	1	14
		その他	0	0	2	0	0	0	0	0	1	0	0	0	3
	継続相談数		6	9	15	12	17	4	20	16	34	14	23	26	196
	総相談数		24	29	57	32	38	14	35	33	50	25	45	39	421
活動状況	相談に係る調査・実態把握		11	7	7	1	1	3	6	12	8	4	14	36	110
	相談に係る 民生委員ボランティアとの連絡調整		17	31	42	49	21	13	26	41	17	29	38	1	325
	相談に係る 関係機関等との連絡調整		8	65	116	91	83	68	84	92	73	65	87	80	912
	ボランティア等の 発掘・育成・連絡調整		0	0	0	0	0	5	0	0	0	0	1	2	8
	地域把握・活動支援・組織化支援		19	49	44	52	95	55	54	46	66	53	101	41	675
	地域福祉に関する活動の企画・調整		4	8	11	7	14	5	5	10	39	31	49	19	202
	事業の周知・広報活動		8	9	44	34	5	14	28	4	0	0	0	0	146
	その他の活動		3	2	1	8	1	2	0	0	1	0	0	2	20
	予備1		0	0	0	0	0	0	0	0	0	0	0	0	0
	予備2		0	0	0	0	0	0	0	0	0	0	0	0	0
	小計（延べ）		70	171	265	242	220	165	203	205	204	182	290	181	2398

電話八五件、来所四〇件、訪問等出向いての相談四八件、メール等五二件

②相談者

本人一四件、民生委員・ボランティア九〇件、相談機関一一八件、親族〇件、知人・近隣住民三件、その他〇件

③相談内容

まちづくり五二件、まちづくり（居場所）六五件、高齢三一件、障がい一〇件、子ども四九件、環境一件、生活課題一四件、その他三件

相談手段の特徴として、訪問等出向いた際に、別件で相談を受けることが挙げられるほか、日ごろから関係構築されている個人や団体からは、電話で口頭の相談も多い。さらに、メールによる相談に関しては、子育て世代等若年層に多く、ＳＮＳやブログを介しての調整も発生している。

次に、相談者傾向としては、相談機関からの相談及び民生委員・ボランティアからの相談が多数を占めた。相談機関の具体例としては、地域包括支援センターのほか、子ども家庭支援センター、小・中学校（スクールソーシャルワーカー含む）、市の各課等多岐にわたる。本人・親族・近隣住民等は、まず関係機関等からの相談が寄せられ、その結果つながるケースが多かったことから、継続相談の対象者となっている。

相談内容の指標に関しては、まちづくりの中でも居場所の立ち上げや、運営に関する相談が特徴的であることから抽出している。また、生活課題とは、生活困窮等経済面の課題のほか、社会的孤立、制度の狭間の課題を指す。

（4）活動状況（出典：表1）

以下に、どのような調整行動を行ったかについてまとめる。

①相談に係る調査・実態把握：一一〇件
初めて相談が寄せられた際のヒアリング、その後の面談や訪問で把握すること、さらにボランティアや関係機関を含めた情報共有に関することなどが含まれる。

②相談に係る民生委員・ボランティアとの連絡調整：三二五件
関係機関以外の住民（ＮＰＯ等も含む）との連絡調整。

③相談に係る関係機関等との連絡調整：九一二件
日程の調整や支援の進捗に関する確認等が含まれる。

④ボランティア等の発掘・育成・連絡調整：八件
個人ボランティア希望者のコーディネート等が含まれる。

⑤地域把握・活動支援・組織化支援：六七五件
居場所の訪問のほか、運営相談や支援、各種住民主体の地域活動の組織化支援等が含まれる。

⑥地域福祉に関する活動の企画・調整：二〇二件
地域会議、ケース会議のほか、講座の企画立案、運営等が含まれる。

⑦事業の周知・広報活動：一四六件
CSW事業に関する周知・広報活動。本会の他の事業や、関係機関の事業の広報協力、あるいは各種団体の活動の広報協力に関しては、「地域把握・活動支援・組織化支援」の項目に該当する。

⑧その他の活動：二〇件
上記いずれも非該当の活動。具体例としては、本会他係及び関係機関への問い合わせに対する対応等。

（5）全相談におけるモデル地域等の割合について
モデル地域の対応の範疇としては、相談者（団体）の居住地であることを原則とした。なお、モデル地域外の活動につながったケースも多かった。（出典：表2）

全相談におけるモデル地域等の割合

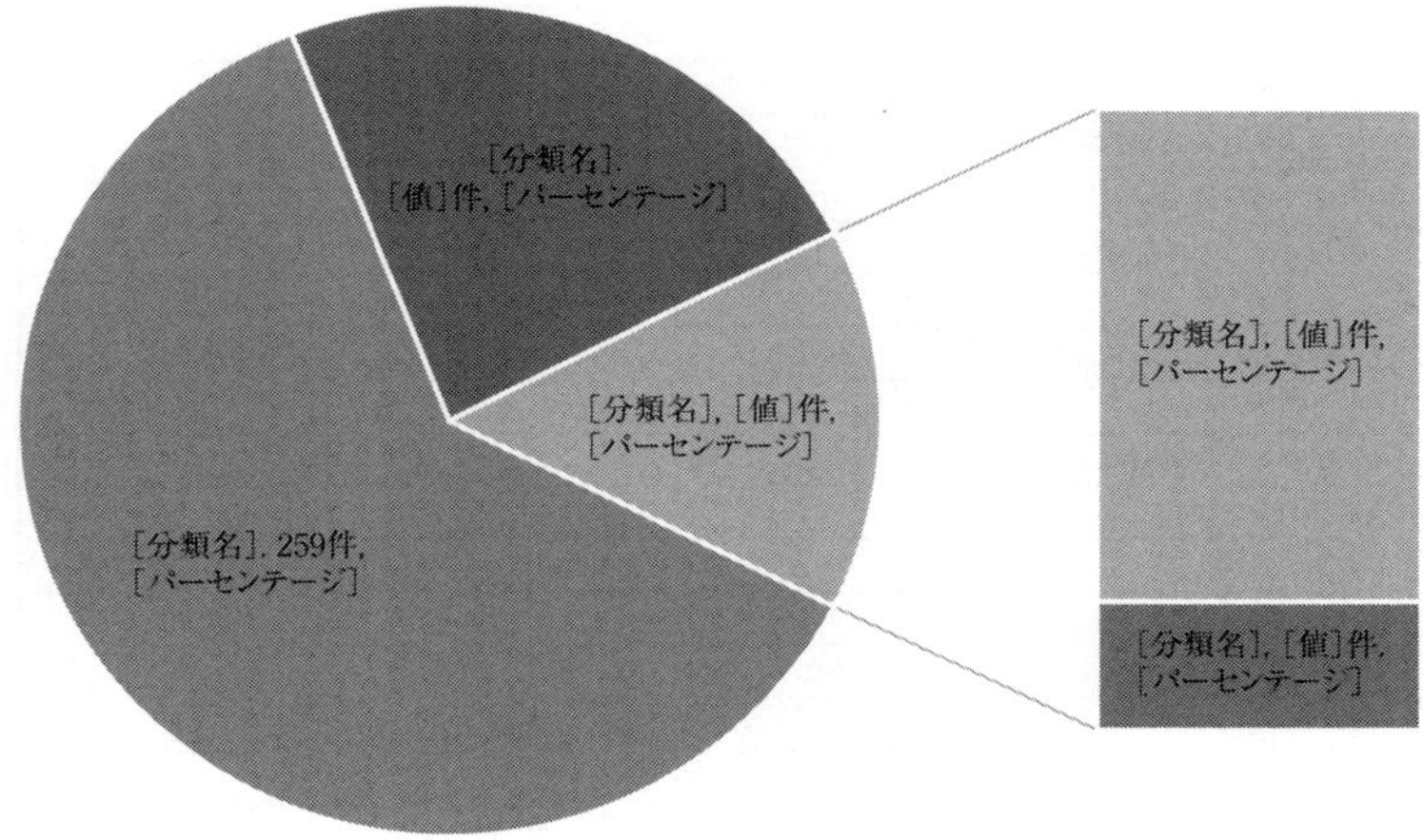

一方で、モデル地域外の相談については、まず相談をお聞きする対応のほか、上述のとおりモデル地域で受けた相談が、必ずしも地域内で解決するわけではなかったケースが大変多かったことから、多くの割合を占める結果となっている。さらには、モデル地域で展開していた活動場所が、事情により、モデル地域外に移ったケースなどもあり、あくまでも相談者を中心に対応した結果となっている。とくに、市内で前例がないケースや、他のつなぎ先が見つからなかった場合は、民生委員児童委員（主任児童委員）をはじめ、地域包括支援センターが中心的なコーディネートを行ったうえで、必要に応じて直接対応を行った。

　また、モデル地域からの相談を受けた結果、市内全域、あるいはコーディネートの過程で市外の関係機関や住民主体の活動、ボランティア・ＮＰＯといった団体との連携が生じたケースについても、広い意味でモデル地域に関連するケースと捉えて対応し

表２　平成 29 年度 CSW 活動実績集計表（鈴木町・御幸町・回田町・喜平町）

		項目	4月	5月	6月	7月	8月	9月	10月	11月	12月	1月	2月	3月	合計
相談	新規相談数		3	7	12	4	3	1	3	3	3	4	2	3	48
	手段	電話による相談（実数）	2	1	3	2	1	0	2	1	1	2	1	2	18
		来所による相談（実数）	0	1	1	0	0	0	1	0	0	1	0	1	5
		出向いての相談（実数）	0	1	6	1	1	1	0	0	1	0	0	0	11
		その他	1	4	2	1	1	0	0	2	1	1	1	0	14
	新規相談数		3	7	12	4	3	1	3	3	3	4	2	3	48
	相談者	本人	0	1	1	2	0	0	0	0	0	1	0	0	5
		民生委員・ボランティア	3	3	7	2	2	0	1	3	0	1	1	0	23
		関係機関	0	3	3	0	1	1	2	0	3	2	1	3	19
		親族	0	0	0	0	0	0	0	0	0	0	0	0	0
		知人・近隣住民	0	0	1	0	0	0	0	0	0	0	0	0	1
		その他	0	0	0	0	0	0	0	0	0	0	0	0	0
	新規相談数		3	7	12	4	3	1	3	3	3	4	2	3	48
	相談内容	まちづくり	0	4	3	0	1	0	0	1	1	0	1	1	12
		まちづくり(居場所)	2	0	6	0	0	0	1	1	0	1	1	1	13
		高齢	0	1	2	3	1	0	1	0	0	1	0	0	9
		障がい	0	0	0	0	0	0	0	0	1	0	0	0	1
		こども	1	1	0	1	1	1	0	1	1	1	0	1	9
		環境	0	0	0	0	0	0	0	0	0	0	0	0	0
		生活課題	0	1	0	0	0	0	1	0	0	1	0	0	3
		その他	0	0	1	0	0	0	0	0	0	0	0	0	1
	継続相談数		0	3	6	5	4	1	4	2	10	3	5	8	51
	総相談数		3	10	18	9	7	2	7	5	13	7	7	11	99
活動状況	相談に係る調査・実態把握		2	4	2	0	0	2	0	1	2	0	3	6	22
	相談に係る民生委員ボランティアとの連絡調整		6	14	10	20	6	5	8	12	3	4	7	0	95
	相談に係る関係機関等との連絡調整		0	8	15	19	12	10	16	6	7	12	12	12	129
	ボランティア等の発掘・育成・連絡調整		0	0	0	0	0	2	0	0	0	0	0	1	3
	地域把握・活動支援・組織化支援		7	10	15	10	23	12	14	8	18	11	19	9	156
	地域福祉に関する活動の企画・調整		2	2	4	1	6	1	1	0	3	5	2	0	27
	事業の周知・広報活動		1	1	23	16	1	7	14	1	0	0	0	0	64
	その他の活動		2	0	0	3	0	0	0	0	0	0	0	0	5
	予備1		0	0	0	0	0	0	0	0	0	0	0	0	0
	予備2														0
	小計（延べ）		20	39	69	69	48	39	53	28	33	32	43	28	501

表３　平成 29 年度 CSW 活動実績集計表（全域）

項目			4月	5月	6月	7月	8月	9月	10月	11月	12月	1月	2月	3月	合計
相談	新規相談数		0	4	4	4	5	1	6	3	3	1	4	2	37
	手段	電話による相談（実数）	0	0	2	1	2	1	2	1	1	1	2	1	14
		来所による相談（実数）	0	3	1	1	3	0	2	0	0	0	1	0	11
		出向いての相談（実数）	0	0	0	2	0	0	2	0	0	0	1	1	6
		その他	0	1	1	0	0	0	0	2	2	0	0	0	6
	新規相談数		0	4	4	4	5	1	6	3	3	1	4	2	37
	相談者	本人	0	0	0	0	0	0	0	0	0	0	1	0	1
		民生委員・ボランティア	0	1	1	1	1	0	5	0	0	0	1	0	10
		関係機関	0	3	3	3	4	1	1	3	3	1	2	2	26
		親族	0	0	0	0	0	0	0	0	0	0	0	0	0
		知人・近隣住民	0	0	0	0	0	0	0	0	0	0	0	0	0
		その他	0	0	0	0	0	0	0	0	0	0	0	0	0
	新規相談数		0	4	4	4	5	1	6	3	3	1	4	2	37
	相談内容	まちづくり	0	3	1	0	3	0	5	2	2	0	1	0	17
		まちづくり(居場所)	0	1	0	0	0	1	0	0	0	0	2	0	4
		高齢	0	0	1	0	1	0	0	0	0	0	0	0	2
		障がい	0	0	0	0	0	0	0	0	0	0	0	0	0
		こども	0	0	2	4	1	0	0	1	0	0	1	1	10
		環境	0	0	0	0	0	0	0	0	0	0	0	0	0
		生活課題	0	0	0	0	0	0	1	0	0	1	0	1	3
		その他	0	0	0	0	0	0	0	0	1	0	0	0	1
	継続相談数		0	0	0	0	2	0	2	3	1	3	1	1	13
	総相談数		0	4	4	4	7	1	8	6	4	4	5	3	50
活動状況	相談に係る調査・実態把握		1	0	1	1	0	0	0	0	0	0	0	4	7
	相談に係る民生委員ボランティアとの連絡調整		0	1	5	1	5	2	2	5	0	1	2	0	24
	相談に係る関係機関等との連絡調整		2	22	28	24	30	14	21	40	28	17	30	22	278
	ボランティア等の発掘・育成・連絡調整		0	0	0	0	0	0	0	0	0	0	1	0	1
	地域把握・活動支援・組織化支援		0	5	3	8	8	2	7	7	3	6	8	2	59
	地域福祉に関する活動の企画・調整		0	4	1	3	4	2	1	4	25	6	17	11	78
	事業の周知・広報活動		5	7	1	2	1	0	1	2	0	0	0	0	19
	その他の活動		0	0	1	3	0	2	0	0	1	0	0	0	7
	予備1		0	0	0	0	0	0	0	0	0	0	0	0	0
	予備2														0
	小計（延べ）		8	39	40	42	48	22	32	58	57	30	58	39	473

表4　平成29年度CSW活動実績集計表（市外）

項　目			4月	5月	6月	7月	8月	9月	10月	11月	12月	1月	2月	3月	合計
相談	新規相談数		0	0	0	1	3	0	2	1	2	1	1	1	12
	手段	電話による相談（実数）	0	0	0	1	2	0	2	0	1	1	0	1	8
		来所による相談（実数）	0	0	0	0	1	0	0	0	1	0	0	0	2
		出向いての相談（実数）	0	0	0	0	0	0	0	0	0	0	0	0	0
		その他	0	0	0	0	0	0	0	1	0	0	1	0	2
	新規相談数		0	0	0	1	3	0	2	1	2	1	1	1	12
	相談者	本人	0	0	0	0	1	0	0	0	0	0	0	0	1
		民生委員・ボランティア	0	0	0	0	1	0	0	0	0	0	0	0	1
		関係機関	0	0	0	1	1	0	2	1	2	1	1	1	10
		親族	0	0	0	0	0	0	0	0	0	0	0	0	0
		知人・近隣住民	0	0	0	0	0	0	0	0	0	0	0	0	0
		その他	0	0	0	0	0	0	0	0	0	0	0	0	0
	新規相談数		0	0	0	1	3	0	2	1	2	1	1	1	12
	相談内容	まちづくり	0	0	0	1	0	0	1	1	2	1	1	0	7
		まちづくり(居場所)	0	0	0	0	0	0	1	0	0	0	0	0	1
		高齢	0	0	0	0	0	0	0	0	0	0	0	0	0
		障がい	0	0	0	0	1	0	0	0	0	0	0	0	1
		こども	0	0	0	0	0	0	0	0	0	0	0	1	1
		環境	0	0	0	0	0	0	0	0	0	0	0	0	0
		生活課題	0	0	0	0	2	0	0	0	0	0	0	0	2
		その他	0	0	0	0	0	0	0	0	0	0	0	0	0
	継続相談数		0	0	0	0	0	0	0	0	0	0	0	1	1
	総相談数		0	0	0	1	3	0	2	1	2	1	1	2	13
活動状況	相談に係る調査・実態把握		0	0	0	0	0	0	1	0	1	0	2	5	9
	相談に係る民生委員ボランティアとの連絡調整		0	0	0	0	0	0	0	0	0	0	0	0	0
	相談に係る関係機関等との連絡調整		0	0	2	3	3	1	2	9	19	10	5	11	65
	ボランティア等の発掘・育成・連絡調整		0	0	0	0	0	0	0	0	0	0	0	0	0
	地域把握・活動支援・組織化支援		0	0	0	0	0	0	1	0	0	0	2	0	3
	地域福祉に関する活動の企画・調整		0	0	0	0	0	0	0	0	2	3	5	2	12
	事業の周知・広報活動		0	0	0	0	0	0	0	0	0	0	0	0	0
	その他の活動		0	0	0	0	1	0	0	0	0	0	0	2	3
	予備1		0	0	0	0	0	0	0	0	0	0	0	0	0
	予備2														0
	小計（延べ）		0	0	2	3	4	1	4	9	22	13	14	20	92

た。（出典：表3・4）
以上により、新規相談二二五件中、モデル地域に関連する相談件数は、全体の四三・一％という結果になった。

2　活動事例

以下に、主な相談傾向や活動事例を紹介する。

（1）個別支援

①小平市に転入し、既存の制度には当てはまらず、生活困窮等の地域生活課題を抱えたケース
他地域のCSWや、SSW（スクールソーシャルワーカー）等からの相談・紹介を受け、訪問等を重ねながら、市内の地域情報の提供をはじめ、地域イベントへの同行支援、転入元の自治体の支援制度の情報提供を行っているほか、生きがいにつながるような趣味・ボランティア活動のコーディネートを行っている。

なお、相談者が高齢者の場合は、まず包括への相談を進め、取り次ぎも行っているが、相談者がすでに医療機関につながっている場合や、現時点で包括への相談を希望しないケースもあり、ニーズに応じて柔軟に対応した。その場合も、担当の民生委員への一報のほか、相談という形でなく、地域のイベントで包括の担当者に引き合わせるなど、「顔が見えており、必要なタイミングですぐ

につながることができる」状況になるよう支援した。

②引きこもり（経験）の方の就労支援等のコーディネート

民生委員児童委員及びボランティアや、他地域のCSW等からの相談を受け、引きこもりの方の就労支援ほか社会参加に関する支援を行った。

こだいら生活相談支援センターの生活相談員との連携を行い、家計や就労に関する情報提供を行ったほか、地域情報の提供、福祉施設での就労体験のコーディネート等を行った。

（2）地域支援

①障がい者施設における地域連携支援（出典：表5）

「社会福祉法人　武蔵野会　小平福祉園　地域のつながりプロジェクト」

小平福祉園では、平成二八年度より、不登校の中学生を受け入れ、居場所や教員がアウトリーチによる授業を行うための場の提供を行ってきた。

平成二九年度に入り、さらに多様な地域生活課題を抱えた世帯に対する支援を行うための手段として、子ども食堂の立ち上げを検討し、誰（団体）に声をかけたらよいかわからないという相談を受け、民生委員児童委員及び主任児童委員をはじめ、地域包括支援センターに呼びかけたうえでアドバイスを仰ぎながら、最終的にはどなたでも利用できる地域の食堂である「スマイル食堂」の立ち上げにつながった。なお、個別相談を受けたケースをつなぐなど、居場所の持つ機能を生かした支援も行った。

②子ども食堂を中心とした、野菜の寄付のコーディネート

モデル地域における子育て支援活動である居場所より相談を受け、地域の居場所の運営者より「市内の農家が子ども食堂等に寄付ができれば」という情報が寄せられたことから、各団体と農家をつなぎ、野菜の寄付につながったほか、広報周知により、多くの市民から米や乾物など、たくさんの寄付物品が寄せられ、取り次いだ。

③地域の居場所の立ち上げ及び運営支援

個人宅をはじめ、居場所の立ち上げを希望する相談を受け、助成金の取り次ぎを含めて、地域包括支援センター等と連携しながら立ち上げを支援したほか、運営上の悩みなどに寄り添い、解決に向けてコーディネートを行った。

また、高齢・障がい・子ども等対象を問わず市内全域の居場所の基礎情報を収集した「こだいら居場所ガイドブック」を発行し、公共施設や関係機関、居場所に関心のある市民に配布した。

さらに、居場所のネットワークの構築を目的として、「市内居場所連絡会」を開催し、運営者同士が懇親を深め、情報交換を行い、日ごろの悩みを解決するきっかけづくりを行った。

④子育てカフェ「のぼりぼう」における活動支援

白梅学園大学等の教員や市内の保育園が中心となった研究会からの依頼を受け、「子育てカフェ」の立ち上げに向けて、ボランティア団体や多摩六都科学館登録ボランティアをつなぎ、コーディネートを行った。

（3）仕組みづくり

①地域の居場所への寄付の仕組みづくり

野菜の寄付に関しては、農家の提案を受け、ＪＡ東京むさしとの連携を模索しており、試行的に寄付の仕組みづくりに着手した。

また、平成三〇年度より、市と連携して、フードドライブ事業において、市内の食事提供を行う居場所に対して、寄付の市内循環のコーディネートを行うための検討を行った。

②学習支援ボランティアのコーディネート

モデル地域における個別の支援をきかっけに、市内全域で学習支援ボランティアのニーズの把握に努め、必要に応じてボランティアセンターと連携し、学習支援ボランティアをつないだ。

3　成果及び課題

（1）個別支援の場合

従来の地域福祉推進部門におけるボランティアコーディネートの場合は、ボランティアの対応できる範疇という視点で、場合によっては対応しきれないケースがあったが、ＣＳＷとしてモデル地域という特定の地域を中心に担当することによって、単に取り次ぎ、つなぐだけでなく「一緒に付き添う、取り組む、支援に必要な後押しや肩代わりをする」等、幅広い支援のアプローチが可能になった。それにより、相談者（世帯）の背景に応じたきめ細かい対応が可能になり、地域に出向くことでさらに地域の情報を収集することにつながり、結果として相談者にとって必要な情報を提供する機会が増え、信頼関係の構築の上で相談者自身の持つ力を引き出すことにつながった。

一方で、広報面では不十分であり、すでに顔が見える関係者（団体）を中心に広報周知した結果、関係者から相談が寄せられつながるケースはあったものの、本人及び親族や近隣・知人等から寄せられるケースはごくわずかであった。したがって、今後はさらに広報周知に努めることが必要となっている。

（2）地域支援

地域支援について、居場所や支え合い活動の場合などは、打ち合わせの進行や記録の支援、立ち上げの時期の運営も含め、住民主体の活動の一翼を担って支援することが可能になり、結果として活動が定着しやすくなったほか、学校や公民館、地域防災等における活動に継続して参加することにより、相談を受けることが増え、対応することにより、相談が派生することにもつながった。

ただし、上述のとおり、市内で支援の前例がない場合などは、モデル地域外においても直接対応せざるを得ず、組織内でも従来の相談機能を生かしてどのようにニーズに応えていくかという点が大きな課題となっている。

むすび

平成二九年度までは、これまでの配置に至る経緯から、ボランティアセンターにおける配置であったが、平成三〇年度より、生活困窮者自立支援法に基づく支援業務を受託している「こだいら生活相談支援センター」内に配置することとなった。

一例として、近年全国で子ども食堂が立ち上がっている中、小平市内でも複数の団体が活発に運営している。子ども食堂は、一見「単に経済的、あるいは何らかの困難を抱えた孤立しがちな世帯の子どもに食事を提供する」場であるように見えるかもしれないが、多くは子どもを中心としながらも、一人暮らし高齢者をはじめ地域のだれもが利用できる居場所となっている。

居場所の持つ機能として、たどりつくことができない人に対する支援にはつながらないという指摘もあるが、引きこもり経験のある人が、居場所があることで社会とのかかわりを再構築する一歩につながる可能性を持っていることや、子ども食堂において気がかりな様子の子どもから、兄弟あるいは世帯全体の課題をキャッチし、運営するボランティアは、専門職とは異なる「身近な相談者」として、支援の必要な子どもを支え、励まし、子ども自身の持つ力や可能性を引き出す重要な役割を果たすことが期待される。

さらには、当初は食事提供を受ける「利用者」であったのが、「支え手」「受け手」といった区別なく、子どもも高齢者も含め「自分にもできることがあるかもしれない」と感じて、役割を果たすことにつながることは、もはや単なる食事提供を行う場からはるかに多様な機能を有しているといえる。まさに国が示す「地域共生社会」に向けた「相互に支え合う」関係の構築を展開できるのである。

例えばこうした居場所においてキャッチされた生活困窮等の地域生活課題を、相談員と連携し、支援につなげていくことが今後の方向性の柱となっている。

モデル地域に配置され、私自身がありたいと思う姿勢として、CSWは万能な解決者ではなく、一人でできることなどないことをしっかりとわきまえることであると思う。そのうえで、地域には民生委員児童委員をはじめ、身近な相談役が根付いている中、他機関にもつながっていないケースや、「何かしたいけれど、誰とつながったら思いが実現できるかわからない」と思う方もおり、「あの人にだったら相談してみよう」「誰か（どこか）につながるよう、一緒に悩み、一歩を踏み出すために行動してくれるから」とサインを出していただき、わずかな変化を汲み取ることができるようになりたいと感じる。

相談者はもとより、支援に関わってくださったすべての方に感謝の気持ちを忘れずに、二年目の活動に取り組んでまいりたい。

〈出典〉
表1：平成二九年度　CSW活動実績集計表（統合）
表2：平成二九年度　CSW活動実績集計表（モデル町区）
表3：平成二九年度　CSW活動実績集計表（全域）
表4：平成二九年度　CSW活動実績集計表（市外）
表5：小平福祉園スマイル食堂プロジェクト事例概要

第五章　小平市は終の棲家になりうるか——2回のシンポジウムから

1　第一回シンポジウム

「先進事例に学ぶ――生活支援と住民の力」（二〇一七年一〇月一四日）

シンポジスト：
岐阜県大垣市高齢介護課長・篠田浩
東京都稲城市生活支援担当・工藤絵里子課長
東京都武蔵野市高齢者支援課相談支援担当・毛利悦子課長
小平市役所齢者支援課・星野眞由美課長補佐
司会・コーディネーター：山路憲夫・白梅学園大学小平学・まちづくり研究所長

山路　従来の公的介護保険制度や医療だけでは支えきれない地域の現実は深刻です。二〇一五年度から始まった介護予防・日常生活支援総合事業の一つの柱としての生活支援サービス（見守りや配食、生活便利屋的なサービス）をどう作っていくのか。認知症を抱え、高齢者夫婦や一人暮らしの高齢者の暮らしををどう支えるのか。先進的な全国、多摩地区の自治体での取り組みを知ることで、小平市の地域づくりをさらに前進させたいのが、本シンポジウムの目的です。

今後、自立が難しいすべての人に必要なのは生活全体を支えること、これは住民も参加してのインフォールマーサポートにより生活全体を支えていくというサービスが必要になってきます。それ

ぞれの本人たちの特徴に応じて、医療と介護、介護とリハビリ、保健と予防という形で、そういうサービスを進めていくことが必要です。

住民主体の互助をどう進めるか

よく言われるように、従来の法律制度というのは、（図1）にあるように共助と公助。公助というのは生活保護がその典型ですが、国が一〇〇％税金で面倒を見るサービス、最低限のサービスはあるという一方で共助、これは介護保険、医療保険の保険制度を指しています。お互い社会の中でお金を出し合って支え合うような仕組みづくりというのを国が進めてきたわけですが、それだけでは限界があるということで、本来的にこれは日本人に限らず人類共通の、人類が誕生して以来、ずっと連綿として続いて来た自助、それに互助、地域の相互扶助、支え合いというのを取り込んでいかないことには、もう人材的にも

財源的にも、本人が病院や施設だけでなく地域で暮らし続けていくことを実現できない。自助だけではなくて互助により生活支援サービスのような、そういう住民の力を取り込んだサービスを積極的にこの地域包括の中で入れていきましょうという方向になってきました。従来の生きがいボランティアだけではなくて、地域の生活のニーズに即したサービスを住民主体により提供していきましょう、ということです。

さらに厚生労働省が強調し始めたのが、地域共生社会、「わが事、丸ごと」です。近年進められてきた地域包括ケアシステム、つまり住民と行政と専門職と一体になった支えのまちづくりというのは、高齢者だけではなくて、障害者、子育て、生活困窮者、不登校や学習障害の子供たち、地域の中でも自立困難な人々を地域で支える取り組みが必要、という意味での支え合いの共生社会というのを改めて打ち出したというのが、最近の経緯です。

（図1）

「地域包括ケアシステムの構築」のイメージ

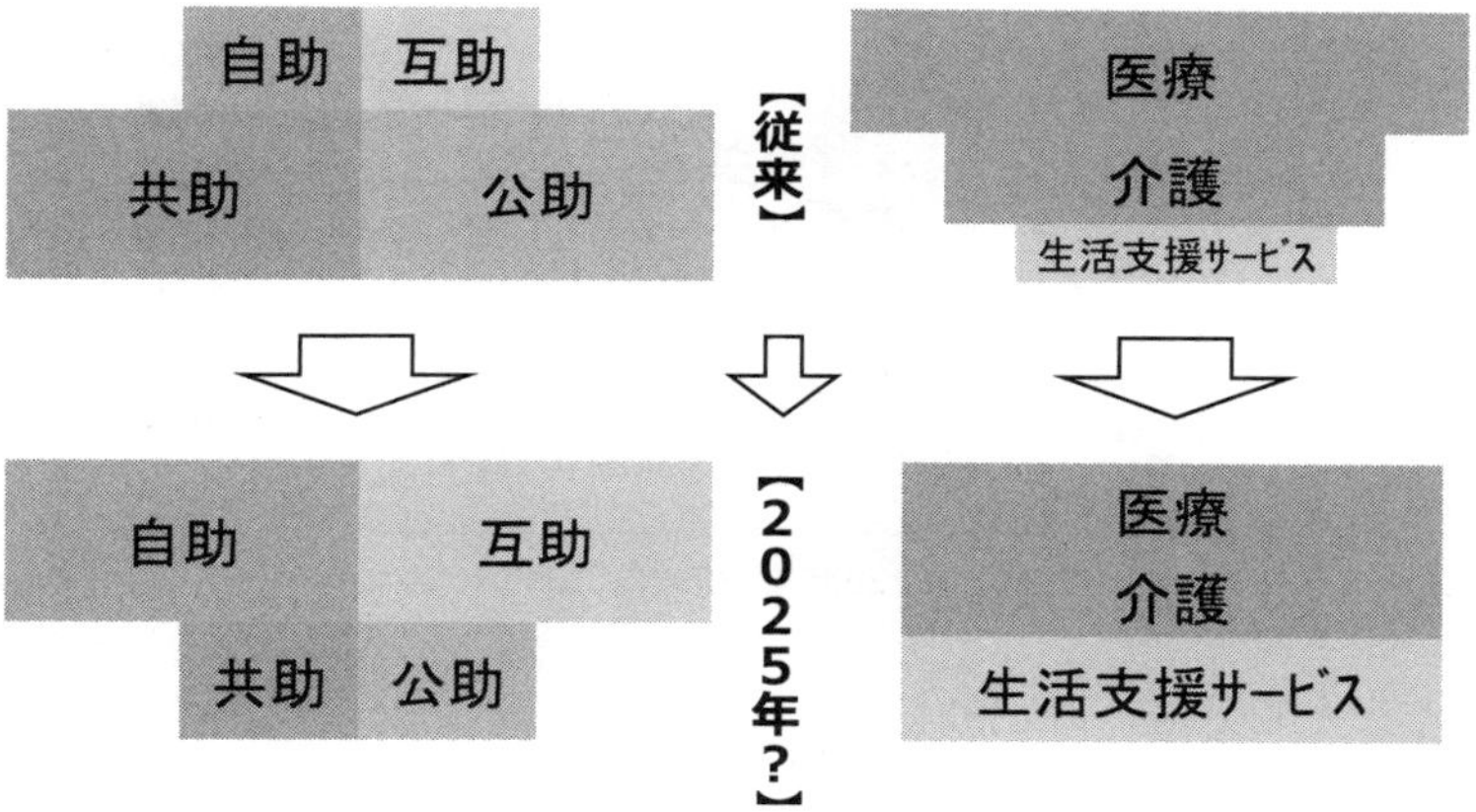

高齢化については、過疎地と言われる地方はもう一段落をしていて、高齢化のピークを超えつつあるというのが次頁の図2・3です。ここで言うと、秋田、高知、島根がそれにあたるのですが、これから本格的に二〇二五年から二〇四〇年、五〇年に向かって高齢化が進むのは、大都市部です。大都市部の、特に東京、大阪、名古屋、福岡のようなところの大都市部。小平もその大都市部の一角として、高齢化が加速する。二〇一〇年を一〇〇とすると、二〇四〇年には一八三になるという後期高齢者の数、つまり七五歳以上の高齢者の人たちが一・八倍にこれから増える。要介護の高齢者となると、これが小平で見ると、二〇一〇年に比べ二倍に増える。高齢者の六五歳以上が増えるということよりも、これからの高齢化問題というのは、七五歳以上、八五歳以上の高齢者が増えてくるということです。高齢者の中で高齢化が進むにつれ

（図 2）　　　　後期高齢者の推移①

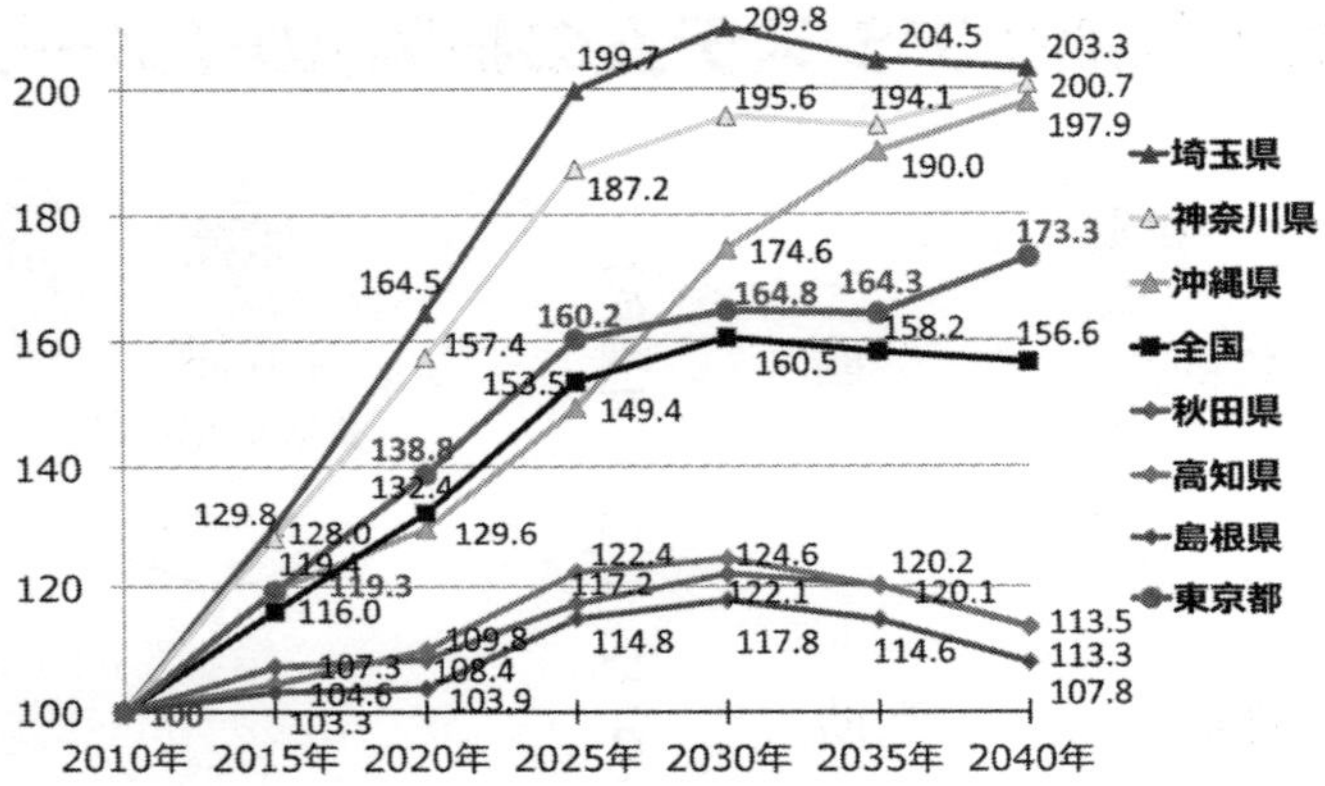

（図 3）　　　　後期高齢者の推移②

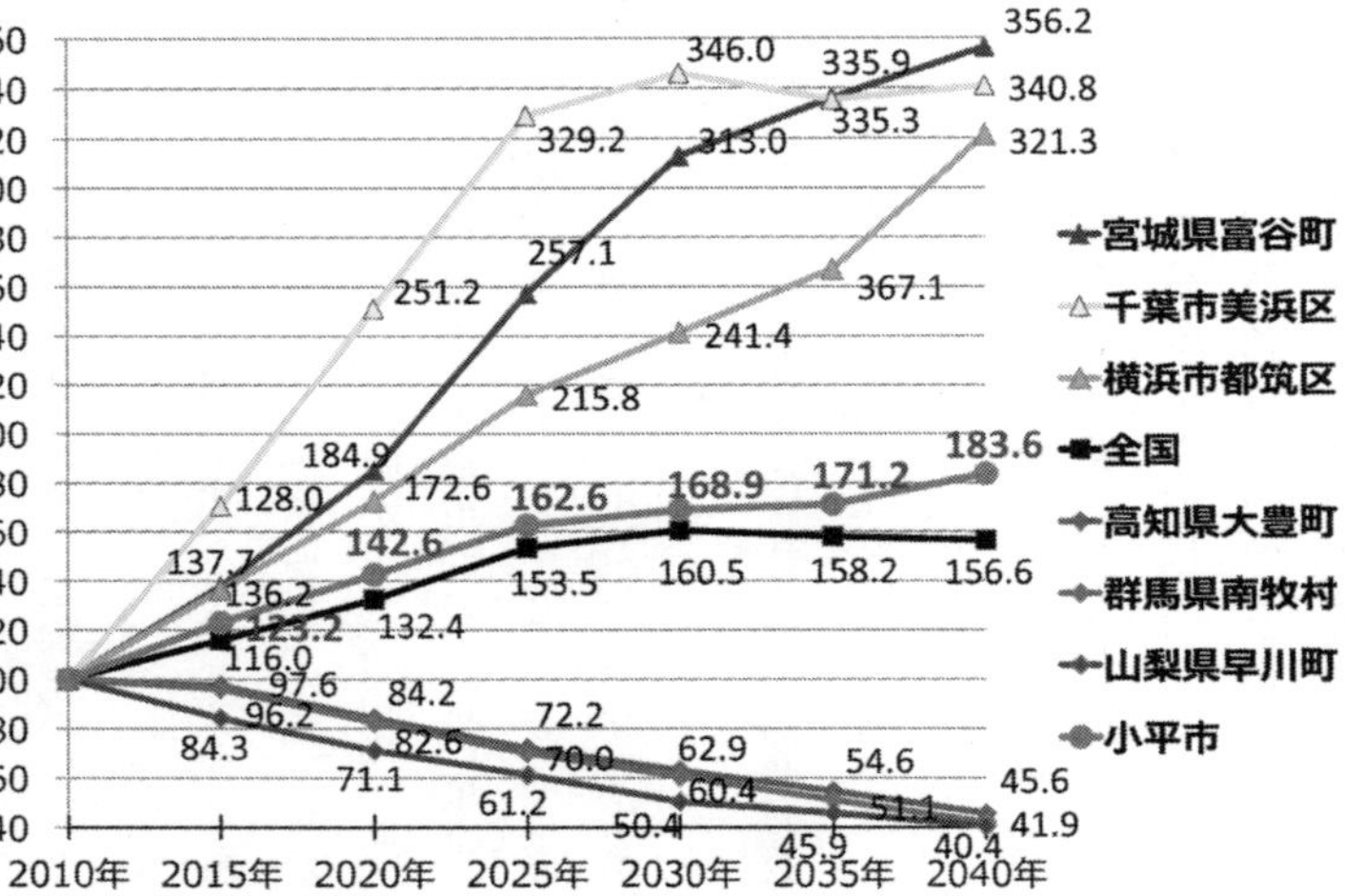

出典：国立社会保障人口問題研究所
『日本の将来推計人口（平成 24 年 1 月推計）』をもとに筆者作成

て、医療と介護の頻度が飛躍的に高まるわけですから、この人たちのケアをどうやって地域で面倒を見ていくのかというのは、まさにこれから深刻な問題になっている。

本日のテーマである生活支援サービスというのは、二〇一五年から新しく介護予防・日常生活支援総合事業という制度が作られた中で地域支援事業として進められているものです。これは市町村が独自で介護予防、それから生活支援サービスをやっていこうということになっています。この特徴は、従来型の介護保険サービスの中で、比較的軽い要支援の方たちのサービスのうちの訪問介護と通所介護については、これは市町村が独自に人材を養成して、いわゆる規制緩和型でやってもいい、住民主体で作ってもいい、従来の介護保険の一律平等のサービスの枠内にとらわれず、いろんな人たちの力を借りてサービスを市町村独自で作り上げていこうというのが柱です。もう一方で、従来の介護保険サービスにはなかったような生活支援サービス。これは厚生労働省は未だに具体的な中身は明示しているわけではないのですが、例えば配食サービスとか見守りサービスだけではなくて、高齢化に伴ってなかなかできにくくなる電球の付け替えとかゴミ出しとか、さまざまな買い物とか病院の送り迎えとか、植木の手入れとか、そういうことも含めた細々した生活支援サービスというのは市町村が独自に作るという形になってきたというのが、この度の生活支援サービスの特徴です。

生活支援サービスの内容、体制整備はまさに市町村にある程度任せられていて、いわば応用問題のほうになっている。つまり、住民の力をいかに取り込んで市町村がその中身を作り上げていくのか、その守備範囲をどこにするのか、まさにこれから今つくろうとしているところです。きょうこう形で先進事例の自治体に来ていただいたのは、他の自治体に一歩先駆けて、自治体のモデルになり得る取り組みを進めている実績から、その、お話をいただこうというのが今回のこのシンポジウムの趣旨です。

篠田課長　大垣市の取り組みの概要をご説明させていただきます。

皆さんの地域でも介護予防・日常生活支援総合事業が取り組まれていると思いますけれども、介護認定みたいに全国一律の取り組みではありませんので、何か面白い仕事をしたい職員にとってはとても面白い仕事です。役所って、まじめなタイプの人が多いので、介護認定調査介護認定みたいに、国のマニュアルに沿って、ちゃんとしっかりやっていくという仕事は意外に強い。国のマニュアルに沿ってやっていくというのは結構得意なんですが、総合事業のように、正に応用問題は、自由にやっていいよと言われると非常に難しいのですが、結構面白い。

岐阜県の大垣市は小平市よりちょっと小さな市で、人口一六万二〇〇〇人、六五歳以上の高齢者が四万二〇〇〇人ぐらいで、高齢化率は二六％です。日常生活圏域は七圏域で、介護保険料は月額五五六〇円、大体全国平均並みです。地域包括支援センターは制度開設以来、職員にこだわりがあるので。一カ所の直営があって、その他は社協さんと社会福祉事業団さんに委託しています。たぶんものすごく珍しい事例だと思いますけれども、平成の市町村合併で、ダブル飛び地合併をしましたので、一市二町の状態となっています。大垣市はこんな感じですというと何か変な地図を見せたように見えますが、別に三つ並んでいますけども、真ん中が旧大垣市で左側が旧上石津町で右側が旧墨俣町という所で、真ん中にあるのは川でも海でもなく、合併にしそこなった地域です。

大垣市はもともと大垣市に住んでいる人が大体七割ぐらい、三割は移り住んできた人です。市内に二〇カ所小学校区がありまして、小学校区ごとに地区社会福祉推進協議会という団体が一九七五年からずっとありまして、ものすごくありがたい団体なんです。例えば私が住んでいるところは綾里地区というのですけれど、綾里地区の中に綾里商工課地区福祉推進協議会というものがありまして、市の社会福祉協議会の下部団体ではなく、一応友好団体という位置づけです。その地区社協の中に老人クラブとか子ども会とか障害者団体連絡協議会とか青少年協議会とか、いろいろ地区活動をやっている団体が全部そこに加盟している。その地区社協の会長さんが大垣市では連合自治会長と言っています。連合自治会長さんが地区社協の一応トップになってみえますので、連合自治会の幹部のもと、各種団体がいろいろ連携している。二〇個地区社協がありますので、その二〇個地区社協が今までも熱心に生活支援サービスをやってきていただいた現状があります。本当は大垣市役所の思いとしては、二〇地区社協で同時スタートが一番きれいだったんですけど、やっぱり二〇もあると結構温度差があって、できるところからやっていただこうと先進的な四つぐらいから生活支援サービスをやっていただいているという状況です。

NPOと社会福祉協議会が担い手に

地区社協で全部回るじゃないかというのが、実は大垣市社協の考え方なんです。大垣市には旧大垣市の真ん中にJR大垣駅というのがありまして、こんな田舎の大垣でも、大垣駅周辺は一応マンションが林立しておりまして、人口の集中地帯で、移り住んでくる人たちが多い。大垣市役所は一生懸命ＪＲ大垣駅の駅前活性化施策をいろいろとやっていたんですが、全て失敗、結局何をしたらいいかという話になったときに、名古屋までＪＲで三〇分という非常に利便性のいいところなので、大垣駅の周りにマンションがどんどん建ちだすと活性化した。マンションがいっぱい建っているということは、全然知らない人同士が一緒に住んでいるということです。そこで地区社協頑張ってくださいと言っても頑張れないので、そういう地区の人は、地区の人の住み方があるのではないかということで、事例の二のほうですけど、移り住んできた人がＮＰＯ活動が熱心で、ＮＰＯ法人をやっていただいています。

ＮＰＯ法人は別に小学校区域とか中学校区域とかいうのはまったく意識されない団体なので、支援をしたい人、支援をされたい人、あまり二つに分かれませんけど、私は支援をされたい人を支援をしたいという人もいますけど、そういう人を中心にＮＰＯの活動をしていただいています。

ＮＰＯはもちろん自主的な団体なので、生活支援サービスを提供していただいていまして、この総合事業の披露になる前からやっていただいていたんです。せっかく総合事業でできるんでしたら、財源的にもお金が入ってきますので、非常にいいんではないかということでやっていただいている団体が今二つあります。

ライフサポート事業というのがＮＨＫさんに紹介していただいた団体です。

もちろん地区社協とＮＰＯだけでは足らないので、やっぱり人口一六万人で生活支援体制整備事業を展開していこうと思うと、いろんな団体に自分ごとで一生懸命やっていただくのが大事じゃないかと思っていまして、市役所としてはやりたいという法人はどんどん応援しています。NPO法人でこんなことやってみたいんですけどとか、生協とかいろいろな団体から相談が最近多い。ぜひやってくださいというような感じで、今キャッチボールをしている状況です。

あと、シルバー人材センターとか老人クラブでも熱心にやっていただきたいので、何回も説明に行ったんですけど、あまり反応がないので今やっていただけない状況です。いつか目覚めてくれるといいのに、ということを言っている状況です。

生活支援コーディネーターは、大垣市は社会福祉協議会の活動が熱心なので、社会福祉協議会さんにお願いして、生活支援コーディネーター事業をやっていただいております。社協さんは二〇地区の地区社協を中心に回していこうという考え方なので、生活支援コーディネーターさんは二〇地区をぐるぐる回って生活支援サービスが構築できるように今研修会をやっていただいたりネットワークを組んでいただいたりしています。

社協さんが生活支援コーディネーターとして大垣消防本部の指令室長さんを連れてきた。指令室長さんは何か昼間の仕事は当然指令室長さんでしたけど、土日に二〇地区の地区社協を回って、防災コーディネーターで、すごく一生懸命活動してみえたりして、地域のことをすごく知っている。防災コーディネーターやっていた人が生活支援コーディネーターやれるとか、これは言い切れませんけど、地域のことを知っている人ということはすごく大事なことがというふうに思います。

地区社協さんの取り組みのほかにNPO法人をつくってライフサポーター事業をやっている取り組みを簡単にご紹介しますが、介護保険では対応できないさまざまなニーズに対してインフォーマルサービスとして、そのニーズを満たす地域住民の相互扶助活動のことを我々はライフサポート事業というふうに呼んでいます。

相互事業の議論が始まる五年ぐらい前から始まっている事業でありまして、別に特別変わったことをやっているわけではありません。高齢者のニーズは幅広い。生活支援サービスをやりたい人、皆さん集合してくださいと、ちゃんと研修をしっかりやろうと始まったのがライフサポーター事業です。

始めたときは、市役所と社協と社会福祉法人と地域包括支援センター、在宅介護支援センター、社会福祉法人、医療法人の皆さんが集まってきて、放課後仕事と呼んで放課後皆さん集まって、社会活動をするということでありますが、それでライフサポーター事業を取り組んできました。

地域に貢献したいという人は、結構いらっしゃる。その人たちがちゃんと社会資源として頑張れるような仕組みをつくっていこうと始めました。まずはカリキュラムを皆でつくって、六日間コースをつくり、一〇〇人の方に集まっていただいて、実習もし、ライフサポーター事業を始めました。

今までは一時間一〇〇〇円の負担でやっていただいていますけど、総合事業が入ることによって半分ぐらいの費用を抑えて、少しでもいろんな方に使っていただこうという取り組みです。こういう活動は拠点が必要です。社会福祉法人の理事長さんが場所を提供してくださった。国のお金もいただいて、この建物をつくった。

事務局はライフサポーター一〇〇人の中で二人にお願いしました。

特別なことではなく掃除洗濯、調理や草むしりや安否確認や話し相手や、そういうことをやっています。独り暮らしの高齢者とか高齢者夫婦がこれだけ増える状況においては、ご家庭の中で全部完結してくださいというのはそもそも無理だと思うので、やっぱり時代に求められている一つの社会資源だというふうに思います。

工藤・稲城市課長　稲城市の取り組みとしまして、きょうは四点に絞ってお話をさせていただきます。

まず一点目が介護支援ボランティア制度の創設と普及。これは二〇〇七年度から始めています。二点目は二〇〇四年から始めた介護予防自主グループへの支援です。三点目が日常生活支援総合事業の早期移行ということで、稲城市は二〇一五年四月に移行しました。

最後の四つ目、こちらが生活支援、支え合い体制づくり、事業名で言うと堅苦しいですが、生活支援コーディネーター協議会です。

稲城市は九万弱の人口で、高齢者数一万九〇〇〇ぐらい。高齢化率はまだ二〇・八%ということで、都内でも低い、まだ若い市です。ニュータウン地区は高齢化が急速に進んでいます。新宿まで電車だと三〇分ぐらいで行ける小平市と似てベッドタウンです。

生活圏域は四つに分けています。

医療についてはなかなか市町村がコントロールしにくいですが、稲城市では二〇一五年に地域医療計画というものをつくり、二〇二五年にあるべき姿というのを示しました。これでどうにかあるべき姿にいくよう提示することで誘導しようという考えを持って進めております。

介護については地域密着型サービスを中心に、市の方でコントロールできるのではと、市の日常生活圏域を四つに、大体高齢者人口の四五〇〇から五〇〇〇ぐらいで分けて、各地区に地域包括支援センターを設置しています。グループホームを各圏域にセットして、小規模多機能と看護小規模の一個ずつ、どっちかを配置するような形で今整備がやっとできたところです。それに加えて、定期巡回。北と南で分けて定期巡回、北と南という形で一個ずつ。認知症例も北と南に一個ずつ。そんな形できれいに施設のほう、サービスのほうをセットしてきていあります。

介護支援ボランティアと介護予防グループの広がり

本日の本題です。介護支援ボランティア制度というのを二〇〇七年から開始しました。二〇〇五年に、国に介護予防事業として介護支援ボランティア制度をやりたい制度提案をして、開始したものです。

高齢者の方に介護支援ボランティアの活動をしていただき、手帳にスタンプをもらって、スタンプを一年間集める。その数に応じてポイントに変えることができます。そのポイントを年間最大五〇〇〇円の交付金が受け取れるという制度で、この五〇〇〇円は元気で社会貢献していただいた高齢者の方のご自分の介護保険料の足しにしていただこうという、ちょっとひねった制度なので、最初はボランティア活動をしている方などには批判されましたが、今全国三三〇ぐらいの市町村、二割ぐらいの市町村に広がってきました。

内容は介護施設などで配膳を手伝ったり、NPO法人がやっている会食会のお手伝いなど、介護支援にかかわるような仕事です。

この制度は、ボランティア本人の介護予防を目的にして、どんな介護予防効果があるかという効果特定をしています。その中の一つが実際に活動されている方の主観的健康面、健康になりましたかというようなアンケートを毎年とっていまして、その結果を見て効果を図っているというものですが、張り合いが出てきたとか、健康になったと思うという方がほとんどで、介護予防の効果はあると評価しています。

介護予防は自助、自分のためにやるものと思いますが、ほかの方のために役に立つというところで、補助の効果もある。そこがこの介護支援ボランティアの優れたところかなと思っているところです。

介護支援ボランティアの登録者は年々増えています。高齢者の一％ぐらいの方に参加していただければと思っていましたが、今は四％を超えました。年間一〇回以上ボランティアをした人数は三二一人、年間五〇回以上がマックス五〇〇〇ポイント、五〇〇〇円を受け取られる方は、この三二一人のうちの一五〇人を超えて、半分を超えるかどうかぐらいの方が週一回以上ボランティアをされています。

二つ目が、介護予防自主グループです。今はグループ化することが国でも介護予防事業として推奨されてきておりますが、稲城市ではすでに東京都のモデル事業として最初の自主グループ化というのに取り組んでいます。

昨年度末は三一グループ、五二〇人参加し、二〇二五年までには毎年四圏域の各圏域で二個ずつグループを立ち上げようという目標を掲げて、一〇〇グループ、大体高齢者人口の一割の方に参加していただきたいという目標を持って自主グループの支援をしております。

住み慣れた地域で仲間といつまでもいきいきと生活できる、仲間同士の助け合いという、自助、互助の推進になっている事業です。

この自主グループへの支援は主に四つです。フォローアップは年三回、介護予防の体操グループに講師が直接行きて、体操の復習や新しい体操の方法をお知らせして、継続するモチベーションを上げると。年に一回体力測定もして、一年前とどのぐらい伸びているか落ちているか、維持できているかというのをそれぞれ確認していただいています。

二つ目は地域リハビリテーション活動支援事業。やはりリハビリテーション職がグループに伺って、グループ運営や介護予防について総合的にアドバイスする。

三つ目が転倒骨折予防事業と、この自主グループを立ち上げる前にやる講座があるんですけれども、そちらのお手伝いをしていただくリーダーさんの養成と派遣事業を行っております。

最後に、通いの場補助金というのを、去年の夏に始めまして、グループの講師料、会場費、広報費の九割を補助するという補助制度を始めています。

日常生活支援総合事業は全国でもなかなか二〇一五年四月に始める自治体というのがなくて、試行錯誤をしながら移行してまいりました。五点に整理して移行しようということでつくったのが基本指針です。効率的かつ効果的、さらに円滑に移行することを基本指針としまして、具体的に五点に整理しています。一つは現に市内で提供されている二次予防事業を移行対象とすること。二点目が、サービス提供事業者は希望により移行できるように、柔軟に基準を考え、何種類かつくって移行できるようにしました。三点目は事務の効率化などを考えて、指定事業者制を基本としました。四番目は報酬額、人員体制、運営方法などは、移行前の実績を考慮して設定しました。大体委託事業としてやっていた事業が多かったので、それとそんなに変わらないような形で移行して、円滑に移行していこうということでした。五つ目が、多様な主体によるサービスの創造は二〇一六年度以降の導入を協議体で検討するということで、すぐに住民主体に取り組むということではなく、あるものからまずやっていこうという基本方針で進めました。

市としては三つの理由から早期移行に踏み切りました。

一点目、基盤整備への時間的制約と危機意識ということで、稲城市は高齢化が急速に進むという地域ですので、基盤整備に時間がかかってしまうと間に合わない。地域密着型サービスも全圏域に整備するには一〇年かかりましたので、総合事業も早く取り掛かろうというのが一つ目です。

二つ目が、被保険者の負担増を求める一方で、サービス基盤の構築の作業、事務の都合で遅らせることが住民に理解が得られない。二〇一五年には介護保険の保険料を、四四〇〇円から四八〇〇円にしました。それと、今まで一割で全ての方使われていた介護サービスが二割負担の方も出てきた、そういうところからも早めにやることはやろう。

三つ目が、早期の実施が効率的かつ戦略的に有利ということです。

そこで二〇一五年四月、緩和サービスの訪問型サービスA、通所型サービスA、通所型サービスCのこの三つの緩和サービスを始めることになりました。

移行後、状況はどうだったかということを事業者に確認をしたところ、みなし事業九割の方が使っていて、緩和されたサービスは一割移行したということです。

なんで一割しかいかないかというのを確認したところ、送迎の有無が利用に影響している。課題が分かりましたので、送迎ありの通所型サービスAを公募で募集しまして、追加で整備しています。やはり通所型は自宅の近くにサービスがなかったり、送迎がないと利用につなげられないことがある。訪問型Aは、地域によっては必要なときに利用が難しいことがあるという課題もいただいています。二〇一七年度末でみなし事業所の指定が切れる。その後どうしようかと実際にサービス提供している事業所全てに六月と九月に実態調査をしました。

調査結果は、緩和サービスの指定意向として、訪問は八の事業者から指定したい。未定が八、指定を受けないというのが一カ所だけ。通所は指定の意向があるのが一四、未定が一二、やらないというところは一カ所でした。

これらの結果を受けまして、稲城市では相当サービス、緩和サービスに移っていただければどうにか来年以降、続けられるかなという見通しが今持てているところです。

最後、生活支援サービス体制事業です。

稲城市では二層の協議体と一層の協議体の間に協議体連絡会というのを市の担当と社会福祉協議会の担当と第一層、第二層の生活支援コーディネーターで話し合いの場を持っていまして、去年までは月に一回、今年度は二月に一回、第二層協議体の内容をそれぞれ情報交換して、第一層協議体にどんな報告をするかというような調整会議を持ってやっています。

このような形で、稲城市は包括に二層の生活支援コーディネーターを一人ずつ配置、市にも一人一層の生活支援コーディネーターを置いています。

第一層協議体は二〇一五年七月、準備体からスタート、二〇一六年には自主グループの支援などに使える通いの場への支援として、通いの場補助金というのを第一層協議体の下部組織、検討部会というところで話し合って決めてスタートしています。第二層協議体は二〇一五年から各地でスタートして、地域の活動の洗い出しなどを始めています。

回数を重ねて、だいぶ地域ごとの特色のある話し合いに進んでいる感じですけれども、地区によっては成果がなかなか見えないことにいらだちを感じている協議体の委員さんなんかもいらっしゃいます。

市としては地域が主役ですよと。あせらず、でも止まらず、目標は二〇二五年目指していけばいいんですからというふうに、支援をしているところです。

最後になりますが、稲城市は限られた地域資源を多面的に活用し、関係者の知恵と工夫により、地域に適した地域包括ケアシステムを構築することを目指します。

毛利悦子・武蔵野市課長　高齢者支援課は職員六〇人ぐらいの大所帯でして、課長が二人おりまして、もう一人高齢者支援課長という課長は施設整備とか介護保険のラインのほうを担当しておりまして、私のほうは、直営の基幹型地域包括支援センターの管理者と、いわゆる介護保険外の認知症であったり、家族介護支援であったり、今回の総合事業等を担当しています。

本市は介護予防・日常生活支援総合事業の住民型B型サービスというものをやっておりません。

従来比較的早くから住民共助型の生活支援サービスに取り組んでまいりました。それを今は皆さまからいただいた税金の一般施策の中で一般財源の施策として継続をさせていただいています。

実は地域包括ケアシステムという言葉自体が大変難しくて、結構、市民の抵抗感が強い。「まちぐるみの支え合いの仕組みづくり」と言い換えをさせていただいております。

地域包括ケアシステムの地域の地は地酒の地、結局その土地の水やお米で味が変わってくる。だから全国一律で同じものをつくるべきではないと思っています。

武蔵野市の現況について、人口は一四万四六〇六人。高齢者人口は三万一八〇六人というので、高齢化率が二二%、うち七五歳以上の後期高齢の方は一一・四%で、小平市とほぼ同じです。狭い地域で、土地、場所がないというのが悩みです。

武蔵野市は、戦後いわゆる全市的な自治会とか町内会というのは復活しなかったものですから、いわゆる回覧板を回すとか、地区長さんがいるとか、そういった形の自治会長ではありません。それに代わる新しいコミュニティを大体小学校区、一三校区にコミニュティセンターというのを市が建てて、そこに住民が運営委員会をつくって、そこを中心に新しいコミュニティをつくいこうと一九六〇年代後半からされていますが、まだなかなか苦戦しています。

基幹型の地域包括センター、それは市役所にあります。それと在宅介護、地域包括支援センター、これは委託型で六カ所、大体中学校区六カ所あるす。圏域も今はこの在宅介護支援センターの六カ所を六圏域というふうにしています。

市は一九九三年に最初の在宅介護支援センターをつくって、それからずっと六カ所に整備をしてきました。要介護認定で新規の在宅の方の申請があったときには、市の認定調査員に必ず在宅介護申請の職員が同行訪問してお話を伺って、台帳をつくってくる。そうすると、例えばサービスにつながらなくても安否確認というか、そこのおうちの人がお話になったときに緊急連絡先が把握できているとか、一回でも行ったことがあるので、あそこに誰が住んでいるかは分かる。そういう形で小地域完結型の相談支援体制を作ってきて、それを基幹型がバックアップしているような形になります。

武蔵野市で地域包括ケアシステムとは何かというようなことを二〇一五年の制度改正の前に、ずいぶん議論をしました。

介護保険前から支えあいの地域づくり

介護保険制度が始まる二〇〇〇年より前から、市は比較的財政的に裕福だったこともあり、ホームヘルパーを週に三回、合計九時間まで派遣していたり、デイサービスを希望されればほとんど好きなところに行けていた。市としては介護保険サービスが始まって、要介護認定を受けたら、サービス低下になりかねないというような思いがあって、ずっと実は介護保険制度に反対の立場でした。そんな中で、介護保険制度ができた時、介護保険条例と一緒に訪問者福祉総合条例というものを設定をしました。

内容としては、介護保険サービス以外に、例えば居住継続支援サービス、テンミリオンハウとかレモンハウスとかを設け、住民を支える生活支援のサービス、介護予防、認知症施策に取り組む条例をつくりました。

市としてはこの条例に則って市の施策を進めてきています。世帯構成や経済状況は変わってきていますけれども、この条例に沿って進めていけば、地域包括ケアというのを構築されていきている、職員としてはそうした認識で総合事業を考えいます。

テンミリオンハウスは、いわゆるミニデイサービスやショートステイをやっています。これが武蔵野市の共助のサービスの代表格となります。もともと市は一九七七年からリバースモーゲージ、いわゆる土地や家は持っているけれども、実際に回せるお金がないのでサービス受けられないという方に対して、土地や家を担保に、おうちを担保にして福祉資金を貸しつけたり、もしくはサービスを提供したりというふうな有償サービスを始めました。

それを受けていた方がだんだん亡くなられ、ご遺族の方が「お世話になったので、家を寄付します」というような形で、いくつか空家がありました。

それと介護保険が始まることで、今までデイサービスに来ていた人が歩けない等で行けなくなった時の、受け皿を考えようという話と一緒になりまして、テンミリオンハウスを空き物件を使って、市としては年間上限一〇〇〇万円の補助で始めました。八カ所市内にあります。例えば週五日、朝から夕方までミニデイサービスをやっていて、日によってプログラムを変えて、運営しているのは元民生委員さんたちがつくった「はぎの会」というのであったり、隣の写真は「花時計」というところで、これはご自分の持っているおうちを何か活用してほしいということで、安く貸していただいて、一階に高齢者が集まって、二階はお母さんと子ども、赤ちゃんたちが来られるような仕組みにして、お昼に何かみんな一階に降りてきて一緒にご飯を食べるというような。そういったつくりになっていたり、自分たちの特徴を出した形で実施をしています。

五年ごとに採択委員会というのを開き、やりたい団体があれば手挙げをして、その中から委員会で決める。

「いきいきサロン」は昨年から始めたものなんですけれども、一つはテンミリオンハウスみたいなことはやりたいけれども、週五日、朝から夕方まではとても無理という事務局が多かったということと、それからテンミリオンハウスに行っていた高齢者の方が、やっぱり大通りを渡るのが大変になってきたので、もうちょっと近くで何かやってほしいみたいなお話があって、ずっとこれは基準を緩めて、六五歳以上の方が五人以上参加すれば、週一回二時間以上実施をして、介護予防、認知症予防のプログラムをする。運営費として、年間上限二〇万円の補助金を出し、開始をしたところです。二〇一六年度から開始して、三回公募し、今一七カ所で実施をされています。例えば都営住宅の集会場であったり、それから有料老人ホームの空きスペースであったり、個人のお宅であったり、そういった形で皆さん工夫して場所を探す。例えば昼間の塾は子どもがいなかったりするので、塾の教室を使ってやっている。

これらのサービスを実は平成二〇一五年の制度改正の時、介護保険の住民主体型のサービスに組み込むか検討もしたんですけれども、介護実際に要介護になってもご近所、お友達同士との関係で、腕を組みながら通ってらっしゃる方たちが、総合事業になれば、ケアマネが関与し、市民の方たちが自由に行けるようなサービスが変わって来る。介護保険の制度の中に組み込むのはどうだろうか、一般財源で市の単独事業として実施をしています。

それからレモンキャブは介護保険が始まる前の一九九九年ぐらいからです。もともとムーバスというコミニュティバスが高齢者の方の外出支援の目的もあって走っている。そこでもバスもなかなか乗れない方のために何かできないか、市で車を用意して、運営、手配等については市民社協、社会福祉協議会に委託をして、運行の協力員として商店主さんらが関わり、登録をしている障害の方とか高齢者の方のところに行って、例えば通院のお手伝いとか、場合によってはデイサービスに行ったりとか買い物の送迎をしたりしています。

三〇分ごとに八〇〇円。別に年会費として一〇〇〇円、この三〇分の最初の八〇〇円がご協力員さまのところに入るような形で実施をしています。

武蔵野市認定ヘルパー制度を導入

今までのところはいわゆる一般施策としてやっている。今回の介護保険制度改正の中で、介護保険制度として組み入れた中で市民、地域住民の方たちを取り入れている、住民参加の仕組みとしてつくったものが一つだけありまして、それが武蔵野市認定ヘルパー制度です。これは訪問型サービスです。プロのヘルパーさんは今本当に人材不足です。二〇一三年当時、要支援一、二の方のホームヘルパーの援助内容を調べた時、七割はお掃除なんです。それ以外に買い物とか調理、洗濯があった。もちろんコミニュニケーション上、プロのヘルパーさんが入ったほうがいい方も一割ぐらいいるんですけれども、それ以外の方であれば、必ずしも高度な専門性がなくてもヘルパー二級を持っていなくてもできるんじゃないか。市民ができるところは仕事として金が入るような形でと、A型のサービスで市が基準を緩和したサービスに位置づけをしました。

研修を三日間の座学と一日の実習、プロのヘルパーさんに同行などをしていただいた上で、武蔵野市認定ヘルパーの資格を持つ。資格を持ったら、福祉公社のホームヘルプセンターとシルバー人材センターに登録をし、介護保険の仕組みと同じようにケアプランに基づき、ヘルパーとして行っていただく。

プロのヘルパーさんだと今大体二五〇〇円から二二〇〇円ぐらい。利用者は一割から二割負担になる。この武蔵野市認定ヘルパーの場合には、二二〇〇円ぐらいで設定、利用料としては二二〇円とか、二割だと四四〇円になって、ヘルパーさん自身への収入としては、事業費の半分は一一〇〇円〜一二〇〇円事業者からヘルパーさんに払われている。

サービス以外のところで住民主体を広めていく。認知症サポーターを受けた方は本当協力いただけるような体制ができているか。なかなかできていないが、本当に地域が変わりつつある。

「認知症の方への声かけ講座」です。介護支援センターと地域の福祉の会、地域社協で、合同で開催、最初に講義を見て、認知症の方に会ったらどんな声かけするかというのを講義を受けた後に、実際に公園などで認知症高齢者役に在宅介護支援センターの職員が扮して、地域の方にどんどん順番に声かけをする。特に小学生なんかが参加すると、子どもはすぐに話をするので、本当に大人もそれで変わる。これをやることによって、地域の認識がアップした、と現場でも感じられるような取り組みになっています。

市としてやったのは六カ所です。

武蔵野市はやっと昨年一〇月から「シニア支え合いポイント制度」を始めました。ボランティアは無償であるべきという意見がすごく強くて、なかなかそこに踏み込めなかったんですが、おそらくこれからボランティアさんも高齢化していって、新しいボランティがア入ってこない、なかなか確保できない。インセンティブをつけるというものの必要なのかなと、稲城市の仕組みを真似させていただいた。

そしてそこからプロのヘルパーを取られた方もいらっしゃいます。

これからの人手不足の中で、まず基本は自助。ボランティアをして、人の役に立って、それを生きがいにして、介護予防になるということも増えていて、本当に自助のところと互助。お互いの支え合いというのが自助を支えて、また公助、行政が足りないところを補完していくというような、もしくは調整役に入っていくということがこれから大事になってくると思っています。

星野眞由美小平市高齢者支援課課長補佐　小平市は、特に先進的なところはまったくなく、地域包括ケアシステムの確立に向けて、取り組んでいるところです。

小平市は江戸時代に開拓された地で、戦後ベッドタウンとして人口が急速に増加した地域です。一九六二年に市となり、総人口一九万人で、まだ微増し続けています。六五歳以上の人口は四万三七四五人、高齢化率二二・九%、七五歳以上人口が二万二四三三人、一一・七%。二〇一七年九月一日現在の数字です。

地域包括支援センターは五カ所あり、五つの社会福祉法人にお願いしています。うち、社会福祉協議会に基幹型地域、中央センターに基幹型包括センターを設けています。

小平市は介護予防に必要な生活支援総合事業を二〇一六年三月に開始、生活支援体制整備事業を始めました。はじめに地域全域を担当する第一層生活支援コーディネターを配置し、第一層の活動から始めています。協議会のほうは二〇一六年八月に設置、これまで七回開催しました。小平市の現状を確認、その意見交換の中から課題を抽出しています。

居場所が不足している。中でも担い手が不足、活動したい人や場所、マッチングがうまくできていない、どんなところにどんなサービスがあるのか、そういった情報発信をうまくできてないという話が出ています。

協議会委員は一五人で構成、市民の方に居場所関係者、自治会役員、介護予防見守りボランティアの方、民生児童委員、NPO法人、商工会、市民活動支援センターや介護支援専門員、社会福祉協議会、地域包括支援センターで構成しています。

今年から、第二層生活支援コーディネーターを配置、小平市は各地域包括支援センターに九名配置しています。中央センターは圏域が狭いので一名で、そのほかの地域包括支援センターは二名ずつという配置です。

地域包括支援センターは、在宅介護支援センターをお願いしていた事業所をそのまま二〇一六年に地域包括支援センターとなりまして、活動を続けていただいている。

現在それぞれのコーディネーターさんが協議会を今年度内に設置を目標に奮闘されているところです。ただ、急激に人口が増えた経過もありまして、自治会の組織率がとても低い、四〇%を切っている状態です。どこにどう力を貸してくれそうな人や団体がいるのか、そういう発想をするところから始まって、時間はちょっとかかると思いますけども、今の把握するということがとても大事と思っています。

生活支援サービスについては、厚生労働省からは、家事援助や交流サロン、配食や見守り、移動販売など、いろいろ出ているところですが、小平市については総合事業の中にある介護予防・生活支援サービス、要支援一、二で事業対象者向けのサービスと、その他対象者が決まっていない各地域にあるサービスということで、インフォーマルサービスとに分けて記載をしています。

訪問サービスは、国が従来からやっていた有資格者による国基準型サービスです。その後緩和された基準で行う、小平では小平基準型サービスと記載しています。住民主体型サービスなどもありますが、小平基準型サービスにつきましては、やはり生活サポーターとして担い手を養成しているところです。

小平での地域の支えあい活動の広がり

インフォーマルサービスとしてあげているのが、近所の助け合いボランティア自費ヘルプです。いくつかのＮＰＯ、ボランティアが活動をしています。

生活支援、見守りは、緩やかな見守り、さりげない見守りをするものと、定期的な見守り、専門的な見守りということ、整備しています。緩やかな見守りの中には、町会、自治会による見守り、交流の場でも見守り、介護予防見守り、ボランティアによる見守り、見守り協定事業者による見守りがありますけれども、この介護予防見守りボランティアは二〇一五年から始め、三年やってきたところです。地域の心配なことの連絡が徐々に増えています。

介護予防生活支援サービスの中にはやはり通所サービス、小平基準型サービス、住民主体型サービスということで進めています。住民主体型サービスは、二〇一六年四月から開始をしています。インフォーマルサービスはいろいろ自主的に立ち上がっておりまして、中でも見守りボランティア活動が始まって数年、このサロンを立ち上げました。

認知症カフェは地域包括支援センターで月一回開催、認知症支援リーダーということで、認知症に関する支援をしてくれる人を育成しています。

こうしたインフォーマルサービスのサロンとか認知症カフェを増やすために。立ち上げと運営の支援という目的で高齢者交流活動支援事業を社会福祉協議会に委託をして、二〇一四年の終わりごろから徐々に始めているところです。

介護予防について、介護予防の中でもやはり外に出続けていただくということがすごく大事に感じています。そのための場所づくりをいろいろと進めています。

介護予防普及啓発事業を、月に一回、または週一回やっているところもあります。地域包括支援センターなどが行っている介護予防講座。あと、市内の地域センターで行っている、これは週一回か、または二週に一回、隔週で行っている元気アップ介護予防講座というものをしています。

元気アップ介護予防講座は二〇一六年から始めて、多いところだと、一回一〇〇人ぐらい集まる。一時間にちょっとイスに座った運動をして、家に帰って五〇人また来るというような状況なんですけれども、すごく狭くて手も十分伸ばせられない。だけどもそれでも通い続けるというところがあります。

居場所については、なかなか手を挙げていただくのは難しい。そういった地域の担い手養成に手をつけています。

介護見守りボランティアですね。介護予防リーダー、介護予防の居場所を運営または補助する養成講座、認知症支援リーダーや生活サポーターもまだまだうまく回っておらず、課題もたくさんあるところです。二〇一七年からは活動したい方を支援するために、介護ボランティアポイントも始めています。

今感じている課題としては、第二層コーディネーターがどのように地域住民の方と一緒に地域づくりに取り組んでいけるのかというのがまずあります。

地域の方に地域づくりを一緒にと言っても、何だかよく分かってもらえないというのを、いつも打合せのところでは言われています。やはり地域の住民に、いかにこの地域の状況を知って自分らの生活をどう支えていくのかというのを考えてもらうのかという働きかけが考えてやっていかないとうまくいかないなと思っています。

民間企業やＮＰＯ、社会福祉法人などの力を借りるってよく資料には書いてあるんですけれども、

(図4)

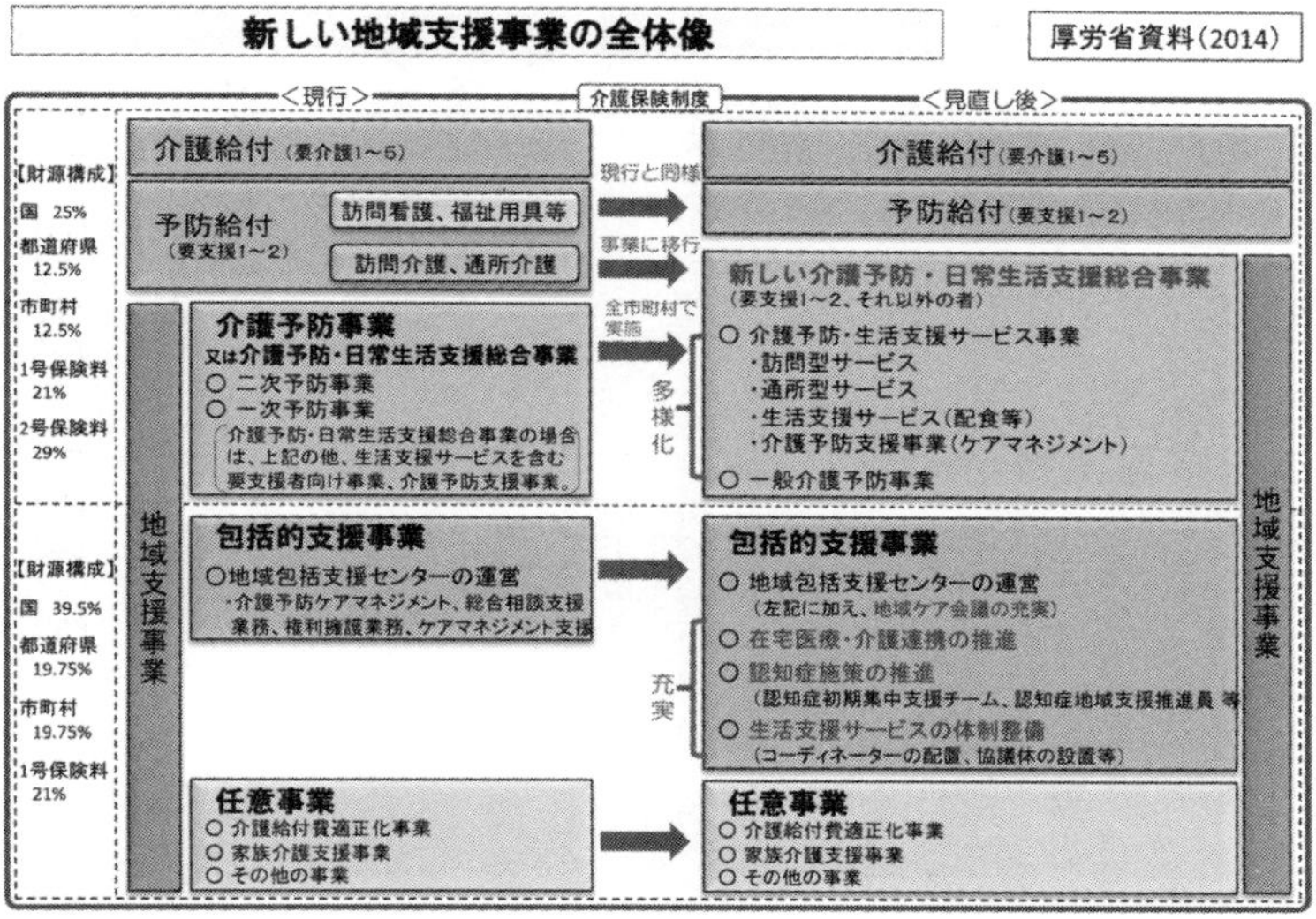

これ具体的にはどうやったらいいだろうと考えているところです。

これまでお話しされてきた大垣市や稲城市、武蔵野市さんとは本当にかけ離れた状態ではありますが、市役所、地域包括支援センター、今一生懸命頑張っているところです。

2　第二回市民公開講座シンポジウム

「人生の最終段階をどう迎えますか——東京都小平市の在宅看取り現場から考える」（二〇一八年二月一七日、小平市福祉会館）

シンポジスト：
山崎章郎・ケアタウン小平クリニック院長
鈴木道明・小平すずきクリニック院長
肉親を看取った家族二人（小平市在住）
新田國夫・全国在宅療養支援診療所連絡会会長
コーディネーター：山路憲夫・白梅学園大学小平学・まちづくり研究所所長

開会挨拶　白梅学園小松隆二理事長

人生の最終段階の問題は高齢者のみならず若者にも課題です。社会保障や社会福祉がいくら進んでも、一人一人の問題として本当に安心して納得して暮らすには、家族・地域・近隣のつながりが一番大切です。イギリスでは安心して暮らしている、家族も遠方で安心してみている。それは近隣の力で買い物の際に声をかける、役割をもってもらうなどしている支えあいの地域社会があるからです。小平市においても、地域作りを進めていきたい。地域づくりを進めるために地域学は重要で

ある。地域学としての小平学の確立を白梅学園大学小平学・まちづくり研究所として地域の方々と一緒に進めていきたい。

山路　本シンポ開催の狙い、目的を申し上げます。

多くが望む在宅看取り体制をどう作るか

(図1)にあるように、どこで亡くなったのか、年次推移を見ると、自宅で死亡する者の割合と医療機関で死亡する者の割合は一九七五年頃を境に逆転している。かつては、地域の開業医が自転車に黒い鞄を載せて、患者宅を往診して回るのが当たり前の光景でした。医師が徐々に往診しなくなるにつれ、在宅での看取りも減り、病院での死亡が増え続けてきたというのが、この半世紀近くの日本での変化です。(図2)をご覧いただきたい。年間一二〇万人だった死亡者は二〇二五年には一六〇万人を超える。病院も病床区分が進み、慢性期の療養病床は減り、特

別養護老人ホーム等の施設も抑制される。否応なく在宅で看取りも増える。在宅看取りを進めるには、自宅で最期を迎えられる体制をどう整備していくのか。病院に依存してきた住民の意識をどう変えていくのか。それが地域包括ケア作りの中で大きな課題です。それを本日のシンポで考えていきたい。

基調講演・山崎章郎

現在、日本人の二人に一人が、がんになる。日本人の三人に一人が、がんで死亡、今後、日本人の二人に一人が、がんで死亡するという予測もある。

末期がん患者の特徴として、約二割は、急変し、死亡するが、亡くなる一か月前位まで、自力での移動、食事摂取、排せつなどが可能なことが多い。病状の変化は急こう配の右肩下がりで亡くなる。二、三週間前には自力での日常生活は困難になってくることが多い。ベット上での生活となる、オムツをつけなくてはならない。二〜三週間は生きている意味があるのか。早く終わりにしたい、と思っている人

（図 1）

医療機関における死亡割合の年次推移

・ 医療機関において死亡する者の割合は年々増加しており、昭和51年に自宅で死亡する者の割合を上回り、更に近年では8割を超える水準となっている。

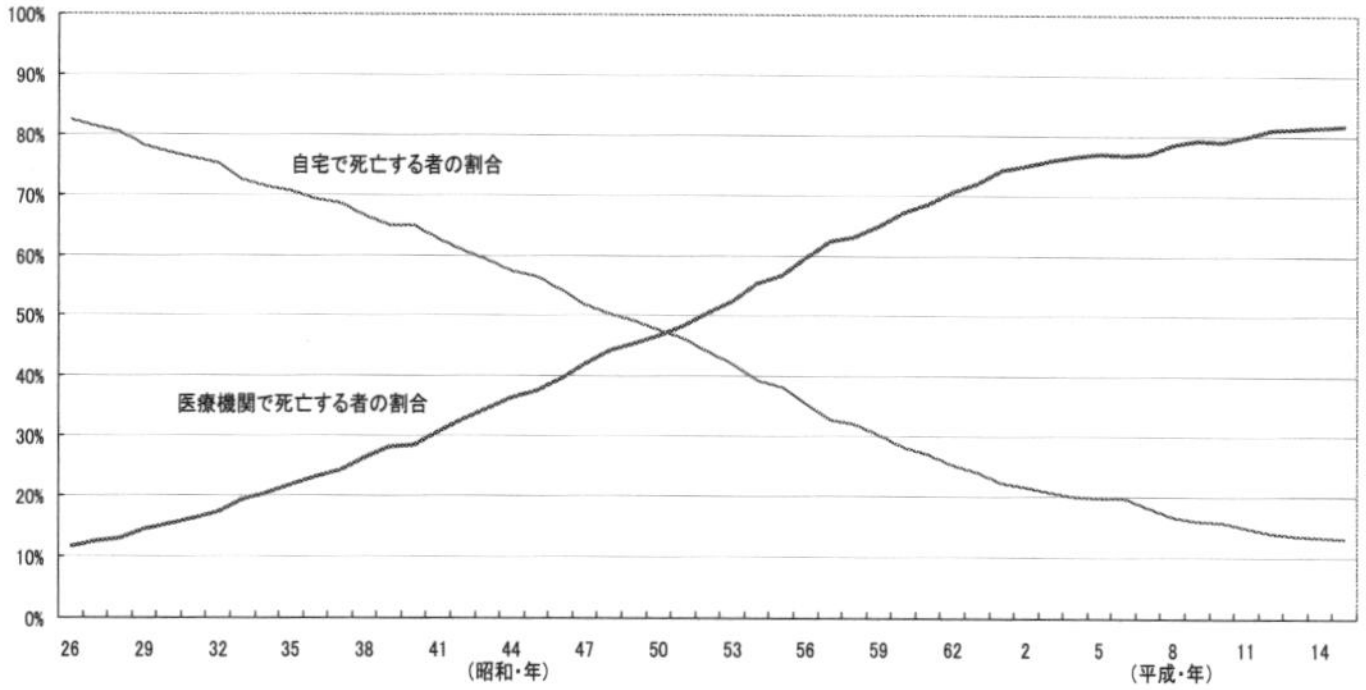

資料:「人口動態統計」(厚生労働省大臣官房統計情報部)

（図 2）

死亡数の年次推移

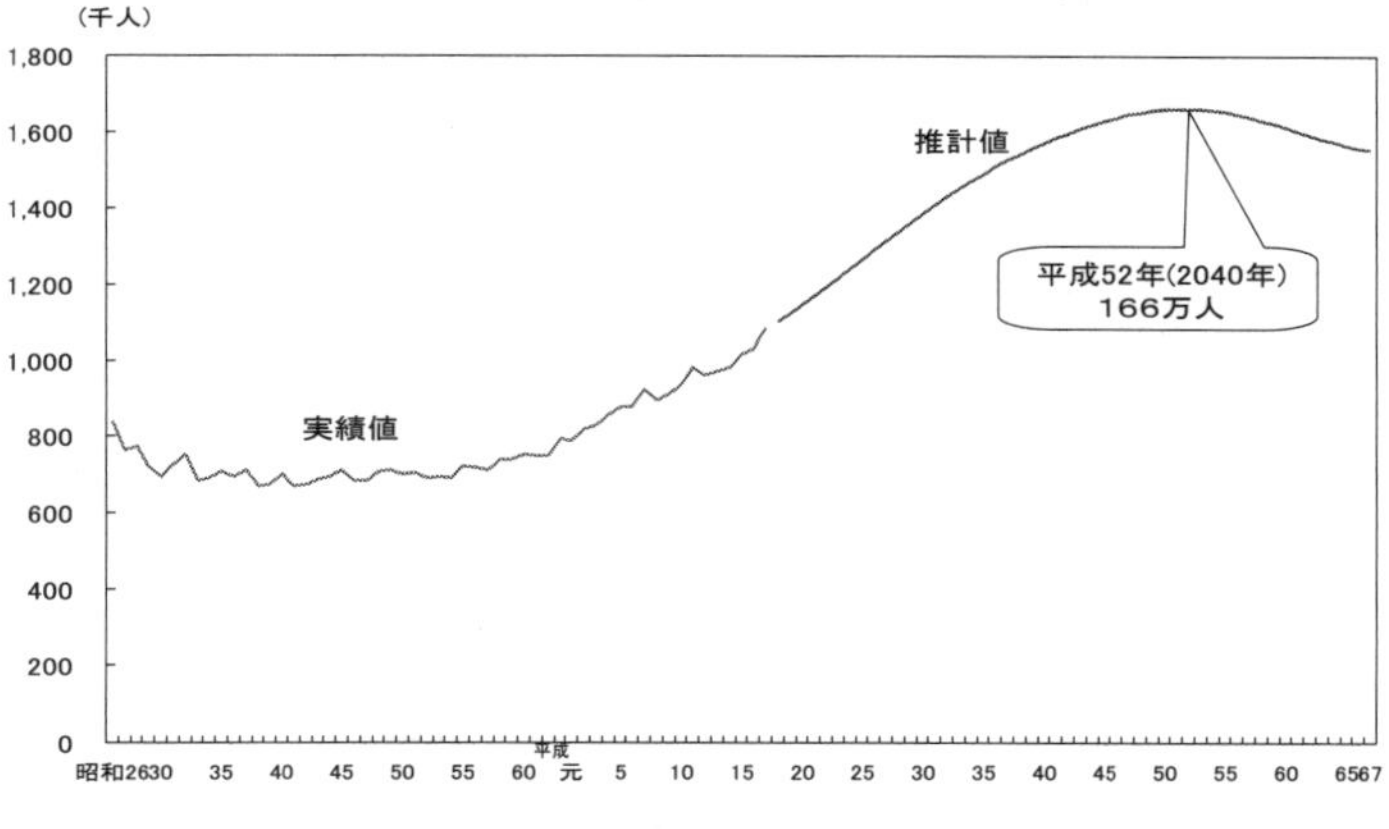

資料!"平成#$年までは厚生労働省大臣官房統計情報部「人口動態統計」
平成#%年以降は社会保障・人口問題研究所「日本の将来推計人口&平成#%年#' 月推計!」&出生中位・死亡中位!"

に何ができるのか。がんが進行する、食べること、飲むことが減少し、衰弱する。家族は餓死をしてしまうと考えるが、これは終末期の特徴。無理に食べると本人が苦しい思いをしてしまう。

現在の緩和ケアはほとんど在宅で可能。現実的に対応する。大事なことは話しておく、書いておいて欲しいとつたえる。

在宅を選択した人の半数は一カ月後に他界する。家族への配慮が必要になってくる。大切なことはどこでどう生きるか。時間は限られている。もし残りの人生はあと三カ月しかないとしたらどう生きるのか。短くても優先順位がある。それが人生です。帰ってからでよいので、みなさん、考えてみてください。

外科医で一六年勤務し、一九九八年から小金井市の聖ヨハネ桜町病院のホスピスの立ち上げをした。苦痛を和らげることを優先した。苦痛を和らげると人生を考えられる。時間の設定までわからなくても自分の状況を理解していく。その為に必要なことは正しい情報を提供することです。患者は人生を選ぶことができないが、選択や決定はその人にある。適切な情報が必要です。見放すのではなく選んでほしい。

ケアはチーム。死に対する不安もある。医師、看護師、SW、宗教者などが連携して取り組む。制度に基づいた専門職だけでは対応しきれない。専門家でなくてもその人にあっているのであれば、ボランティアの力でできることがある。

悔いのない時間を最期まで送れるよう、ホスピスを目ざしてきた。

療養環境の整備や面会時間、消灯時間の廃止、ペットも可。しかし本当は在宅にいたかったとい

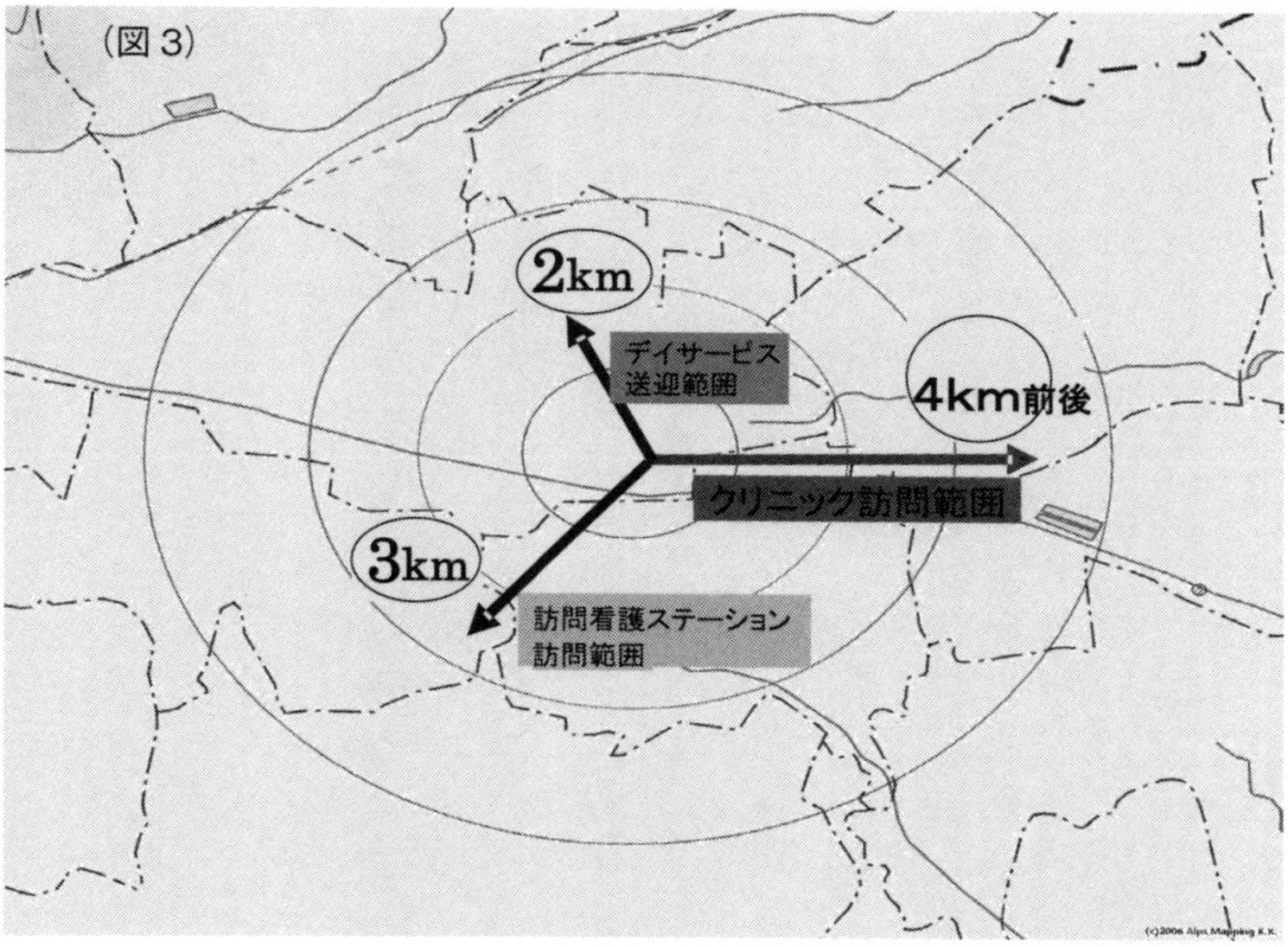

う患者さんの声にどうこたえるか、を考えた。チームで、地域に出向けばと考えたのが、二〇〇五年に小平市に開設したケアタウン小平の始まりです。

ホスピスが評価されたのはチームとして情報交換して、フィードバックできる。医療、看護、介護は隣同士にいればできる。われわれの取り組の原点です。

訪問看護は半径三キロ、診療は半径五キロというのが、私たちのカバーするエリアです（図３）。

二〇一四年四月から二〇一七年三月の間の三年間にがん患者二六九人のうち二二三人が自宅で、四六人が病院で亡くなりました。非がん二九人のうち二三人を在宅で看取りました。

在宅で過ごすのは①いつでも主人公（自由である）②過剰医療が避けられる（自然経過

としての死）③苦痛が軽減する（住み慣れた環境、家族、ペットなど）④変化する家族の力――という面がある。

専門的な在宅看取りを可能にする専門的チームを

退院した患者さんに聞くと家は自由でいい、という。一般病院にいると、適切かもしれないけれど過剰かもしれない。在宅だと、その人のニーズにあった治療ができる。在宅の方が苦痛の訴えが少ない。自宅での生活であり、これが本来の姿です。

本当に家でいられるのだろうかと不安がある。家族も新しい段階に入ってくる。患者さんが亡くなって涙が出るが、患者さんの気持ちに寄り添えたという思いはあります。

基盤は介護です。生活を支える介護があればいい。医療はポイントで入ればいい。介護保険で埋まらない隙間をどう埋めるか。普段は関わりがなくても、親族に頼む、友人を作っておく。夜間が大変です。空白を埋めるのはボランティア、自費のヘルパー。亡くなる二～三週間前から夜見守りをしてくれる人も必要です。

入院すると差額ベット代で一万五千円かかる。その分を自費ヘルパーにかけることも考えてみて欲しい。特約の生命保険もあります。これらが揃えば一人でも家にいられる。

宮崎県宮崎市で「かあさんの家」という終末期の方々の共同生活を支える取り組みとして始まったホームホスピスが、全国に広がりつつあります。二〇一四年四月に小平市でも「ホームホスピス楪（ゆずりは）」（定員五人）がオープンしました。制度にはないものですが、生活ができる場所なので最期までいられる。私たちも当初から関わっています。

緩和ケアについてはＷＨＯが二〇〇二年に「生命を脅かす疾患による問題に直面している患者とその家族に対して、痛みやその他の身体的問題、心理社会的問題、スピリチュアルな問題を早期に発見し、的確なアセスメントと対処（治療・処置）を行うことによって、苦しみを予防し、和らげることで、クオリティー・オブ・ライフ（ＱＯＬ：生活の質）を改善するアプローチである」と定義しています。がんの痛みを緩和することだけが緩和ケアではない。

専門的なケアチームの拠点で作りたい。地域在宅緩和ケアセンターという形で地域包括ケアシステムの中で、専門性を担保するため拠点をみなさんの力を借りてやりたい、と考えています。

鈴木道明医師　在宅医療については一〇年間、山崎先生にすべて教えて頂いた。小平市という地域でどうしていくか。独立してからも私なりに考えてきました。

看取り、終活、エンディングノートという言葉を使うと、以前であれば「縁起でもない」、不謹慎と言われることだったが、最近は変わってきました。

がんの方だと、急変と言わなくても、亡くなることはある。家で最期を迎えたいが家族に迷惑をかけたくないという患者に、本音はどうかと聞いてみることが大事です。

人生の最期をどこで迎えたいか。どこでだれが看取るのか。入院でも準備しなくては入れない。小金井市の桜町病院では三カ月待たされる。本人の意思、覚悟も必要ではないか。救急車を呼ばない勇気も求められる。生活を支え、苦痛を和らげる、見守る、介護職が身守れるか。これができれば小平で安心して生きていける。

在宅の看取りで何が必要か。一つの臓器か全身か。動けるけど苦しい。栄養の問題や口の乾き、トイレの問題。シビンがあってもオムツでもやっぱりトイレに行きたい。

がんの機能低下は本人も家族も気持がついていけない。一か月前まで歩けるが週単位、日単位で落ちていく。医療、介護、地域で支える。訪問看護はバイタルサイン、皮膚のトラブル、介護相談、入浴介助。訪問薬剤師が薬の配達だけではなく薬の整理、残薬の管理もする。

「小平すずきクリニック」は在宅患者の診療が中心です。相談外来から看取りまで、生活全体をみることを心がけています。いろんな不安を家族が訴える。たとえば家で亡くなったら警察が入るか？　頭から血を流しているか、お風呂でおぼれている以外なら医師が入っているので大丈夫。

私が委員長を務める小平市在宅医療介護連携推進協議会は、二〇一六年度の年間テーマを「摂食・嚥下」、二〇一七年度は「認知症・独居への対応」として活動し、二〇一八年度は「在宅での看取り」をテーマとしました。

医師にも看取り研修を

顔の見える関係ができてきています。重い要介護状態になっても、住み慣れた地域で自分らしい暮らしを最期まで続けられるようにするのが、地域包括ケアの柱の一つです。小平で安心して生きていけるまちづくりです。今後、看取り難民、死に場所難民が出てくる恐れがあります。在宅は受け皿になるのか。受け皿にするためには、介護職だけではなく医師にも看取りが出来る教育をどう考えていくのか。このシンポジウムがそのきっかけになればいい、と思います。

新田國夫医師　パワポの資料にこだわらずにやります。（地域包括ケアシステム、在宅看取りという観点から）その市町村を評価する際の基準は四つある。

一つは市長をみればわかる。挨拶に来ても、肝心な時にいなくなる市長もいれば、最期までいて市民と話をして帰るか、飲み会まで付き合う市長もいます。

本日は、永見国立市長は来ていますが、小平の市長はどうされたのですか。小平市医師会長が参加しておられますね。

治す医療ではなく支える医療を

私は一九八七年当時、ある病院の外科部長をしていて、がんの末期になる患者はある部屋にいく。点滴づけになって亡くなっていくのです。緩和病棟（ホスピス）には行きたくない。人は最期まで治療してほしい。私は行きたくない。中心静脈を外して欲しいといって帰った患者がいます。外来の看護師に痛みがあったら注射して欲しいと三週間後亡くなりました。初めて在宅で看取ったのが、その患者さんです。すると二人目が出てきた。三人目は一切の医療はいらないと帰って行った。

もしかして医療が生かしているだけなのかと思いました。

国立で初めて在宅医療のクリニックを開設しました。末期の患者には必要最小限の手当（五〇〇

cc くらいの点滴）をし、余計なことはしない。先生は人を殺すのかと言われたりしました。生かす医療との戦いでもありました。終末期における医療についての市民の意識が、この二〇～三〇年で徐々に変わってきました。

わが身になった時にどうするか。みなさんが変えていかないと変わりません。

九八歳、重度の認知症で、肝臓がんの患者さんがインフルエンザになった。今回だけはだめかと思った。正月明けたら、五〇〇cc くらいの点滴で元気になった。家族と話して戻ってきたら亡くなっていた。高齢者の最期はわからない。

八五歳以上は全死亡者数の半数を占めるようになる。健康寿命と亡くなるまでの乖離がある。女性は一二年、男性は九年です。

私たちはどう考えるか。がん治療を八五歳以上になってもやるか。認知症になっても一〇年は生きる。地域で守られる地域を作って欲しい。若い時は医療、八五歳以上になったら治す医療ではなく支える医療が必要だと思う。

肉親を看取った家族（Kさん）　一二年前二〇〇六年前立腺がんで夫が他界しました。山崎先生に主治医として、在宅で看取って頂きました。

がんと分かった時は痛みを訴えステージⅣ。夫と抱き合って泣きました。抗がん剤を入れて痛く苦しみ。六人部屋でひそひそ話をしたり。食事が気に入らないと私がもっていったりした。ご自宅でゆっくりしたらどうですか。と言われました。悲しかった。

二〇〇五年にケアタウン小平ができたと知って、すがるような思いですぐに山崎先生のところに行き快諾していただきました。山崎先生が夫と同じ年ということでした。

短い人生かもしれないけれど、楽しくやっていきましょう。これから一人で抱えないでみんなでやっていこうと言われて本当にうれしかったです。

住み慣れた家で最期をゆっくり迎えられた

一一月にがくっと悪くなって、ベット上が多くなった。痛みがくるとすぐ先生に連絡して先生や訪問看護の看護師さんに来て頂いて、痛みを緩和してくれました。

夫は日本人らしいというか、自分で先生に電話をしたり、遺影を残したり、私はどうしたらいいのだろう。逆に私がサポートされているんだと思った。

一一月中に亡くなりました。訪看さんに来てもらって、自然に亡くなりました。

住み慣れた家でゆっくりできた最期でした。一年間ほどはケアタウンに行けない思いもあったが、先生方に声をかけてもらって、ボランティアに行くようになりました。支えてもらっている、ボランティアや遺族の仲間とも話ができた。遺族がケアをされる。、ケアタウンでお世話になってそこで亡くなった家族が集まって話をしたり涙を流したりしてもいいのではないか。月一回集まるサロンです。一二年経って忘れていっているところもあるが、話を聞くといまだに涙がでる。もう少しいたい。山崎先生にも会える。ここでできることをやっていきたい。

肉親を看取った家族（Yさん） 昨年八月に小平市のホームホスピス「楪」で母親を看取りまし

た。山崎先生が主治医でした。遺族として、大切な人が亡くなった。それで繋がりができていくのを感じた。地域でつながっていくことが大切だと思った。

二〇一六年に夫が他界後、母は名古屋で一人暮らしをしてきたが不安で娘たちの所へ。上京後まもなく肺がんと診断された。脳にも転移し、二〇一六年末に手術しました。当時はサービス付き高齢者住宅にいたが、要介護で、医療も必要となり、ホームホスピス「楪」を紹介していただいた。時間がゆっくり流れていて、キッチンからは料理のにおいがする。時間がゆっくり流れていて、これが「楪」が目ざしているホスピスなのだと思った。家庭的で母にぴったりと思い入居を決めました。山崎先生や看護師の方がすっかり信頼して、大好きになったようです。

母はコンパクトで安心した生活の中で、美味しい料理を食べたり、食べにいったりお酒を飲んだりいきいきとした生活をしていた。

山崎先生に余命を聞き、残された時間を知ることもできました。

二〇一七年六月に急に容態が悪化。母が亡くなる時に、私の顔をみて静かに亡くなった。最期の時に私がいなくてもスタッフがいれば大丈夫と信じていました。

父はすい臓がんで亡くなりましたが、末期は本当に苦しんで腹水もたまって気の毒なことをしたと今も悔やまれます。母は、父の時とは違い、プロフェッショナルなチームに看取られ、すべてを使い切って完結して亡くなっていったのだと思います。死生観を養う大きな学びとなりました。いい機会を与えて頂いたと感謝しています。

山崎　家族を亡くされたお二人ともさぞかし言いづらかったでしょう。二四時間の医療と看護があっただけではなく、亡くなるまで生活があったということがよくわかりました。

Kさんが夫が亡くなる日の朝、ご主人と朝やけをみる時間を持てた。通常の医療機関ではできなかったのかな、と思います。人が亡くなる時に喪失感だけでなく、お二人とも充実した時間を持てたというのは、よかったですね。

鈴木　病院には長くいられない時代です。病院から自宅で戻されるが、多くの人はその後、どうしたらいいかわからない。診断が決まると、DPC（包括払い）で医療費が決まる。平均在院日数は一一日～一二日に短縮され、入院させればさせるほど病院が損をする。かつては肺炎で数カ月入院している人がいたが、今はいない。抗がん剤も外来でやる。病院の相談室と連携を取っていかなくてはならない。

入院した時点で、退院の話をする。今回の医療報酬改定でもその傾向が加速されている。相談体制が整ってきてはいるがまだまだ不十分です。

地域に在宅看取りの文化を

新田　Kさんの言葉からも、在宅で看取ることの感動があることがわかります。

最初の説明にあったように、自宅での死亡を病院での死亡が上回って、五〇年経った。二世代にわたり在宅での看取りをしなくなってきている。日本の中にあった家庭での死を見なくなった。子どもにとって死はバーチャルの世界になっている。病院で亡くなると、そのまま葬儀となる。家に戻らない。地域に死がなくなっている。家族で集まってて死を見つめて、次の世代に繋げることが必要であると思う。（在宅看取りに取り組む）山崎先生や鈴木先生は小平という地域の文化を作っていると評価をしたい。

Kさん　夫は私が家にいて看取りましたが、今、私一人暮らしをしていて不安です。どうしたらいいのか。

Yさん　人が亡くなる、ということは、遠いことのような気がしていたが、看取りを経験した後、自分が生きていくという意味、あり方を何か根本的に変えられたと思います。

山路　本日、シンポジストとして出て頂いた、お三方のような先生が地域にいれば、看取りを経験されたご家族も話されたように、確かに終末期を迎えても安心できる。しかし、在宅医療、在宅での看取りもできる医師は地域ではまだまだ少数派です。制度として、仕組みとして地域に在宅看取りの体制をどう作っていくのかが、課題です。

山崎　（団塊の世代が七五歳を迎える）二〇二五年問題は多死社会、死に場所難民という問題でもあります。人ごとではなくて自分のことだと思ってほしい。自分や家族がそこに直面した時に、自分の地域になにがあるのか。この地域に足りないものが見えてくる。

今の地域包括ケアシステムでは、終末期を迎えるがん患者を在宅で看取ることはできない。ケアタウン小平があるからいいということではなく、この疾患に対してはこの専門的なチームで対応するという取り組み、体制が必要であると地域の皆さんが自分たちを守るためにも運動として声を上げ、制度や行政を変えていく必要がある。

鈴木　仕組み作りの観点から考えたい。小平市医師会は訪問診療をしている先生も多くない。医師会では健康センターで休日夜間の応急診療をしているが、会議もたくさんあり、夜まで診療している先生方に訪問してくださいとなかなか言えない。東京は患者が減らない。ベット数も減らない、外来も減らない中で、どうするのか。外来の先生に、もっと知っていただく活動をしている。在宅で最期を迎えたいという患者には診療所と診療所による診診連携、他市の先生と連携も進めている。隣の市とも連携をしていかなくてはならない。

在宅は医師だけでもできない、訪問看護、薬剤師、歯科医師会、介護でチーム小平を作っていく。市民の方を巻き込んでいかなくてはならない。

新田　国や東京都は在宅療養を推進するための会議を積み重ねている。（在宅看取りができるように）地域のかかりつけ医がどう転換していくか。かかりつけ医として最期までみていくのが当たり前ではないか。区市町村まで、その方針がしっかり下りているか、疑問。

在宅の二四時間を支えるのは、訪問看護です。看護師の二四時間体制をどう支えるか。小規模訪問看護ステーションが多く、常勤八名以上の訪問看護を中心に体制を強化していくことが必要。地域のシステムがないところは、作っていく。最期は住民意識。住民意識が専門職を変えていく。行政を変えていく。みなさんで努力して。国立は変わった。小平も是非変えてもらいたい。

Kさん　新田先生がおっしゃったように、住民意識が大切。行政を変えるのは大変ですが。住民との関わりも大切と思います。

Yさん　先生方が身をすり減らしてやってくれている。上から変えてくれるのを待っているのではなく、変えていくのが大切ですね。

山崎　たくさんの人たちに出会って、看取りをさせてもらった。自分の問題としていつか必ずくる。周りの人に伝えておく。自分の最期の在り方をきめておかないと家族が苦しむ。

鈴木　チーム小平として、最期を在宅でという方を支えてきている。市民の方々は自分のこととして考えていく心構え、選択が大事です。

新田　意識障害になっても救急車を呼ばない。施設に入れない。二つの約束をしている。妻は守るが、子どもの言うことを聞かない。家で亡くなる人はわがままな人。自分の意思を主張することです。

（閉会）

1　白梅学園大学小平学・まちづくり研究所の概要

〔目的〕小平市の総合的研究・調査を通して、小平学の構築を進める。それによりまちづくりの前進、市民生活や福祉の向上、自然・環境・景観及び文化的・芸術的・宗教的事績の保護・維持に寄与する。

〔活動期間〕五年を区切りとする。

〔所員・研究員〕白梅学園専任教職員、及び学園外の研究者・専門職・地域活動に関わるＮＰＯや地域住民

〔研究所の所在地〕白梅学園大学旧学生寮二階

〔年会費〕千円

〔活動・事業〕

小平市の総合的研究・調査

小平市におけるまちづくりの調査・研究、連携・支援

定例研究会の開催（月一回程度）

講演・講座への講師派遣

機関誌、ニュースレター、著書の発行

［当面の研究・調査テーマ案］

小平市での地域包括ケア構築のための実践的研究

子どもの貧困・格差の研究

障害者児の支援と課題

子育て支援の課題

小平西地区地域ネットワークの取り組み課題の研究

小平市のまちづくり

小平市の歴史、自然保護

小平学の発信

小平市での都市農業の活性化

［運営］研究所規定に基づき運営委員会を設け、合議により決める。

2　活動報告

（1）設立までの経過

二〇一六年九月　準備会発足

二〇一六年一〇月　西地区のメンバー有志が研究所と連携する住民組織「小平学西地区まちづくり市民ネットワーク」（こだいら西まちネット）を住民の立場から地域包括ケアを推進するために設

立

二〇一六年一二月八日　小平学・まちづくり研究所（準備会）立ち上げ

二〇一七年五月二三日　白梅学園理事会で「白梅学園大学小平学・まちづくり研究所」の設立を承認

二〇一七年六月　白梅学園大学小平学・まちづくり研究所に公益財団法人 在宅医療助成 勇美記念財団から、市民公開講座「人生の最終段階を考える～東京都小平市の在宅看取りの現場から」に二五万円の助成金採択

（2）研究会、市民公開シンポジウム報告（二〇一七年二月～二〇一八年三月）

○第一回研究会（二〇一七年二月二八日午後五時～J14）参加者五〇人
「小平学の可能性」（小松隆二・白梅学園理事長）
「小平市における地域包括ケアの現状と課題」（講師は星野眞由美・小平市役所高齢者支援課課長補佐）（第2章1に掲載）

○第二回研究会（四月一三日一七時半～J14）参加者二七人
「だれでもワークショップ一〇年の検証（講師は杉山貴洋・白梅学園大学子ども学部准教授〈当時〉）

○第三回研究会（五月九日午後六時～）参加者五二人
「小平市における医療と介護の連携と課題」（鈴木道明・鈴木クリニック院長）

○第四回研究会（六月一三日一七時半～）参加者二六人

「玉川上水の過去・現在・未来」（学び舎ユネスコ代表・鈴木利博氏）
○第五回研究会（七月一一日一八時半～中央公民館）参加者四三人
「小平市の地域包括支援センターの現状と課題」（講師は小平市地域包括支援センター小川ホーム・小林美穂所長）
第六回研究会（九月一九日一八時半～）参加者二五人
「小平市の過去・現在・未来を考える」その一歴史（講師は蛭田廣一司書）
○第一回シンポジウム「先進事例に学ぶ――生活支援と住民の力」（一〇月一四日一三時半～一六時）参加者六五人
シンポジスト：
岐阜県大垣市高齢介護課長・篠田浩
東京都稲城市生活支援担当・工藤絵里子課長
東京都武蔵野市高齢者支援課相談支援担当・毛利悦子課長
小平市役所齢者支援課・星野眞由美課長補佐
司会・コーディネーター：山路憲夫・白梅学園大学小平学・まちづくり研究所長
○第二回市民公開講座シンポジウム「人生の最終段階をどう迎えますか――東京都小平市の在宅看取り現場から考える」（二〇一八年二月一七日、小平市福祉会館）参加者三二〇人
シンポジスト：
ケアタウン小平クリニック院長・山崎章郎

小平すずきクリニック院長・鈴木道明
肉親を看取った家族二人（小平市在住）
全国在宅療養支援診療所連絡会会長・新田國夫
コーディネーター：山路憲夫・白梅学園大学小平学・まちづくり研究所所長

あとがき

山路憲夫

東京都小平市という地域に限定して歴史と伝統、生活と文化、自然と環境、住民活動とまちづくり、医療や介護・福祉という柱でまとめてみたのが本書である。「まちづくり」という視点から、多角的、総合的に小平学を構築していこうという目的にどこまで応えることが出来たのか。心残りな点、不十分な点は多々あるが、「小平学」という形でこうしてまとめられたのは、おそらく初めての試みであろう。長く住んでいた人々もなかなか気づかなかった、知らなかった小平市の実像の一面を明らかにすることができたのではないか、といういささかの自負がある。

蛭田廣一・小平市立図書館司書が「小平の未来に道を拓いた『小平市史』の意義と役割（第一章2）と「小平市の図書館活動」（第三章1）に詳述されているように、古文書・古書をはじめとした資料の豊富さと情報量、市史編纂事業に市史索引・年表及び概要版の作成も含めていること、内容のわかりやすさという点で全国に誇るべき市史であり、それを可能にしたのは小平市図書館が古文書、新聞記事の切り抜き、郷土写真、行政資料、地図等の豊富な地域資料を収集しているからであるという。

小平市図書館は東京多摩地区の中では、他市より遅れて一九七五年に市立図書館を開館したが、その後の蔵書の充実、地区館も次々と設立、全館を一つの図書館システムとしていち早く運営システムを確立、一九八二年までに市民一人当たりの貸出冊数、蔵書数や施設面積でも多摩地区でトップクラスの図書館となり、高度情報社会に対応できる古文書のデジタル化の取り組みに対する評価も高い。

小平市の市史編纂や図書館活動で特徴的なのは、活発な市民の協力、参加がなされ、それが図書館の充実と質量ともに充実した市史編纂につながっていったのが、蛭田氏の論文から理解できる。

玉川上水は、江戸時代に開通したことで新田開発が進み、人も集まり水と緑の豊かな街になったという意味で小平市民にとってシンボルであり、今もこれからも豊かな緑をもたらしてくれる近しい、大きな存在である。が、その歴史や現状をどこまで知っているだろうか。鈴木利博氏の「玉川上水の過去・現在・未来」により、それを正確に知ることができる。それだけではなく、玉川上水とその周りの豊かな自然を守るために小平市民だけでなくさまざまな市民や団体がさまざまな活動を展開、「世界遺産」の登録に向けた取り組みに広がってきている。その取り組みの意義もわかりやすく教えてくれる。

東京多摩地区は全国的にもさまざまな市民活動が活発な地域だが、その中でも小平市の市民活動は歴史的にも現状を見ても活発といえるだろう。

瀧口優氏の「白梅学園大学・短大の地域活動」（第三章2）や第四章「小平市の支え合いの地域づくり活動」、福井正徳氏「小平市自治基本条例の検証と課題」、細江卓朗氏「小平市における市民活動の役割」は、小平での市民活動を実際に担って来た方々だけに、小平市の市民活動の歴史と現状を正確に伝えてくれる。

ここにまとめられた小平市の市民活動の特徴の一つは「協働」である。市民と大学、さらに行政も加わり、地域の支えあいの取り組みをさまざまな形で展開してきた。

例えば小平西地区ネットワークは、白梅学園大学・同短大と西地区の住民が作り上げたネットワークの様々な取り組みである。地域の懇談会から始まり、情報誌を定期的に発刊、地域の居場所づくり（コミュニティサロンさつき、コミュニティサロンきよか）や子どもたちの学習支援といった形に広がってきた。この取り組みに小平市の市民協働担当もテーマによっては補助金を出すなどの後方支援もすることで、行政も加わった三者協働による地域の支えあいが実りつつある。

こうした取り組みができたのは、小平市に大学、研究機関が周辺の自治体にはないほど多くあり、白梅も含めそれらの大学が地域貢献、地域との連携の動きを年々強めてきたこと、市民活動が活発で年々広がってきたためである。

とくに近年の市民活動で顕著だったのは、二〇一一年三月一一日に起きた東日本大震災の直後、市民有志が「チーム小平」を立ち上げ、行政や社会福祉協議会に先駆け、募金を集め、ボランティアを組織して仙台や石巻への復興支援に入った取り組みである。その取り組みは福島の子どもたちを毎年小平に招き、交流する「ふくしまキッズプロジェクトinこだいら」の取り組みとして続けられている。

小平市も行政の立場から、市民活動の支援という狙いから二〇〇九年末、小平市自治基本条例を制定した。その経緯は福井正徳氏に客観的に詳述されているので省略するが、小林正則氏（現市長）が二〇〇五年の市長選挙に自治基本条例の制定を公約に掲げ、当選したのがきっかけである。市民もその内容づくりに参画、「参加と協働」を柱に市民の熱い思いが結実する形で制定されたものである。

市は市民協働の担当者も置き、市民協働の実効性を高める取り組みを続けているが、自治基本条例に基づき「参加と協働によるまちづくり」をどこまで進めて来たのかどうか。

自治、市民参加や協働は民主主義社会において不可欠な理念、柱ではあるが、まちづくりを進めるための手段であって、それ自体の実現が目的ではない。

福井氏はその点について「人口減少、高齢化がますます進む中、地域で解決しなければならない様々な課題が生じている」として、「地域包括ケアシステムの構築、地域共生社会の実現のためには住民の参加と協働による地域づくりが求められている」と結論づける。

自治基本条例という「仏」を作って、「魂入れず」ということにしないためには、具体的なまちづくり、とくに地域包括ケア、地域共生社会を進めていく必要がある。

正に本質をついた指摘であろう。

もともと地域包括ケア、その延長線上にある地域共生社会という取り組みが国から提起されたのは、財政の行き詰まりや人材難、法律や制度に基づく従来型の行政のやり方では通用しなくなった中で、医療や介護・福祉に関する既存の制度や法律に加え、専門職の連携強化、インフォーマルサポートとしての住民の支えあいも組み込んで、地域の中で支えあいの地域づくりを進めていこうというものである。

そのためには「参加と協働」により、行政と市民、専門職、地域によっては大学も加わり、それぞれの地域の特性に応じた地域づくりが、今、緊急に求められているのである。

「総合知としてのまちづくり」を進めようとしている本研究所が目指すのは、協働によるまちづくり、地域包括ケア、さらに地域共生社会の実現である。

「小平学」を掲げたのは小平という地域の特性に応じたまちづくりのための、多角的な研究、調査であり、この一年間、地域包括ケアを大きな柱に据え、さまざまな研究会を開催したのはそのためである。

本書にも研究会の講師を務めて頂いた星野眞由美・小平市役所高齢者支援課課長補佐「小平市における地域包括ケアの現状と課題」、鈴木道明・小平すずきクリニック院長「小平市在宅における医療と介護の連携について」のお二方から寄稿を頂いた。この二つの論文に加え、本研究所が主催した二つの市民公開シンポジウム「先進事例に学ぶ――生活支援と住民の力」と「人生の最終段階をどう迎えますか――小平市の在宅看取り現場から考える」のシンポジウムの再録と合わせると、小平市が進める地域包括ケアの現状と課題が率直に出されている。

行政の現場では星野補佐のような専門職（保健師）が中心となり、計画づくりとその具体化、介護予防、認知症対策など多岐にわたる高齢者、家族の支援対応に追われている。地域包括ケアの大きな柱となる在宅医療分野では、ケアタウン小平クリニックの山崎章郎院長はがん患者の在宅看取りに取り組む。そこで学んだ鈴木医師も難病患者の在宅医療に取り組むなど在宅医療も徐々に広がりつつあるが、全市的なニーズに対応できてはいない。他職種による医療と介護の連携も進んでは来たが、ケアマネと医療職との連携や退院時の病院と診療所、ケアマネとの連携などの点では課題も少なくない。

小平市に限らないが、地域包括ケアはあまりにも多岐にわたる課題が市町村に委ねられ、しかも前例がない応用問題が多すぎるために、それぞれの市町村が新たな取り組みを模索しながら地域づくりを進めていかざるを得ない。介護予防や生活支援サービス、地域の居場所づくり、介護補助といった分野で市民の力が求められてはいるが、小平市のように市民活動が活発な地域でさえも、地域包括ケアの中にどう市民の力を組み込んでいくのか。まだ方向、内容は定まらない。

今後、小平市に求められるのは、専門職間の連携と同時に、認知症対策や介護予防、市民の力をできるだけ活用し、地域の支えあいを作っていくことであろう。そのためには、全体的な取り組みをまとめ上げ、仕組みとして作り上げていく「規範的統合」（筒井孝子・兵庫県立大学教授）が何より重要である。その規範的統合を進めるのはいうまでもなくそれぞれの自治体のトップ、小平市の場合は市長の役割はきわめて重要である。さらにそれを進めるための事務局体制の強化、単に担当課の人員を増やすというだけでなく、すぐれて横断的な取り組みが求められるだけに縦割りを超えたプロジェクトチームにより規範的統合を進めていく体制づくりが不可欠であろう。

「総合知としてのまちづくり」を目指す小平学の構築は緒についたばかりである。こうした形で何とかまとめることができたことにより、その足掛かりはできた。小平学・まちづくり研究所としては高齢分野だけでなく、障害者、子育て、格差や生活困窮の問題も深刻である。さらに多角的な調査研究を進めていきたい。

執筆者、研究会講師として出講いただいた方々に改めて心からお礼申し上げたい。

工藤絵里子（くどう・えりこ）
1993年稲城市役所入庁。稲城市福祉部高齢福祉課介護保険係主任・係長、高齢福祉課高齢福祉係長を経て、2015年より稲城市福祉部高齢福祉課長。

毛利悦子（もうり・えつこ）
1992年武蔵野市役所入庁。市民コミュニティ文化課、福祉保健部サービス課障害、高齢者在宅サービス、武蔵野市社会福祉協議会ら派遣、同介護保険係長、高齢福祉課高齢福祉係長を経て、2015年より健康福祉部高齢者支援課相談支援担当課長。2018年から生活福祉課長。

山崎章郎（やまざき・ふみお）
1947年福島県生まれ。1975年千葉大学卒業、同大学病院第一外科、1984年より千葉県八日市場市（現匝瑳市）市民病院消化器科医長、1991年より聖ヨハネ会桜町病院ホスピス科部長、2005年に在宅緩和ケア専門診療所ケアタウン小平クリニック開設（2016年4月より「在宅緩和ケア充実診療所」）。主な著書に『病院で死ぬということ　正・続』（文春文庫）、『病院で死ぬのはもったいない』（共著、春秋社）、『市民ホスピスへの道』（共著、春秋社）など。

新田國夫（にった・くにお）
1944年岐阜市生まれ、1967年早稲田大学第一商学部卒業、1979年帝京大学医学部卒業後、帝京大学病院第一外科・救急救命センターなどを経て、1990年東京都国立市に新田クリニック開設、在宅医療を開始。1992年医療法人社団つくし会設立　理事長に就任し現在に至る。全国在宅療養支援診療所連絡会会長、日本臨床倫理学会理事長、福祉フォーラム・東北会長、福祉フォーラム・ジャパン副会長、日本在宅ケアアライアンス議長。

福井正徳（ふくい・まさのり）
1943年生まれ。東京大学法学部卒、大手総合商社法務部門で主に海外取引に係る契約の作成・訴訟等に関する業務を担当、その後メーカーで主に、総務・人事・法務を担当。小平市民生委員・児童委員、NPO法人小平市民活動ネットワーク理事、「小平市民活動支援センター」・センター長、「小平市行財政再構築法方針検討委員会」委員、「自治基本条例つくる市民の会議」：情報公開・参加・協働など市民の権利義務に関する部会長。

細江卓朗（ほそえ・たくろう）
1948年滋賀県生まれ。立命館大学理工学部卒業後、日立製作所系列会社で半導体・液晶の製造・検査設備の開発などに従事し2009年退職。東日本大震災発災に伴い、「災害ボランティアネットワークチーム小平」を有志で立ち上げ被災地支援、福島の子ども保養プロジェクト継続中。地域活動では、2013年白梅学園大学と協働で地域の居場所「コミュニティサロンほっとスペースさつき」開所。障がい者も健常者も一緒に楽しむ「みんなでつくる音楽祭in小平」2013年12月に第1回開催、第3回まで実行委員長を務める。学校法人白梅学園理事、社会福祉法人つむぎ理事、小平市生活支援体制整備事業協議会副会長、小平市協働事業選考審査会委員。

上原哲子（うえはら・あきこ）
1974年生まれ。大学卒業後、社会福祉法人小平市社会福祉協議会に入職。あおぞら福祉センター及びたいよう福祉センターにおいて、知的・身体障がい者の介護業務、ボランティアセンターで、ボランティアコーディネーターとして市内外のボランティア・市民活動団体及び住民主体の地域福祉活動の相談支援に従事。2017年4月から地域福祉推進課こだいら生活相談支援センターＣＳＷ（コミュニティソーシャルワーカー）担当。社会福祉士。

篠田浩（しのだ・ひろし）
1989年大垣市役所入庁。老人福祉課、高齢福祉課、介護保険課、高齢介護課、社会福祉課で勤務。2012年、厚生労働省老健局総務課課長補佐。2014年、大垣市役所福祉部介護保険専門官を経て、2015年より大垣市役所福祉部高齢介護課長。

鈴木道明（すずき・みちあき）
1990年秋田大学医学部を卒業し、公立昭和病院呼吸器内科等に勤務。2008年からケアタウン小平クリニック（訪問診療）勤務。2014年6月、小平すずきクリニック開業（院長）。日本在宅医学会、日本在宅医療学会、日本緩和医療学会、日本プライマリ・ケア連合学会等に所属。一般社団法人　小平市医師会理事（在宅医療担当）、小平市在宅医療介護連携推進協議会委員長、小平市介護認定審査会委員。ひまわり在宅ネットワーク（北多摩北部地域の在宅医療介護ネットワーク）世話人代表。

杉山貴洋（すぎやま・たかひろ）
1969年生まれ。武蔵野美術大学視覚伝達デザイン学科卒業後、同学科助手、講師を経て、2005年に白梅学園大学専任講師となり、2018年から白梅学園大学子ども学部発達臨床学科教授。武蔵野美術大学教職課程研究室講師。社会福祉法人東京児童協会おおきなおうち造形ワークショップ講師。主な著書に『造形ワークショップ入門』『特別支援教育とアート』（武蔵野美術大学出版局）など。2008年、2010年、2011年、2013年キッズデザイン賞受賞。第49回冨田博之記念賞受賞。第7回こども環境学会活動賞受賞。

瀧口優（たきぐち・まさる）
1951年生まれ。和光大学大学院社会文化総合学科。白梅学園短期大学教授。2016年、白梅学園大学地域交流研究センター長。『ことばと教育の創造』（共著 三学出版 2017)、「顔の見える地域連携を目指して－『白梅子育て広場』と『小平西地区地域ネットワーク』の経験から」（「地域と教育」31号、2016)、「小平市における多文化共生の課題と提言」（白梅学園大学短期大学教育・福祉研究センター年報 NO.18、2013）

鈴木利博（すずき・としひろ）
1941年生まれ。東京教育大学大学院農学研究科中退。創価学園創価中学校長、日本生物教育会副会長等を経て現在、学び舎江戸東京ユネスコクラブ（水と緑・環境委員長)、玉川上水ネット事務局長、東京生物クラブ連盟顧問。主な研究活動に「自然観察路の研究」（日本生物教育会会長賞中路賞受賞、1979、共同)、「玉川上水・分水網を世界遺産・未来遺産へ」(2015)、「多摩から江戸・東京をつなぐ水循環の保全再生」(2017）ほか。

†執筆者紹介（執筆順）

山路憲夫（やまじ・のりお）
1946年生まれ。1970年慶大経済学部卒業後、毎日新聞社社会部記者、論説委員（社会保障・労働担当）を経て、2003年より白梅学園大学教授。2017年4月から白梅学園大学名誉教授、白梅学園大学小平学・まちづくり研究所所長。東村山市地域包括ケア推進協議会会長など兼務。主な著作に「地域での看取り体制をどう作るのか」（「月刊都市問題」2017年7月号）、『医療保険がつぶれる』（2000年、法研）など。

小松隆二（こまつ・りゅうじ）
1938年生まれ。慶應義塾大学大学院博士課程修了、経済学博士。〔現・所属〕慶應義塾大学名誉教授、白梅学園理事長。〔主要著作〕『企業別組合の生成』（御茶の水書房）、『社会政策論』（青林書院）、『難民の時代』（学文社）、『大正自由人物語』（岩波書店）、『公益とまちづくり文化』（慶應義塾大学出版会）、『公益の種を蒔いた人びと』（東北出版企画）、『戦争は犯罪である－加藤哲太郎の生涯と思想－』（春秋社）、『理想郷の子供たち―ニュージーランドの児童福祉―』『現代社会政策論』『ニュージーランド社会誌』『公益とは何か』『新潟が生んだ七人の思想家たち』（以上、論創社）他。

蛭田廣一（ひるた・ひろかず）
1951年福島県生まれ。1975年青山学院大学卒業。松本大学・実践女子大学非常勤講師。1975年より小平市立図書館司書、2005年より小平市中央図書館館長、2008年～2015年3月小平市企画政策部参事（市史編さん）、主な著作（共著）に『地域資料入門』（日本図書館協会）、『資料保存の調査と計画』（日本図書館協会）、『現在を生きる地域資料』（けやき出版）など。

星野眞由美（ほしの・まゆみ）
小平市健康福祉部高齢者支援課課長補佐兼保健・医療・介護連携担当係長。平成8年4月、小平市役所入職。健康福祉部健康課。平成18年4月、健康福祉部介護福祉課。平成24年4月、小平市地域包括支援センター中央センター。平成27年4月、小平市健康福祉部高齢者支援課保健・医療・介護連携係長。平成28年4月より現職。

地域学叢書①
小平学・まちづくり研究のフロンティア

2018年10月20日　初版第1刷印刷
2018年10月30日　初版第1刷発行

編　者　白梅学園大学小平学・まちづくり研究所
発行者　森下紀夫
発行所　論 創 社
東京都千代田区神田神保町 2-23　北井ビル
tel. 03 (3264) 5254　fax. 03 (3264) 5232
振替口座 00160-1-155266
http://www.ronso.co.jp/

装　幀　奥定泰之
印刷・製本　中央精版印刷

ISBN978-4-8460-1749-1